Jürgen Hartmann

Westliche Regierungssysteme

AF168139

Jürgen Hartmann

Westliche Regierungssysteme

Parlamentarismus, präsidentielles und semi-präsidentielles
Regierungssystem

3. Auflage

VS VERLAG

Bibliografische Information der Deutschen Nationalbibliothek
Die Deutsche Nationalbibliothek verzeichnet diese Publikation in der
Deutschen Nationalbibliografie; detaillierte bibliografische Daten sind im Internet über
<http://dnb.d-nb.de> abrufbar.

1. Auflage 2000
2. Auflage 2005
3. Auflage 2011

Lektorat: Frank Schindler | Verena Metzger

VS Verlag für Sozialwissenschaften ist eine Marke von Springer Fachmedien.
Springer Fachmedien ist Teil der Fachverlagsgruppe Springer Science+Business Media.
www.vs-verlag.de

Umschlaggestaltung: KünkelLopka Medienentwicklung, Heidelberg
Druck und buchbinderische Verarbeitung: Ten Brink, Meppel
Gedruckt auf säurefreiem und chlorfrei gebleichtem Papier
Printed in the Netherlands

ISBN 978-3-531-18132-5

Inhalt

Vorwort

Der Begriff des Regierungssystems ist im Sprachgebrauch der Politikwissenschaft fest verankert. Er bezeichnet den Komplex von Parlament und Regierung und übersetzt treffend das englische Government. Der Gegenstandsbereich des Vergleichs der Regierungssysteme ist enger gefasst als der des politischen Systems, in dem auch autoritäre Herrschaft Platz findet. Es geht hier auch nicht um die Bestimmung eines Demokratietypus wie etwa Konsens- oder Mehrheitsdemokratie. Es geht um die Institutionen des Regierens.

Der Vergleich der Regierungssysteme fußt auf der These, dass Verfassungen vom Verhalten der Parlamentarier bis hin zur Art der politischen Parteien typische Strukturen hervorbringen. Das Repertoire dieser Strukturen ist überschaubar. Es manifestiert sich exemplarisch in einigen Ländern.

Hier setzt dieses Buch an. Es referiert zunächst die Typologie der Regierungssysteme und skizziert die Wurzeln der Verfassungsideen im westlichen Staatsdenken. An den Beispielen Großbritanniens, der USA und Frankreichs werden anschließend das parlamentarische, das präsidentielle und das semi-präsidentielle Regierungssystem erörtert. Die Kenntnis dieser Systeme ist ein guter Bezugspunkt, um bei der Auseinandersetzung mit den Regierungssystemen anderer Länder die richtigen Fragen zu stellen.

Das Buch ist eine vollständig überarbeitete Fassung des Buches, das als Band 29 unter demselben Titel in der an der FernUniversität Hagen herausgegebenen Reihe „Grundwissen Politik" erschienen ist.

Hamburg, Februar 2011

Jürgen Hartmann

Einleitung

Das vorliegende Buch gibt einen Überblick über die Entstehung, die Strukturen und die Funktionsweise dreier Regierungssysteme, die im internationalen Vergleich politischer Institutionen stets ein besonderes Interesse gefunden haben. Regierungssysteme sind Gegenstand der Vergleichenden Politikwissenschaft. Der Begriff des Systemvergleichs ist in der Lehrbuchliteratur und in der Organisation politikwissenschaftlicher Institute fest etabliert. Zumeist wird darunter der Vergleich politischer Systeme verstanden. Das Regierungssystem ist Bestandteil des politischen Systems. Der Systemvergleich ist breit angelegt. Unter dem Oberbegriff des politischen Systems finden nicht nur die Institutionen des Regierungssystems Platz, sondern auch Phänomene, die als politische Kultur, Interessenvermittlung und Politikfelder abgehandelt werden (dazu Lauth 2010, Jahn 2006, Berg-Schlosser/ Müller-Rommel 2003, Hartmann 1995).

Im Mittelpunkt des Vergleichs der Regierungssysteme stehen die politischen Institutionen des Staates. Das Augenmerk gilt darüber hinaus den gesellschaftlichen Institutionen, die den Wählerwillen und politische Programme in die Politik vermitteln, insbesondere den politischen Parteien. Parlament, Regierung und Parteien gehören zusammen. Sie bilden den Kern des Regierungssystems. Die Regierung thematisieren heißt stets die Ministerialbürokratie mitdenken. Der politische Auftrag der Regierung ist ein Gesetzgebungsauftrag, und die Gesetzgebung wird in aller Welt von Fachleuten vorbereitet. In der politischen Verwaltung zählen nicht nur Fachkenntnisse, sondern auch politisches Wissen und Erfahrung. Auch die Gerichte sind Bestandteile des Regierungssystems, insbesondere die Verfassungsgerichtsbarkeit. Schließlich berühren auch die Eigenarten der territorialen Staatsorganisation das Regierungssystem. Ist erst das Regierungssystem geläufig, fällt die vertiefende Auseinandersetzung mit denjenigen Strukturen des politischen Systems leichter, für die es des Zugangs über die Historie und die politische Soziologie bedarf:

- Die Kenntnis der Institutionen ist Voraussetzung für den Einstieg in Fragen nach der Vermittlung gesellschaftlicher Interessen und Konflikte in die Politik (Wahlkämpfe, Medienkampagnen, Lobbying, innerparteiliche Auseinandersetzungen, Debatte um die Machbarkeit politischer Lösungen).
- Die Auseinandersetzung mit diesen Institutionen deutet auf die informellen Strukturen der Politik, insbesondere auf ungeschriebene Gesetze, die das Handeln der Parlamentarier, Minister und politischen Verwaltungen überhaupt erst verständlich machen.
- Die exemplarische Darstellung des parlamentarischen, des präsidentiellen und des semi-präsidentiellen Regierungssystems an den Beispielen Großbritanniens, Frankreichs und der USA vermittelt Basiswissen über drei große Demokratien.

Viele Themen, die der Leserin und dem Leser in geläufigen Einführungs- und Überblickswerken vorgestellt werden, kommen in diesem Buch nicht vor, mögen sie auch einen deutlichen Bezug zum Regierungssystem haben. Dies gilt etwa für den Komplex der Verbände. Auch die Parteien werden nur soweit in den Blick gefasst, wie sie unmittelbar im Parlament und in der Regierung agieren. Das Gleiche gilt für den Komplex der Wahlen und des Wahlsystems. Politische Institutionen sind kein Selbstzweck. Sie haben die Aufgabe, Probleme zu lösen. Deshalb kreist alle Politik um Policies. Auch dort geht es um Institutionen, aber stets mit einer fachbezogenen und einer handlungsbezogenen Perspektive. Auch Policies sind kein Thema dieses Buches.

Für autoritäre Systeme, also für Diktaturen der verschiedensten Art, bietet dieses Buch keinen Anknüpfungspunkt. Sein Thema ist der Typus des demokratischen Regierungssystems. Der Vergleich der Regierungssysteme eignet sich am besten für offene Gesellschaften. Hier kreist die Politik um das zeitlich befristete Mandat, um legitime Opposition und institutionelle Gegenmacht.

Das Buch gliedert sich in vier Kapitel. Das erste Kapitel erörtert den Begriff des Regierungssystems und grenzt das Regierungssystem vom Staat und vom politischen System ab. Dann wendet es sich den Besonderheiten demokratischer Regierungssysteme zu und stellt die wichtigsten Kriterien vor, in denen sie sich unterscheiden. Gegenstand des zweiten Kapitels ist das britische Regierungssystem. Es steht exemplarisch für das rein parlamentarische System. Den Gegentypus des präsidentiellen Systems verkörpern geradezu als Modell die USA. Das semi-präsidentielle Regierungssystem wird im dritten Kapitel am Beispiel Frankreichs vorgestellt. Das fünfte und letzte Kapitel zieht ein Fazit.

Die Ausführungen über Großbritannien, die USA und Frankreich befassen sich jeweils zunächst mit der historischen Entwicklung der Regierungssysteme. Dann stellen sie Parlament, Regierung, politische Verwaltung und Verfassungsgerichtsbarkeit vor, und sie skizzieren die Parteien als wichtigste Träger der politischen Willensbildung. Die betreffenden Kapitel sind einheitlich gegliedert, um bereits in der Abfolge der Darstellung die wichtigsten Gemeinsamkeiten und Unterschiede zu verdeutlichen.

Sollte das Buch am Ende die folgenden Fragen beantworten, hat es seinen Zweck erfüllt:

- Was ist ein Regierungssystem?
- Welche historischen Konflikte und welche Staatstheorien spielten bei der Entstehung der Regierungssysteme eine Rolle?
- Wie sind die Regierungssysteme aufgebaut? Wie ist das Verhältnis von Parlament und Regierung beschaffen? Welche politische Bedeutung kommt der Gerichtsbarkeit zu? Welche Rolle spielen die Parteien im Regierungsprozess? Wird das Regierungssystem durch bundesstaatliche oder einheitsstaatliche Strukturen mitbestimmt?
- Welches Regierungssystem funktioniert einfacher, welches ist offener für Veränderungen?

1 Das Regierungssystem. Definition, Typologie und politiktheoretischer Hintergrund

1.1 Regierungssystem, Staat und politisches System

Das Regierungssystem ist ein Standardbegriff in der Sprache der Politikwissenschaft. Vor 30 und 40 Jahren waren politikwissenschaftliche Darstellungen über Großbritannien, Frankreich und die USA mit Titeln wie „Das Regierungssystem Großbritanniens", „Frankreichs" oder „der USA" versehen. Heute tragen entsprechende Bücher eher Überschriften wie „Das politische System Großbritanniens" oder „Politik in Frankreich" etc. Wo liegt der Unterschied? Ist das politische System nur ein modegerechter Begriff für das, was seinerzeit schlicht als Regierungssystem bezeichnet wurde?

Was heißt
Regierungssystem?

Viele Buchveröffentlichungen und Zeitschriftenartikel rekurrieren nach wie vor auf die Vokabel des Regierungssystems. Um der Sache näher zu kommen, scheint es zunächst angebracht, das Regierungssystem vom politischen System abzugrenzen. Lässt man sich aber erst auf Abgrenzungen ein, so stellt sich bald die weitere Frage, was denn ein Regierungssystem eigentlich vom Staat unterscheidet. Vordergründig hat es den Anschein, als sei der Staat nur ein altbackenes Synonym für das politische System und das Regierungssystem.

Setzen wir zunächst beim Staat an. Die Rechtswissenschaft analysiert den Staat als einen Komplex von Rechtsvorschriften, die das politische Handeln und die Rechte und Pflichten der Bürger normieren. Der Kern der Sache sind schriftlich fixierte Erwartungen, die sich aus den Verfassungs-, Gesetzes-, Verordnungs- und Verfahrenstexten herauslesen lassen.

Staat und
Regierungssystem

Gehen wir zunächst vom Staatsbegriff des Völkerrechts aus. Es bemisst die Staatsqualität eines politischen Gebildes nach den vom Staatsrechtler Jellinek (1914) aufgeführten drei Kriterien: Bestimmung des Staatsgebiets, Bestimmung des Staatsvolkes und schließlich die Effektivität der Staatsgewalt (dazu etwa in der neueren Literatur: Kriele 2003). Das letztgenannte Kriterium ist politikwissenschaftlich besonders bedeutsam. Es bestimmt die Staatsqualität nicht nach formalen Kriterien, sondern verweist auf die Durchsetzungsfähigkeit der für das Staatsgebiet und das Staatsvolk geltenden Rechtsnormen. Die Einhaltung der Rechtsordnung muss gewährleistet sein. Der Staat muss sich in seinem äußeren Umfeld zu behaupten wissen. Dieses völkerrechtliche Staatsverständnis lässt am heiklen Punkt der Staatsgewalt erkennen, dass die Beschäftigung mit Rechtsnormen wenig Sinn macht, wenn es an Institutionen fehlt, die ihnen Wirksamkeit verschaffen.

Ein weiterer Aspekt der Staatsbetrachtung gilt der Organisation der Willensbildung. Diese Perspektive kommt der Regierungssystembetrachtung in der Politikwissenschaft ein großes Stück näher. Hier geht es nicht mehr darum, den

Staat als wirksame Rechtsordnung zu bestimmen, sondern um die innere Differenzierung des Staates. Sie ist Gegenstand des Staatsorganisationsrechts. Wie nimmt das Volk an der Politik teil, zum Beispiel durch Wahlen oder Volksabstimmungen? Welches Staatsorgan macht den Volkswillen zwischen den Wahlen geltend? Wie kommt die Regierung zustande? Wer vertritt den Staat nach außen?

Mit Bedacht wählt dieses Buch für die Analyse des Regierungssystems allein Staaten vom Typus der westlichen Demokratie. Sie organisieren den politischen Willensbildungsprozess und das Regierungsgeschehen nach dem Prinzip der Gewaltenteilung. Dafür ist die Differenzierung in Monarchien und Republiken ohne Belang.

„Monarchie: Staatsform, in der das Staatsoberhaupt eine auf Lebenszeit bestellte Einzelperson, der Monarch, ist. Nach der Bestellung des Monarchen unterscheidet man die Erbmonarchie von der Wahlmonarchie. Nach der Reichweite der monarchischen Gewalt bzw. Beschränkung der Rechte des Monarchen differenziert man zwischen absoluter Monarchie, in der dem Monarchen die gesamte Staatsgewalt unbeschränkt zukommt, ständischer Monarchie, in der die Kompetenz des Monarchen durch Sonderrechte (...) beschränkt ist, konstitutioneller Monarchie, die die Macht des Monarchen durch eine Verfassung einschränkt, und parlamentarischer Monarchie. (...) Monarchie kennzeichnete viele Regime im Europa des 19. Jahrhundert, während im 20. Jahrhundert in den westlichen Ländern die Republik oder die parlamentarische Monarchie vorherrschen. Mit fortschreitender Parlamentarisierung und Demokratisierung schrumpfte die politische Bedeutung der Monarchie und des Monarchen, so dass auch die Aussagekraft einer am Monarchietypus orientierten Staatsformlehre entsprechend vermindert wurde." (Manfred G. Schmidt, Wörterbuch zur Politik, 2. Aufl., Stuttgart 2004, S. 461f..)

Republik: Die Republik ist eine Staatsform, in der das Staatsoberhaupt durch Wahl für eine bestimmte Zeitdauer bestellt wird. (...) Der Begriff dient zur (mittlerweile nicht mehr sonderlich trennscharfen) Bezeichnung für höchst unterschiedliche Herrschaftsordnungen (..)" (Manfred G. Schmidt, Wörterbuch zur Politik, 2. Aufl., Stuttgart 2004, S. 615.).

Politisches System: Kreislaufmodell Wie selbstverständlich ist heute vom politischen System die Rede. Jeder und jedem steht vor Augen, was gemeint ist, wenn die Rede auf das politische System der Bundesrepublik Deutschland, Frankreichs oder der USA kommt: Parlament, Parteien, Regierung, Interessengruppen, Wahlsystem, politische Kultur. Darin drückt sich die Erfolgsgeschichte eines politikwissenschaftlichen Modells aus. Es soll hier kurz vorgestellt werden.

Das Grundmodell eines politischen Systems hat David Easton entwickelt. Er versteht das politische System als die politische Dimension eines umfassenderen sozialen Systems, das in das externe Umfeld der internationalen Staaten- und der Gesellschaftswelt eingebettet ist. Das Politische definiert Easton als die autoritative Zuweisung von Werten. In seinem Kern besteht das politische System aus dem Entscheidungsapparat. Darunter hat man sich das Regierungssystem vorzustellen. In seinem Mittelpunkt stehen die Akteure der Gesetzgebung, der Regierung und der Verwaltung, also das Ensemble staatlicher Institutionen. Sie reagieren auf Impulse aus der Gesellschaft und verarbeiten diese Impulse zu Entscheidungen. Sie sind der Gegenstand dieses Buches.

Parteien, Interessengruppen und Medien schlagen Brücken zwischen der Gesellschaft als Umwelt des politischen Systems und dem Regierungssystem. Die Beziehungen gleichen den Vorgängen in einem Regelkreis. Signale und Impulse aus der Umwelt des politischen Systems, die Easton als Eingaben (Inputs) bezeichnet, strahlen in das Regierungssystem aus. Hier handelt es sich um Leistungsansprüche und Forderungen, aber auch um Unterstützungsleistungen wie Steuern und Gesetzestreue sowie Vertrauen in die politischen Institutionen. Die politischen Instanzen treffen ihre Entscheidungen, und diese Entscheidungen wirken als Leistungen (Outputs) auf die Umwelt des Systems zurück (Easton 1979).

Gabriel Almonds und John B. Powells Modell des politischen Systems knüpft an dieses Modell an. Die Politik hat auch hier eine Generalfunktion für die Gesellschaft. Erfüllt sie diese Funktion nicht, mit anderen Worten: verweigert sie der Gesellschaft die erwartete Leistung, riskiert sie die Stabilität des Systems. Almond und Powell treffen eine Unterscheidung zwischen den Funktionen, d.h. dem Aufgabenprogramm und den Strukturen, d.h. den zum Handeln befähigenden Institutionen des Systems.

Funktionen und Strukturen des politischen Systems

Nun ist bei Almond und Powell nicht von *einer* Funktion des politischen Systems die Rede. Sie fächern die gesellschaftlichen Anforderungen an die Politik vielmehr in verschiedene Funktionen auf. Jede Funktion wird von besonderen Institutionen wahrgenommen. Der Betriebsstoff dieser Institutionen sind Interessen.

Betrachten wir zunächst die *Vermittlungsfunktionen (Input-Funktionen)* des politischen Systems:

1. Interessenartikulation: Hier geht es darum, dass die gesellschaftlichen Interessen zum Sprechen gebracht werden. Klassen, Schichten, Berufsgruppen, Kirchen, konfessionelle und ethnische Minderheiten organisieren sich in den typischen Strukturen der *Vereine und Verbände*. Viele darunter erbringen gleichzeitig Dienstleistungen für ihre Mitglieder und vertreten diese im politischen Raum. Große und mächtige *Unternehmen* finden in der Politik auch Gehör, ohne dass sie dazu der Plattform einschlägiger Verbände bedürfen. Dieser Aspekt des politischen Systems berührt die Analyse des Regierungssystems lediglich am Rande.

2. Interessenaggregation: Es handelt sich hier um eine Sammler- und Filterfunktion. Die zahlreichen Forderungen, die Bürger und Verbände an die Politik stellen, müssen gebündelt und sortiert werden. Andernfalls droht die Gefahr, dass die Adressaten in der Politik einfach abschalten, weil sie aus dem Stimmengewirr keine einzelnen Rufer heraushören. Die Interessenaggregation wird von den verschiedensten Strukturen besorgt, etwa von den *Zentral- und Dachverbänden der Wirtschaft*, wenn es darum geht, die Gesamtinteressen der Arbeitgeber, der Investoren oder der Arbeitnehmer zu vertreten. Vor allem von den *politischen Parteien* wird erwartet, dass sie Interessen aggregieren. Parteien wollen im eigenen Interesse möglichst viele Wähler gewinnen und an sich binden. Dazu müssen sie ähnliche Interessen

auf einen gemeinsamen Nenner bringen und diesen Nenner, wenn sie die Regierung stellen, in das Regierungsprogramm einbringen. Die Parteien sind ein Zentralgegenstand der Analyse des Regierungssystems.

3. Rekrutierung: Bürger müssen für die *Mitarbeit in Parteien* und *Kandidaten* für Mandate und Ämter gewonnen werden. Verbände sind auf Mitglieder angewiesen, welche die Mühen ehrenamtlicher Arbeit auf sich nehmen. Ausleseverfahren haben dafür zu sorgen, dass befähigte Beamte in den Verwaltungen aufsteigen. Dieser überaus wichtige Aspekt des politischen Systems tritt bei der Analyse des Regierungssystems in den Hintergrund.

4. Politische Kommunikation: Interessen müssen auf den verschiedensten Wegen mitgeteilt werden, von den *Medien* über *Hintergrundgespräche* von Politikern und Journalisten, den *Jahresempfang* eines Vereins, den *eingespielten Kontakt* eines Verbandsmitarbeiters zum Referenten des für ihn relevanten Ministeriums bis hin zum *Vorstelligwerden* beim Parlamentsabgeordneten. Bei der Betrachtung des Regierungssystems steht auch diese Funktion im Hintergrund.

Die *Entscheidungsfunktionen (Output-Funktionen)* des politischen Systems beziehen sich auf die

1. Normensetzung, also auf Gesetze und Verordnungen, die im Zusammenwirken von *Parlament und Regierung* zustande kommen, ferner auf die
2. Normenanwendung, d.h. auf die ordnende und leistende, die regelnde, überwachende und finanzielle Staatstätigkeit, die sich durchweg in den Strukturen der *Verwaltung* abspielt, und schließlich auf die
3. Normenauslegung, d.h. auf die Rechtsprechung. Sie ist Aufgabe der *Gerichtsbarkeit.*

In diesen drei Entscheidungsfunktionen des politischen Systems blickt das klassische Gewaltenteilungsschema – Gesetzgebung, Verwaltung, Rechtsprechung – durch (Almond/Powell 2004: 28ff., Almond/Powell 1966: 33ff.). Die Analyse des Regierungssystems dreht sich um diese Institutionen, insbesondere um Parlament, Regierung und politische Verwaltung.

Definition des Regierungssystems
Nach dieser Annäherung über die Schlüsselbegriffe des Staates und des politischen Systems kann nunmehr das Regierungssystem näher bestimmt werden. Recht allgemein bedeutet das Regierungssystem zunächst die Gesamtheit aller Institutionen und Praktiken der politischen Willensbildung (Wahlen, Abstimmungen), der politischen Entscheidung (Gesetzgebung, Regierung) und der Vorbereitung und Anwendung solcher Entscheidungen (Verwaltung, Gerichtsbarkeit). So wird im Englischen das Government verstanden. Es ist im Deutschen am besten mit Regierungssystem zu übersetzen. Die Schwierigkeit bei der Übertragung des Government ins Deutsche liegt darin, dass hierzulande unter der Regierung die Exekutive und noch enger deren politisch verantwortliche Spitze verstanden wird.

Materielle Verfassung und Regierungssystem
Das Regierungssystem, deutet auf die Verfassung. Für die Betrachtung des Regierungssystem ist nicht allein das Verfassungsdokument wichtig. Es handelt

sich hier lediglich um die sog. *formelle Verfassung*. Sie kann in der Regel nur mit Hilfe erhöhter Quoren (Zweidrittelmehrheit) geändert werden. Für das Regierungssystem wichtiger ist die *materielle Verfassung*. Unter ihrem Dach haben neben der formellen Verfassung noch zahlreiche andere, mit einfacher Mehrheit änderbare Gesetze Platz, so das Wahlgesetz, das Parteienfinanzierungsgesetz, das Vereinsgesetz und das Gerichtsverfassungsgesetz.

Das Regierungssystem rankt sich um diese materielle Verfassung. Hinzu kommt noch ein weiteres Moment. In sämtlichen Regierungssystemen spielen *Konventionen* oder *Usancen* eine Rolle – politische *Bräuche*. Hier handelt es sich um ein Phänomen, das in der politischen Praxis entsteht und sich in etwa wie folgt umschreiben lässt: Im Parlament und zwischen den Parlamentsfraktionen, zwischen Regierung und Parlament sowie zwischen Regierung und Opposition spielen sich ungeschriebene Gesetze ein. Diese liegen im Interesse aller Beteiligten und werden deshalb um nichts weniger respektiert als die für den Regierungsprozess relevanten Rechtsbestimmungen. Im Englischen werden sie als Verfassungskonventionen (constitutional conventions) bezeichnet. Sie regeln die politische Praxis und geben Einblicke nicht nur in das Standardverhalten der Institutionen, sondern auch in einen politischen Wandel, der auf neue Herausforderungen reagiert, aber ohne den Wandel der förmlichen Verfassung vonstatten geht.

Die Analyse des Regierungssystems befasst sich mit den Beziehungen zwischen Parlament und Regierung und darüber hinaus mit ihrem institutionellen Umfeld wie dem Wahlsystem, der Gerichtsbarkeit und den Parteien. Sie befasst sich also mit einem *Gewaltenteilungsproblem*. Das Verhältnis zwischen Parlament und Regierung ist für das demokratische Regierungssystem schlechthin konstitutiv. Die Beschäftigung mit dem Regierungssystem gilt deshalb stets auch dem Phänomen der Gewaltenteilung.

1.2 Die Typisierung der Regierungssysteme

Montesquieu und die Autoren der Federalist Papers sind die wirkungsmächtigsten Klassiker der Theorie der Gewaltenteilung. Unter Gewaltenteilung wird die Trinität von gesetzgebender, ausführender und richterlicher Gewalt verstanden. Auf diese Klassiker wird unten näher einzugehen sein. Die monströsen und altmodisch wirkenden, stark von der Rechtswissenschaft vereinnahmten Begriffe der gesetzgebenden und der ausführenden Gewalt werden in der politikwissenschaftlichen Literatur kurz und bündig mit Parlament und Regierung übersetzt. Weil die gesetzgebende Gewalt in der Regel allein von einer gewählten Versammlung ausgeübt wird, ist das Parlament zum Oberbegriff für jede Art der gesetzgebenden Repräsentativversammlung geworden. In gleicher Weise wird die ausführende Gewalt politikwissenschaftlich auf die Regierung zugespitzt. Dies hat seinen guten Sinn, weil die ausführende Gewalt streng besehen den gesamten Exekutivapparat, also Millionen von Beamten, Angestellten, Richtern und Soldaten umfasst. Für die Betrachtung des Regierungssystems relevant ist aber lediglich jener Teil der ausführenden Gewalt, der an der Spitze dieses Appa-

Gewaltenteilung als Kern demokratischer Regierungssysteme

rats steht und eigens dafür von der Wählerschaft oder von einer Parlamentsmehrheit berufen worden ist. Maßgeblich für beide, für Parlament und Regierung, ist unter dem Gesichtspunkt der Gewaltenteilung der zeitlich beschränkte
Auftrag für Mandat und Amt.

Gewaltenteilung im präsidentiellen Regierungssystem

In Bezug auf die Legitimation des Regierungshandelns durch den Wählerwillen lassen sich zwei Basiskonstruktionen unterscheiden. Die eine postuliert
Gewaltentrennung: Die Regierung wird genau wie das Parlament vom selben
Elektorat bestimmt, nur eben von räumlich gestuft unterschiedlich großen Wäh-
lerabteilungen (Gesamtwählerschaft, Wahlkreise). Beide müssen für die Dauer
ihrer Amts- oder Mandatsperiode miteinander auskommen. Dieses *präsidentielle
Regierungssystem* setzt Wählerwillen gegen Wählerwillen. Sein Betriebsstoff ist
der Kompromiss, das Ergebnis ist allzu oft die Blockade.

Gewaltenverschrän-kung im parlamen-tarischen System

Die andere Möglichkeit, die Regierung an das Wählervotum zu binden,
stellt das *parlamentarische Regierungssystem* dar. Es handelt sich um ein System
der Gewaltenverschränkung. Die parlamentarische Mehrheit regiert, die Opposition kontrolliert. Eine Eigenart dieses Systems besteht darin, dass die Parlamentsmehrheit aus ihrer Mitte Personen bestimmt, denen die Regierungsfunktion
übertragen wird. Dieser Auftrag erlischt spätestens mit der Wahl eines neuen
Parlaments. Wenn nun in diesem Fall noch ein *Rückholrecht* des Parlaments
hinzutritt, wenn also, um einen Schlüsselbegriff des Regierungssystemvergleichs
einzubringen, die Regierung vom Parlament auch wieder *abberufen* werden
kann, dann gewinnt das parlamentarische Regierungssystem seine charakteristi-
sche Qualität. Herr des Regierungsgeschehens wird dann das Parlament. Der
Unterschied zu einer zwar parlamentsgewählten, aber nicht abberufbaren Regierung ist bei näherem Hinsehen weit größer, als es auf den ersten Blick scheint.

„Die kennzeichnenden Unterschiede zwischen parlamentarischem und präsidentiel-
lem Regierungssystem sind:
1. Parlamentarisches Regierungssystem: Zugehörigkeit der Regierung zum Parlament rechtlich zulässig und politisch notwendig (...). Präsidentielles Regierungssystem: Zugehörigkeit der Regierung zum Parlament verfassungsrechtlich verboten (Inkompatibilitätsgebot).
2. Parlamentarisches Regierungssystem: Rücktrittsverpflichtung der Regierung im
   Fall eines Misstrauensvotums. Präsidentielles Regierungssystem: Fortbestand
   der Regierung unabhängig von parlamentarischen Mehrheiten.
3. Parlamentarisches Regierungssystem: Recht der Regierung auf Auflösung des
   Parlaments. Präsidentielles Regierungssystem: keine Auflösung des Kongresses
   durch Präsidenten.
4. Parlamentarisches Regierungssystem: Regierungspartei unter strikter Kontrolle
   des Regierungschefs. Fraktionsdisziplin unerläßlich. Präsidentielles Regierungssystem: Partei des Präsidenten (denkbarerweise die Minderheitspartei) relativ
   unabhängig vom Präsidenten; Fehlen einer Fraktionsdisziplin in anderen als per-
   sonalpolitischen Fragen" (Ernst Fraenkel, Parlamentarisches Regierungssystem,
   in: Ernst Fraenkel und Karl-Dietrich Bracher (Hrsg.), Staat und Politik, Das Fi-
   scher Lexikon, Bd. 2, Frankfurt/M. 1964, S. 240.).

Die abberufbare Regierung kann es sich nicht allzu oft und allzu lange leisten,
den Willen des Parlaments und den der im Parlament vertretenen Parteien zu

ignorieren. Die Regierung muss einen Mechanismus entwickeln, der es ihr erlaubt, mit dem Rückhalt einer Parlamentsmehrheit zu regieren. Sie verdankt ihre Existenz letztlich dem Willen der Mehrheitspartei bzw. Mehrheitsparteien im Parlament. Sie benötigt deren dauerhafte Unterstützung, um auch bei unpopulären Entscheidungen nicht an einer Missfallensbekundung der Parlamentsmehrheit zu scheitern. Der Fachbegriff für diesen Zusammenhang ist das parlamentarische Vertrauen. Das parlamentarische Vertrauensbedürfnis der Regierung konstituiert das parlamentarische Regierungssystem. Die Regierung braucht den stabilen Rückhalt einer Parlamentsmehrheit. Deren politische Zukunft hängt davon ab, dass die Regierung erfolgreich arbeitet – so erfolgreich und überzeugend, dass die Mehrheitsparteien beim nächsten Wahlgang gute Chancen haben, ihre Mehrheit bestätigt zu finden. Auf beide Seiten, das Parlament wie die Regierung, wirkt diese Verschränkung disziplinierend.

Im Vergleich mit dem präsidentiellen Regierungssystem verkörpert das parlamentarische Regierungssystem die komplexere Sache. Es funktioniert nicht einfach nach Maßgabe eines in der Verfassung niedergelegten Vorschriftenkatalogs, sondern braucht vielmehr subsidiäre, in der Gesellschaft verwurzelte Institutionen, insbesondere Parteien, die das Geschäft der parlamentarischen Mehrheitsbildung betreiben. Das parlamentarische Regierungssystem ist vielgestaltiger als das präsidentielle. Schon der politisch nicht sonderlich interessierte Konsument einer Tageszeitung wird bald darauf stoßen, dass es zwischen der parlamentarischen Regierungspraxis Großbritanniens, Deutschlands, Frankreichs und Italiens erhebliche Unterschiede gibt.

Unter Fachwissenschaftlern ist umstritten, wie streng das Merkmal der Abberufbarkeit für das parlamentarische Regierungssystem zu würdigen ist. Dazu sei auf die Positionen Steffanis und von Beymes hingewiesen:

Definitionen des parlamentarischen Regierungssystems

Steffani: „Ist die Regierung vom Parlament absetzbar, so haben wir es mit der Grundform ‚parlamentarisches Regierungssystem' zu tun, ist eine derartige Abberufbarkeit verfassungsrechtlich nicht möglich, mit der Grundform ‚präsidentielles Regierungssystem'. Die Abberufbarkeit steht in engster Verbindung zur Regierungsbestellung, über die ein Parlament des parlamentarischen Regierungssystems verfassungsrechtlich jedoch nicht unbedingt verfügen muss. (...) Zunächst ist darauf hinzuweisen, dass beide Grundformen vorfindbarer Regierungssysteme in mannigfacher Ausgestaltung möglich sind. So können sie einerseits sowohl in monarchischer als auch in republikanischer Form auftreten. Dabei scheint es evident zu sein, dass Demokratie und Monarchie lediglich im Rahmen eines parlamentarischen Regierungssystems, Demokratie und präsidiales System hingegen nur in republikanischer Staatsform miteinander vereinbar sind" (Winfried Steffani, Parlamentarische und präsidentielle Demokratie. Strukturelle Aspekte westlicher Demokratien, Opladen 1979, S. 39-41.)

Von Beyme: „Die parlamentarische Regierung als Begriff beschränkt sich bewußt auf das Verhältnis von Exekutive und Legislative. (...) Das parlamentarische System soll nicht als geschlossenes autarkes Ganzes verstanden werden. Es ist kein bloßer Verantwortungsmechanismus, der nach den mechanischen Regeln einer Geschäftsordnung abläuft. (...) Die bewußte Beschränkung auf den Ausschnitt des Verhältnisses von Exekutive und Legislative im politischen System führt zu folgenden Kennzeichen der parlamentarischen Regierung: Institutionelle Kriterien: (1) Enge Ver-

bindung zwischen Exekutive und Legislative, verbunden mit dem Recht der Abgeordneten, Minister zu werden. Die Kompatibilität fehlt zwar in einigen Systemen,
sie hat sich jedoch für die engere Verbindung von Parlament und Regierung im allgemeinen als wichtig erwiesen. (...) (2) Premierminister und Minister stammen in
der Regel aus dem Parlament. (...) (3) Die Regierung hat die Pflicht zu demissionie-
ren, wenn die Parlamentsmehrheit ihr das Vertrauen entzieht. (...) (4) Das Parlament
hat das Recht, die Regierung unter Interpellationen zu kontrollieren. (...) (5) Manche
Autoren fordern über diese Minimalfordernisse der parlamentarischen Regierung
hinaus noch ein Recht des Parlaments, die Regierung durch eine förmliche Vertrauensabstimmung zu investieren. (...) (6) Neben der Investitur wird von vielen auch
das Recht der Regierung, das Staatsoberhaupt um eine Parlamentsauflösung zu bitten, als Wesensmerkmal parlamentarischer Regierung angesprochen. (...) Sozial-
strukturelle Kriterien: (7) Die Existenz organisierter Parteien, welche die parlamentarische Mehrheitsbildung erleichtern und im modernen Parlamentarismus als
Klammer zwischen Parlament und Regierung dienen. (...) (8) Ein hoher Grad von
Homogenität und solidarischem Verhalten im Kabinett, auch in den Fällen, in denen
die Regierung nicht nur aus einer Partei besteht. (...) (9) Die herausgehobene Stellung des Premierministers, der die ‚Richtlinien der Politik' formuliert. (...) (10) Die
Existenz einer loyalen Opposition. (...) (11) Die Existenz einer für den Parlamenta-
rismus günstigen politischen Kultur. (...)" (Klaus von Beyme, Die parlamentarische
Demokratie. Entstehung und Funktionsweise, 3. Aufl., Opladen/Wiesbaden 1999,
S. 41-44.).

Steffani legt großen Wert auf das verfassungsmäßig verbürgte Abberufungsrecht
der Regierung. Demnach sind Regierungssysteme entweder parlamentarisch,
falls die Abberufbarkeit der Regierung gegeben ist, oder eben präsidentiell (siehe
auch Steffani 1995). Von Beyme wählt eine Vielzahl weicher Kriterien, die erst
in der Summe die Zuordnung zum parlamentarischen oder zum präsidentiellen
System erlauben.

Definition des semi-präsidentiellen Regierungssystems   Als Prüfstein wird gern das Regierungssystem der V. Republik Frankreichs
genommen. Dieses bereitet der Politikwissenschaft gewisse Zuordnungsschwie-
rigkeiten. Wo Steffani im Sinne des Abberufungskriteriums darauf beharrt,
Frankreich sei ein parlamentarisches System, weil die Regierung vom Parlament
gestürzt werden könne, meint von Beyme (1999, 51 f.), Frankreich sei eher als
Mischsystem zu betrachten, das sich eindeutig weder dem parlamentarischen
noch dem präsidentiellen System zuordnen lasse: Die Regierung kann vom Parlament abberufen werden, und der Staatspräsident kann mit seinem Recht zur
Parlamentsauflösung die Regierungsmehrheit disziplinieren und eine bequemere
Mehrheit anstreben.

Seit gut 30 Jahren kursiert in der Debatte ein weiterer Begriff, der des semi-
präsidentiellen Regierungssystems (Bahro/Veser 1996). Ihn hat der französische
Politikwissenschaftler Duverger geprägt (Duverger 1986, 1980). Er meint damit
freilich nichts anders als das, was von Beyme in älteren Auflagen seines oben
zitierten Buches (Die parlamentarischen Regierungssysteme in Europa, 2. Aufl.,
München 1973, 381 ff.) ein „Mischsystem" genannt hat.

„Semi-präsidentielle Regierungssysteme: Mischform zwischen den parlamentarischen Regierungssystemen und den präsidentiellen Regierungssystemen. Die Weimarer Republik und die V. Republik in Frankreich sind die bekanntesten Erschei-

nungsformen dieses typologischen ‚Zwittergebildes'. (...) Die verfassungsrechtliche Position des Präsidenten nähert sich der im präsidentiellen Regierungssystem an, das Präsidentenamt bildet die Spitze der Exekutive. Die in solchen Systemen übliche Direktwahl des Präsidenten verleiht ihm gegenüber der Regierung eine originäre Machtposition, da die plebiszitäre Bestellung dieses Amtes als Ausdruck der Volkssouveränität gilt. Da die Regierung sowohl vom Präsidenten als auch vom Parlament abhängig ist, können sich unterschiedliche parteipolitische Mehrheiten im Präsidentenamt und im Parlament eher und stärker dysfunktional auswirken als im präsidentiellen System mit seiner institutionellen Gewaltenteilung" (Everhard Holtmann, Politik-Lexikon, 3. Aufl., München 2000, S. 622.).

„Was mit den Bezeichnungen Semi-Präsidentialismus oder parlamentarisch-präsidentielles Mischsystem der Sache nach gemeint sein könnte, erscheint (...) als parlamentarisches System mit Präsidialdominanz (...). Mit dieser Systemkennzeichnung wird zugleich darauf hingewiesen, dass auch ein sowohl mit weitreichenden, vornehmlich außenpolitischen Kompetenzen ausgestatteter als auch bei der Regierungsbildung und Gesetzgebung einflußreicher Präsident – wie beispielsweise der der fünften Französischen Republik – nur solange seine Verfassungsbefugnisse voll ausnutzen kann, wie dies von der Parlamentsmehrheit hingenommen wird. Erscheinungsformen einer ‚cohabitation' (ein Präsident des einen politischen Lagers steht einer Parlamentsmehrheit des anderen politischen Lagers gegenüber, J.H.) wären in Präsidialsystemen undenkbar, in parlamentarischen dieses Untertyps sind sie hingegen stets eine Möglichkeit" (Winfried Steffani, Gewaltenteilung und Parteien im Wandel, Opladen, 1997, S. 121.).

Eng verbunden mit dem parlamentarischen Abberufungskriterium ist die Bestimmung der Regierungssysteme nach der Struktur ihrer Exekutive bzw. ihrer Regierungen. So spricht Steffani bei präsidentiellen Systemen, zu denen er auch die Schweiz zählt, von einer geschlossenen Exekutive. Sie besorgt sowohl die Repräsentation des Staates nach außen als auch die Regierungsfunktion nach innen (Steffani 1979, 40 ff.). Das Musterbeispiel der geschlossenen Exekutive bietet der US-amerikanische Präsident. Parlamentarische Systeme sind durch die doppelte Exekutive charakterisiert. Die effektive Seite des Regierungsgeschäfts betreibt die parlamentsabhängige Regierung, d.h. ein Kollegialorgan, das die Spitzen der Regierungsparteien einschließt, und die zeremonielle Seite ein Staatsoberhaupt, wie es etwa die britische Königin oder der deutsche Bundespräsident verkörpern. Letztere sind beide der Alltagspolitik recht weit entrückt.

Doppelte und geschlossene Exekutive

Die Abgrenzung der Funktionen des Staatsoberhaupts und des Regierungschefs ist oft unklar. Der vorerst letzte Grundtypus eines demokratischen Regierungssystems, wie er vor über 50 Jahren in Frankreich entstand, das semi-präsidentielle Regierungssystem, verteilt die Regierungsfunktionen auf den Staatspräsidenten und den Regierungschef. Abhängig von den parlamentarischen Mehrheitsverhältnissen und von der Persönlichkeit des Staatspräsidenten wird die Regierungsfunktion entweder zugunsten des Präsidenten oder zugunsten der parlamentsgestützten Regierung ausgedehnt. Frankreich ist mit dieser Konstruktion kein Einzelfall mehr. Vor allem in Mittel- und Osteuropa entschieden sich die Verfassungskonstrukteure nach dem Zusammenbruch des sozialistischen Systems für diverse Varianten des semi-präsidentiellen Regierungssystems.

Regierungsmehrheit

An dieser Stelle bietet es sich an, als weiteres Systemmerkmal die Regierungsmehrheit vorzustellen. Dieser Begriff knüpft an die für das parlamentarische Regierungssystem typische Unterteilung des Parlaments in Parlamentsmehrheit (Regierungsfraktionen) und parlamentarische Opposition an. Die Regierungsmehrheit umfasst zwei Akteure: Hier die Regierung, die ein politisches Programm aufstellt und die Gesetzgebungsinitiative ergreift. Dort die Fraktionen, welche diese Vorschläge entgegennehmen und als Gesetze beschließen. Kurz: Regierung und Parlamentsmehrheit bilden eine politische Einheit. Beide sind gemeinsam zum Erfolg oder zum Scheitern verurteilt.

„Eine Regierungsmehrheit kann es nur in parlamentarischen Regierungssystemen geben. Wird darunter doch jene Einheit von verantwortlichem Regierungspersonal und stimmberechtigter Parlamentsmehrheit verstanden, die ihre Existenz der politischen Vertrauensabhängigkeit der Regierung vom Parlament verdankt. In einem parlamentarischen System ist eine Regierung nicht nur in ihrer Handlungsfähigkeit – insbesondere beim Haushalt und in Fragen der allgemeinen Gesetzgebung –, sondern vor allem in ihrer Amtsdauer, in ihrer existentiellen Befindlichkeit auf die politische Haltung der stimmberechtigten Parlamentsmehrheit angewiesen. Sämtliche Abgeordneten, die eine Regierung im Amt halten, gehören zur Regierungsmehrheit. Sind alle verantwortlichen Regierungsmitglieder zugleich Abgeordnete, so kann von einer Identität zwischen Parlaments- und Regierungsmehrheit ausgegangen werden. Je mehr Mitglieder der Regierung nicht zugleich dem Parlament angehören, desto deutlicher wird die Unterscheidung zwischen Parlaments- und Regierungsmehrheit und deren wechselseitige Abhängigkeit in der Tagespolitik ihren Ausdruck finden. Insbesondere bei knappen Parlamentsmehrheiten wird dann die Anwesenheit von Regierungsmitgliedern im Plenum an Beschlüssen wenig ändern. (...) Daß die Parlamentsmehrheit und das Regierungspersonal eine politisch verantwortliche Einheit bilden, die als solche öffentlich zur Rechenschaft gezogen werden kann, ist auch die maßgebliche Sichtweise seitens der Opposition. (...) Die Regierungsmehrheit aufzubrechen, sie abzulösen oder zumindest auf sie Einfluß auszuüben, wird das Bestreben jeder parlamentarischen Opposition sein." (Winfried Steffani (Hrsg.), Regierungsmehrheit und Opposition in den Staaten der EG, Opladen 1991, S. 19.).

Parlamentarische Opposition

Gegenspieler der Regierungsmehrheit ist die parlamentarische Opposition. Sie besteht aus den Parlamentariern, die nicht der Regierung angehören. Die Opposition kritisiert, kontrolliert und hält sich als Regierung im Wartestand bereit.

Regierungsmehrheit im präsidentiellen Regierungssystem nicht zwingend

Bei der Regierungsmehrheit handelt es sich um eine Institution, um ein auf Dauer angelegtes und kalkulierbares Verhalten. Die Regierung darf sich darauf verlassen, dass die Parlamentsmehrheit ihr Programm verabschiedet. Die Essenz der Regierungsmehrheit ist die Tatsache, dass die Mehrheitsparlamentarier nach internen Beratungen und im Dialog mit der Regierung Fraktionsdisziplin praktizieren. Koalitionsregierung und Minderheitsregierung sind lediglich Varianten der Regierungsmehrheit. Im ersten Fall handelt es sich um eine vereinbarte Kooperation mit Vertretern aller an der Regierung beteiligten Parteien, im zweiten Fall um ad hoc-Absprachen der regierenden Parteien mit anderen Parteien, die auf eigene Vertreter in der Regierung verzichten. Das präsidentielle Regierungssystem kennt weder die Regierungsmehrheit noch die parlamentarische Opposition.

Es mag durchaus vorkommen, dass auch im präsidentiellen System die Parlamentsmehrheit die Regierung diszipliniert unterstützt. Doch diese Disziplin ist nicht zwingend. Die präsidiale Regierung verdankt ihre politische Existenz nicht dem Parlament. Sie bleibt auch dann im Amt, wenn sie eine Serie parlamentarischer Niederlagen kassiert. Es fehlen die institutionellen Anreize, um Regierung und Parlament stabil miteinander zu verbinden. Eine unpopulär gewordene Regierung zu unterstützen, hieße für die Parlamentarier im präsidentiellen System, ohne Not an Bord eines sinkenden Schiffes auszuharren.

Kommen wir nun zur Regierungsmehrheit im semi-präsidentiellen System. Im reinen parlamentarischen System besteht sie lediglich aus der parlamentarisch verantwortlichen Regierung und der (den) Regierungsfraktion(en). Im semi-präsidentiellen System kann sich die Regierungsmehrheit um den Präsidenten zu einer präsidialen Regierungsmehrheit erweitern. Diese Integration des Präsidenten in die Regierungsmehrheit begründet überhaupt erst die Rede vom semi-präsidentiellen Regierungssystem. Die Regierungsmehr kann aber auch lediglich aus Regierung und Parlamentsmehrheit bestehen. Selbst dann, wenn der Präsident mitregiert, ist er wie die parlamentarisch verantwortliche Regierung auf die disziplinierte Unterstützung der Mehrheitsparlamentarier angewiesen. Es genügt nicht, dass er sich einer unliebsamen Regierung entledigen kann. Der Präsident braucht eine Partei, die sich ihm unterordnet. Steht diese Partei in der Opposition, verflüchtigt sich die Besonderheit des semi-präsidentiellen Systems.

Präsidiale Regierungsmehrheit

Parteien sind die Zentralakteure im parlamentarischen System. Ist die Partei des Präsidenten im semi-präsidentiellen System an der Regierung beteiligt oder stellt sie gar allein die Regierung, gehört auch der Präsident zur Regierungsmehrheit. Er kann sich dann als Richtliniengeber einbringen, tritt also in die Rolle des Führers der Regierungsmehrheit. Verliert seine Partei, nennen wir sie hier die Präsidentenpartei, die parlamentarische Mehrheit, mutiert der Präsident vom Chef der Regierungsmehrheit zum Staatsoberhaupt mit hauptsächlich repräsentativen Aufgaben.

Ein weiteres Unterscheidungsmerkmal der Regierungssysteme betrifft das Recht zur Auflösung des Parlaments. Im Präsidialsystem gibt es dieses Instrument nicht. Regierung und Parlament müssen für die vorbestimmte Amts- und Legislaturperiode miteinander auskommen, mögen beide auch miteinander im Streit liegen. Auch im parlamentarischen Regierungssystem ist die Parlamentsauflösung nicht durchweg gegeben. Der britische Verfassungsrechtler Karl Loewenstein (1964, 144) hat noch behauptet, zum parlamentarischen Regierungssystem gehöre neben der Möglichkeit zur Abberufung der Regierung auch das Recht der Regierung, das Parlament aufzulösen und damit den Weg für Neuwahlen freizumachen. So verhält es sich in der Tat noch in Großbritannien und auch in vielen anderen parlamentarischen Demokratien. Es gibt aber eine Reihe parlamentarischer Systeme, in denen die Parlamentsauflösung nicht vorgesehen ist. Nehmen wir die Bundesrepublik Deutschland. In den Jahren 1972, 1983 und 2005 fanden die im Bundestag vertretenen Parteien gemeinsam und in Absprache mit dem Bundespräsidenten Wege – Enthaltung der Regierungsmehrheit bei der Vertrauensabstimmung –, um vorzeitige Bundestagswahlen zu veranlassen. In den meisten skandinavischen Ländern ist die Parlamentsauflösung

Recht zur Auflösung des Parlaments

überhaupt nicht möglich. In allen diesen Fällen handelt es sich nach dem Kriterium der Abberufbarkeit der Regierung um parlamentarische Regierungssysteme. Beim Recht zur Auflösung des Parlaments handelt es sich um ein ergänzendes, aber kein definitorisch notwendiges Merkmal des parlamentarischen Regierungssystems.

Kompatibilitätsverbot   Das Gleiche gilt für das Problem der Vereinbarkeit von Parlamentsmandat und Regierungsamt. Im präsidentiellen System gilt die strikte Inkompatibilität beider Funktionen. Das parlamentarische Regierungssystem lässt ihre Verbindung zu. Sie gilt als geradezu notwendig, weil die parlamentarische Regierung aus dem Parlament hervorgehen sollte und aus der Natur der Sache heraus für ihr Handeln den Rückhalt des Parlaments braucht. Es handelt sich freilich um ein pragmatisches Argument. Eine Regierung, die der parlamentarischen Absicherung bedarf, sollte aus Mitgliedern bestehen, die das parlamentarische Geschäft selbst kennen. Inkompatibilität schließt den parlamentarischen Erfahrungshintergrund der Regierung nicht aus. Sie verlangt von den Regierungsmitgliedern nur einen Preis: Sie müssen auf das Mandat verzichten. Dies bedeutet ein Karriererisiko für den Fall, dass sie in der Regierung scheitern. Das Inkompatibilitätsgebot wirkt hier eher als Monitum, dass es keine Rückkehr ins Parlament gibt.

Daneben gibt es noch weitere Merkmale, zum Beispiel das Ein- oder Zweikammerparlament, den zentralistischen oder föderalen Staatsaufbau und das Vorhandensein oder Fehlen von Verfassungsgerichten. Solche Phänomene haben keinen Bezug zum Verhältnis von Parlament und Regierung. Es sei nur daran erinnert, dass es parlamentarisch und präsidial regierte Bundesstaaten gibt. Aus Vollständigkeitsgründen werden diese Aspekte bei den folgenden Länderbetrachtungen dennoch berücksichtigt.

1.3 Frankreich, Großbritannien und die USA als prototypische Regierungssysteme

Regierungssysteme sind Ergebnisse der historischen Entwicklung. Wo parlamentarische Regierungssystemstrukturen zuerst Fuß fassen konnten, wie in Großbritannien, oder wo das präsidentielle Regierungssystem erfunden wurde, wie in den USA, standen noch keine Modelle von den Vorteilen der einen oder anderen Regierungsweise Pate. Aus diesem Grunde finden Großbritannien und die USA bis zum heutigen Tage starke Beachtung im Regierungssystemvergleich. Bei beiden Ländern handelt es sich um Gesellschaften, die ökonomisch und weltpolitisch nach wie vor eine bedeutende Rolle spielen. Dies gilt für Großbritannien auch nach dem Verlust seines früher weltumspannenden Kolonialimperiums. Es stellt neben der Bundesrepublik Deutschland und Frankreich einen der drei großen Spielmacher in der Europäischen Union dar. Nicht anders steht es mit Frankreich. Das französische Regierungssystem der V. Republik findet in aller Welt starke Beachtung. Vor allem Länder ohne ausgeprägte Parteientradition oder mit schwachen Parteien finden Gefallen an einer Regierungskonstruktion, die für den Fall instabiler parlamentarischer Mehrheiten die Handlungsreserve eines volksgewählten Staatspräsidenten vorhält. Das semi-präsidentielle Regierungssystem bietet

Entwicklungsmöglichkeiten in beide Richtungen – hin zur Suprematie des Präsidenten und hin zur parlamentarisch gestützten Regierung. Zwar ist das semipräsidentielle Regierungssystem eigentlich schon älter als das französische Beispiel. Die Verfassungen der Weimarer Republik und Finnlands waren bereits nach dem Ersten Weltkrieg ganz ähnlich konstruiert. Doch Finnland als kleines Land wurde kaum wahrgenommen. Das Ende der Weimarer Republik in der Katastrophe des Dritten Reiches war unter anderem mit der Demokratieuntauglichkeit einer starken Präsidialfigur behaftet. Das französische Regierungssystem hat sich jedoch unter sehr verschiedenen Mehrheitsverhältnissen und in vielen politischen Belastungsproben bewährt. Aus diesem Grunde wird Frankreich in systematischen Darstellungen des Regierungssystems als weiterer Standardtypus berücksichtigt.

Frankreich, Großbritannien und die USA haben inzwischen den Status von Regierungssystemen, an denen andere Regierungssysteme gemessen werden. Die zahlreichen Abweichungen von diesen modellhaften Systemen sollen in diesem Buch nicht unterschlagen werden. Jedes Regierungssystemkapitel schließt mit einer kurzen Rundschau über die demokratischen Regierungssysteme in aller Welt, soweit sie sich den betreffenden Modellen zuordnen lassen. Dies soll zwar lediglich summarisch geschehen, ist für den gewollten Lerneffekt dieses Buches aber unverzichtbar. Dieses Buch will keine formale Darstellung der Regierungssysteme. Es zielt auf die historische Herleitung der Regierungspraxis, und es will ferner zeigen, dass die Praxis der Regierungssysteme in vieler Hinsicht Annäherungen erkennen lässt, die den Dualismus parlamentarisch-präsidentiell relativieren. Ein Beispiel: Der US-amerikanische Präsident ist heute in ähnlicher Weise als Produzent komplizierter Gesetzgebungsprojekte gefordert wie der britische Premierminister. Der französische Regierungschef agiert nicht viel anders. Diese faktische Konvergenz der Systeme stößt hier und dort an Systemgrenzen, die nicht übersprungen werden können. Der amerikanische Präsident kann mit seinen Projekten im Kongress scheitern, ohne dass es für ihn Konsequenzen hat. Ein britischer Regierungschef müsste entweder bereits bei der Aussicht auf ein Scheitern zurücktreten oder aber Neuwahlen anberaumen. Der Konvergenzdruck auf die Systeme überlagert viele Eigenarten des parlamentarischen oder des präsidentiellen Regierungssystems. Die Gesellschaften benötigen Gesetze und staatliche Maßnahmen, die im Umfang, in der Komplexität und in der Vielfalt von keiner parlamentarischen Körperschaft mehr geleistet werden können.

„Ein Vorzug des parlamentarischen gegenüber dem präsidentiellen System wird häufig darin gesehen, dass im parlamentarischen System die Initiativfunktion und deren (...) Funktionsträger, der Regierungschef, jederzeit austauschbar sind. Damit engstens verbunden ist die im parlamentarischen System gegebene Austauschbarkeit auch anderer Parlamentsfunktionen und ihrer Funktionsträger. (...) Auch in den Vereinigten Staaten kann die Volksvertretung im äußersten Konfliktfalle ihren Willen gegen denjenigen des Präsidenten durchsetzen; der Kongress kann zwar nicht die Person des Präsidenten, wohl aber dessen Programm in der Exekutive ‚austauschen‘. Dieses Faktum reduziert die Dramatik der essentiellen Differenz beider Systeme" (Uwe Thaysen, Roger H. Davidson und Robert G. Livingston, US-Kongress und Deutscher Bundestag im Vergleich; in: Uwe Thaysen, Roger H. Davidson und Robert G. Livingston (Hrsg.), US-Kongress und Deutscher Bundestag. Bestandsaufnahmen im Vergleich, Opladen 1988, S. 563.).

Die Unverzichtbarkeit gesetzesvorbereitender Verwaltungen bringt die Regierungen überall in die Rolle der Vorschlagsgeber. Die Eigenarten der Regierungssysteme greifen erst dort, wo solche Vorschläge die Parlamente und die kritische Öffentlichkeit erreichen. Dort allerdings greifen sie dann recht markant. Deshalb hat der Vergleich der Regierungssysteme unverändert seinen guten Sinn. Die tieferen Ursachen der Verschiedenheit der Regierungssysteme lassen sich nicht aus Verfassungsbestimmungen und auch nicht aus beobachtbaren politischen Usancen ersehen. Sie zwingen zur Auseinandersetzung mit der Geschichte. Regierungssysteme verknüpfen sich mit Erfahrungen und Sichtweisen, die sich den Bürgern und politisch Interessierten von Generation zu Generation in Symbolen, Geschichtsbüchern und staatsbürgerlichen Lektionen mitteilen.

1.4 Quellen des Regierungssystems im klassischen politischen Denken: Die Gewaltenteilung

Checks-and-balances als Grundlage des präsidentiellen Regierungssystems

Vor der näheren Betrachtung der Regierungssysteme bedarf es einiger Vorbemerkungen zum Gewaltenteilungsbegriff. Da gibt es zunächst das klassische Gewaltenteilungsschema der Checks-and-balances. Es hält Regierung und Parlament strikt getrennt. Sieht man von Großbritannien mit seinem Fehlen einer formellen Verfassung ab, hält sich die Gliederung der demokratischen Verfassungen an das bekannte Montesquieusche Schema der Getrenntheit von Parlament und Regierung. Die Mehrheitsabhängigkeit der Regierung im parlamentarischen Regierungssystem kommt in der Regel nicht in der Verfassungssystematik zum Ausdruck. Diese folgt zumeist der Gliederung nach Legislative, Exekutive und Judikative. Das parlamentarische Moment verbirgt sich in ein oder zwei Artikeln, welche die Balance zwischen Parlament und Regierung dann aber zu Gunsten der parlamentarischen Mehrheit verschieben, die eine Regierung im Amt hält. Das Gewaltenteilungsproblem stellt sich damit ganz anders dar als im herkömmlichen Checks-and-balances-System, wie es aus den USA bekannt ist.

Parlamentarische Opposition und Gewaltenteilung

Das machtbegrenzende Moment, der Sinn aller Gewaltenteilung, greift im parlamentarischen Regierungssystem hauptsächlich bei der Mandatsbefristung für das Parlament. Solange die Parlamentsmehrheit ihre Regierung stützt, bestimmen beide das politische Geschehen auf der gesetzgeberischen und auf der politisch-administrativen Ebene. Die parlamentarische Opposition ist als Minderheit per definitionem machtlos. Sie bildet die parlamentarische Minderheit. Ihre Kontrollmöglichkeiten gegenüber der Regierung müssen bei realistischer Betrachtung als bescheiden angenommen werden. Die Möglichkeiten der politischen Missstandsrecherche sind für eine mit guten Journalisten bestückte Tages- oder Wochenzeitung ungleich besser als für die Abgeordneten einer Oppositionsfraktion. Und dennoch ist die Opposition ein machtbegrenzender Faktor! Die Presse und die kritische Öffentlichkeit können die Regierung zwar gezielt unter Druck setzen. Das Recht, im Parlament Fragen zu stellen und die Regierung mit Erklärungen oder Anfragen in Bedrängnis zu bringen, bleibt allein der parlamentarischen Opposition vorbehalten. Die Opposition sollte im Gewaltenteilungsschema des parlamentarischen Regierungssystems deshalb besser als Kurzformel für die Verbindung der oppositionellen Kontrollminderheit mit der kritischen Öffentlichkeit verstanden werden.

Beginnen wir beim Rundblick auf die für das Regierungssystem relevanten Staatstheorien mit *John Locke* (1632-1704). Locke gehört zu den führenden Theoretikern des modernen Naturrechts. Er konstruiert den Staat als Ergebnis der Unerträglichkeit des Naturzustandes, d.h. eines vorgestellten ursprünglichen Zustandes ohne Recht und Gesetz (vgl. zum folgenden Locke 1989 [Erstausg. 1690], 200 ff.). Die Menschen im Naturzustand leben von den Früchten des Bodens. Wer zur Sicherung seines Lebensunterhalts ein Stück Boden bearbeitet, vermischt diesen Boden mit seiner Arbeit, und dadurch entsteht Eigentum. Ist der Boden nun durch die Arbeit veredelt, so hat kein anderer mehr Anspruch darauf. Mit dem Eigentum geht nicht nur die Unterscheidung zwischen Eigentümern und Nicht-Besitzenden einher. Auch unter den Eigentümern entstehen Unterschiede. Wer erfolgreicher wirtschaftet als sein Nachbar, wird reichere Ernten einbringen. Nach und nach verdrängt das Geld den blanken Lebensunterhalt als Ziel der Wirtschaftstätigkeit. Ernteerträge werden in Geld getauscht, die Vermögensunterschiede schießen noch krasser ins Kraut. Die Folgen sind Neid, Missgunst, auch Habsucht und Verbrechen. Die Regeln des Eigentumserwerbs werden von vielen nicht akzeptiert. Zwar gilt auch weiterhin die Devise, dass die Menschen einander nicht ungestraft nach Leben und Eigentum trachten dürfen. Es wird für die Besitzenden aber immer schwieriger, der Respektierung ihrer Rechte aus eigener Kraft Geltung zu verschaffen.

An diesem Punkt gelangt Locke zur Gründung des Staates. Locke geht es darum, dass der Staat das Leben und die Freiheit seiner Bürger sichert. Die berühmte, ähnlich auch in der amerikanischen Verfassung anzutreffende Formel von Life, Liberty and Estate, letzteres ein Kürzel für Eigentum ganz allgemein, weist auf den engen inneren Zusammenhang hin. Der Staatsgründungszweck lässt sich bei Locke nicht von den Eigentümerinteressen lösen. Die Nichteigentümer haben auch ohne den Staat wenig von Neid und Missgunst zu fürchten. Entsprechend wenig gewinnen sie durch den Staat.

Locke bietet in seiner politischen Theorie ein wohlbegründetes, ausgefeiltes Gewaltenteilungsmodell an (ebd., 283 ff.). Sie verdient Beachtung, da sie einem Regierungssystem, wie es heute in den westlichen Industriegesellschaften dominiert, weitaus näherkommt als das übliche, unten zu referierende Montesquieusche Gewaltentrennungsmodell (Rostock 1974). Diese Leistung liegt darin begründet, dass Locke seine Gewaltenteilungslehre am englischen Konstitutionalismus des späten 17. Jahrhunderts orientiert, also aus der Anschauung der englischen Verfassungsverhältnisse im 17. Jahrhundert schöpft.

Die Tatsache, dass sich Locke um die Struktur des Staates ausführliche Gedanken macht, hat wieder mit den gesellschaftlichen Prämissen seiner Staatstheorie zu tun. Locke konstruiert seinen Staat um den einzelnen, oder genauer: um den einzelnen Eigentümer herum. Die schwerwiegendsten Eingriffe des Staates in das Leben des Untertanen definiert Locke als Strafgesetze und Steuergesetze. Letztere belasten ja allein jene Untertanen, die überhaupt Eigentum haben. Hieraus resultiert der Grundsatz, der in der amerikanischen Revolution in dem knappen Slogan „no taxation without representation" zusammengefasst wurde.

John Locke: Menschenbild

Staatsbildung

Staatszweck

Steuern und Staatsausgaben sind nach Locke nur dann zulässig, wenn Vertreter der Betroffenen, also insbesondere Repräsentanten der Besitzenden, an diesen Entscheidungen beteiligt werden. Ort dieser Beteiligung ist das Parlament, die Legislative. Und diese Legislative setzt sich aus gewählten Vertretern der Bürger zusammen. Sie müssen sich in Abständen um die Erneuerung ihres Mandats bemühen. So entsteht eine Situation, in der die Steuer- und Abgabenzahler selbst darüber beschließen, ob sie dem Staat einen Teil ihres Vermögens abtreten, damit dieser ihre Interessen wahrnimmt.

Institutionen   Lockes Gewaltenteilungslehre stellt in erster Linie auf staatliche Funktionen ab und erst in zweiter Linie auf Institutionen. Die Legislativfunktion kommt der Legislative, einer gewählten Repräsentativversammlung, und der Krone, dem Monarchen, gemeinsam zu. Daneben unterscheidet Locke die Prärogative, d.h. das Recht des Herrschers, im Rahmen der vom Parlament beschlossenen Gesetze politische Entscheidungen zu treffen. Er nennt ferner die Exekutivgewalt, die Ausführung der Gesetze, sowie schließlich die Föderativgewalt, worunter das Recht des Herrschers verstanden wird, mit anderen Herrschern völkerrechtliche Verträge zu schließen. Prärogative, Exekutive und Föderative liegen beim Herrscher.

Damit ist präzise ein Verfassungszustand umschrieben, wie er im zeitgenössischen England nach der Glorious Revolution von 1688/89 erreicht war: Eine konstitutionelle Monarchie, ein herrscherzentriertes Regierungssystem, in dem jedoch alle staatlichen Befugnisse, die den Bürgern vermögenswirksame Belastungen auferlegen und in ihre persönliche Freiheit eingreifen, von den Vertretern der Betroffenen gebilligt werden müssen. Diese letzte Bedingung sah Locke bereits als ausreichende Sicherheit an, um unzulässige Übergriffe der Regierung gegen Leben, Freiheit und Eigentum der Bürger abzuwehren. Aus diesem Grund spielt die unabhängige Judikatur im Lockeschen Staatsentwurf keine Rolle. Der Monarch als Alleininhaber der Regierungsfunktionen und das Parlament als Vertretungsorgan operieren bei Locke noch in separaten Bereichen. Dieses Modell ist deshalb noch nicht parlamentarisch im Sinne des parlamentarischen Regierungssystems.

Historische Wirkung   Locke fand in den Eliten der britischen Kolonien Nordamerikas wie auch später in den unabhängigen USA große Resonanz. Der Staat ist ein lästiges, aber unverzichtbares Übel. Soweit er geduldet wird, hat er sich den kollektiven Interessen der Tüchtigen, der Erfolgreichen und der Besitzenden zu fügen. Diese Haltung entsprach exakt der Hauptströmung der englischen Politik zur Zeit der Glorious Revolution. Aber Locke ist mit seinem Staats- und Gewaltenteilungsentwurf im Schatten der großen Staatsentwürfe Montesquieus und der Federalist Papers geblieben. Sein Denken bestimmte freilich die Überlegungen der Gründungsväter der USA maßgeblich mit, als sie gut hundert Jahre nach dem Erscheinen des Buches, das diese Ideen vorstellte, daran gingen, für die nordamerikanischen Kolonien Großbritanniens die erste Verfassung der modernen Welt auszuarbeiten. Montesquieu war der zweite Klassiker, der erkennbar seine Handschrift in der amerikanischen Verfassung hinterließ.

Charles de Montesquieu: Verhinderung der Despotie   *Charles de Montesquieus* (1689-1755) beherrschendes Thema ist ein rechtlich geordnetes Regierungssystem, das die Allmacht des Herrschers verhindert. Sein Werk ist von zwei Erfahrungen inspiriert, erstens von den Zuständen im zeitgenössischen Frankreich mit seinen Hofintrigen und korrupten Beamten und zweitens von einer Bildungsreise nach Großbritannien, bei der er die politischen Verhältnisse in London studierte. Die Despotie ist sein Haupt- und Schlüsselthema. Mit der Ablehnung der Despotie zielt Montesquieu auf das absolutistische Regime der Bourbonen.

In der Tradition des Klassikers Aristoteles unterscheidet Montesquieu gute und schlechte Regierungsformen. Die absolut schlechte Regierungsform ist die Despotie in allen ihren Erscheinungsformen. Sie zeichnet sich durch das tragende Herrschaftsprinzip der Furcht aus. Von der Despotie unterscheidet er positiv die gemäßigten Regime, d.h. die Demokratie, die Aristokratie und die Monarchie. Die Anzahl der Herrschenden ist ihm aber weniger wichtig als die Art und Weise, wie Herrschaft ausgeübt wird. Bei diesem Wie stellt sich insbesondere die Frage, ob sich die Herrschenden mit intermediären Gewalten arrangieren müssen.

Aristoteles (384-422 v. Chr.) gilt als Begründer der politischen Philosophie und der Staatsformenlehre. Nach Aristoteles ist der Mensch ein gemeinschaftsbezogenes Wesen, d.h. er ist durch die Gemeinschaft bestimmt, und die Gemeinschaft bestimmt sein Handeln. Das vornehmste Ziel des Staates ist es, Menschen dahin zu bringen, dass sie das Leben in der Gemeinschaft als den höchsten Wert anstreben. Dem modernen politischen Denken, d.h. der Staat als Ausdruck individueller Interessen, ist Aristoteles' Denken diametral entgegengesetzt. Aristoteles' Verfassungslehre unterscheidet nach der Anzahl und der moralischen Qualität der Herrschenden. An guten Herrschaftsformen führt er die Monarchie auf, die Einherrschaft einer tugendgeleiteten Person, ferner die Aristokratie, die Herrschaft der moralisch Qualifiziertesten, und die Demokratie, die Herrschaft aller, die sich von den Antrieben eines einfachen, tugendhaften Lebens leiten lassen. Kommt bei den Herrschaftsträgern die Tugend abhanden, schlagen die guten Herrschaftsformen in schlechte um. Die Einherrschaft wird zur Despotie, die keine moralischen Schranken mehr kennt. Die Aristokratie wird zur Oligarchie, in der es nur mehr um Privilegien geht. Die Demokratie endet in der Pöbelherrschaft. Aristoteles unterstellt, dass sich Herrschaftsformen in stetigem Wandel befinden und dass gute in schlechte, schlechte in noch schlechtere und am Ende die schlechten wieder in bessere Herrschaftsformen umschlagen. Der Idealfall einer guten Verfassung wäre die „gemischte Verfassung", die Politie: Einer regiert, die Besten verwalten und besorgen die Rechtsprechung, alle beteiligen sich an der Gesetzgebung.

Angelpunkt der Montesquieuschen Regierungsformenlehre ist das Gesetz (vgl. zum folgenden Montesquieu 1992, [Erstausg. 1748]). Das Gesetz regelt das Zusammenleben der Menschen ohne Ansehen der Person. In der Despotie gibt es kein Gesetz, bloß die Laune des Autokraten. Der Despot entscheidet heute so und morgen anders. Der Untertan hat keine Möglichkeit, sich darauf einzustellen. Folglich begegnet er den Repräsentanten des Staates mit Furcht. Er richtet sein Leben so ein, dass er so wenig wie möglich mit ihnen zu tun hat. Die besseren Regierungsformen lassen sich nach Montesquieu unter den Oberbegriff der Republik subsumieren. Dabei unterscheidet er zwischen demokratischen und aristokratischen Republiken. In der demokratischen Republik partizipiert das gesamte Volk an der Gesetzgebung. Dort gelten die Prinzipien der Tugend, die Liebe zum

Herrschertugend und Herrschaftsform

einfachen Leben und die Achtung der Gleichheit. Die aristokratische Republik ist nach dem Prinzip der Mäßigung aufgebaut. Eine Klasse beschließt das Gesetz. Sie übt ihr Regiment über die restliche Bevölkerung aber mit Augenmaß aus. Deshalb wird den Herrschenden der Gehorsam auch nicht verweigert. Auch die Monarchie zählt zu den gemäßigten Regierungssystemen. Ihr tragendes Prinzip ist das der Ehre, d.h. das Bestreben, sich vor anderen auszuzeichnen, dabei Gerechtigkeit zu üben und eingegangene Verpflichtungen zu respektieren. Die Monarchie kann genauso gute Gesetze geben wie die übrigen Varianten der Republik. Jede dieser positiven Regierungsformen schlägt in eine schlechte Regierungsform um, sobald die Herrschenden ihre Tugenden vernachlässigen. Die demokratische Republik ohne Tugend entartet zu einem Staat, in dem der Luxus und die Maßlosigkeit die Bürger korrumpieren. Die aristokratische Republik, in der die Tugend der Mäßigung abhanden kommt, wird von den Beherrschten bald als unterdrückerisch empfunden und verliert damit ihre Grundlage. Sie schlägt in eine Oligarchie um. Die Monarchie ohne Ehre versinkt in Korruption, im Streben des Monarchen und seiner Beamten nach materiellen Vorteilen.

Vorzüge der ge-
mischten Verfassung
In den Republiken gewährleistet die Verständigung des Volkes bzw. der Aristokratie auf gute Gesetze, dass keine Willkürherrschaft Platz greifen kann. Anders steht es in der Monarchie. Allein durch die Ehre unterscheidet sich die Monarchie von der Despotie. In beiden Herrschaftsformen bestimmt letztlich nur einer. Eine wirkliche Monarchie indes, die es verdient, zu den gemäßigten Regierungssystemen gerechnet zu werden, schaltet zwischen den Willen des Souveräns und das Volk eine Reihe intermediärer Instanzen, die den Herrscherwillen prüfen. Namentlich Parlament und Gerichte haben den Auftrag, den Herrscherwillen zu begutachten und ihm ggf. Einhalt zu gebieten. Die Monarchie als eine gute bzw. gemäßigte Regierungsform wird unter diesen Vorgaben zur Republik. Zwar herrscht in dieser Staatsform ein Monarch. Aber Regierung und Gesetzgebung des Staates involvieren weitere Gewalten, die ihre Legitimation nicht aus dem monarchischen Prinzip gewinnen. Montesquieus Monarchievorstellung entspricht dem Ideal der seit Aristoteles gepriesenen gemischten Verfassung (dazu ausführlich: Hereth 1995).

Gewaltenteilung
Im sechsten Kapitel des elften Buches des „Ésprit des Lois" präzisiert Montesquieu seine Gewaltenteilungsidee (Riklin 1989, Lange 1980). Dieser Teil seines Werkes hat ihn wirkungsgeschichtlich am stärksten bekannt gemacht, er lässt die Eindrücke eines Englandaufenthalts erkennen. Montesquieu beschreibt in diesem Kapitel die Institutionen der englischen Verfassung. Sie sind das Vorbild für sein staatstheoretisches Werk. Eine gute Verfassung gewährleistet die Freiheit der Untertanen durch das Gleichgewicht ihrer Institutionen.

Deshalb sind die Regularien der Gesetzgebung wichtiger für die freiheitliche Regierung als der Inhalt des Gesetzes. In der Republik verteilen sich die Rechte des Souveräns auf drei Gewalten, a) die Krone als Exekutive, b) das Parlament als Legislative und c) den unabhängigen Richterstand als Judikative. Die Krone als Exekutive hat das Privileg zu regieren und die vom Parlament beschlossenen Gesetze anzuwenden. Das Parlament als Vertretung des Volkes, unter anderem des Adels, hat die Aufgabe, die Gesetze zu beschließen. An der Gesetzgebungsfunktion ist aber nicht nur die Legislativkörperschaft beteiligt, sondern auch die Krone. Die Krone kann durch ihr Veto verhindern, dass vom Parlament Gesetze beschlossen werden, die nach ihrer Auffassung überflüssig, falsch oder unzweckmäßig sind. Der Richterstand wacht darüber, dass die Krone im Geist der Gesetze regiert. Er besitzt das Recht, Handlungen der Exekutive zu annullieren, die gegen bestehendes Recht verstoßen. Wirkliche Freiheit kann es nach Montesquieu nur dort geben, wo sich jede dieser drei Gewalten darauf beschränkt, die ihr zugewiesenen Aufgaben zu erfüllen. Maßt sich eine Gewalt an, Aufgaben im Bereich einer anderen Gewalt zu besorgen, gefährdet sie die Gewaltenbalance. Es kommt zu Störungen im politischen Leben, die letztlich auch die Freiheit der Untertanen in Frage stellen. Despotische Verhältnisse treten ein, wenn es einer Gewalt gelingt, Gesetzgebungs-, Regierungs- und Rechtsprechungsbefugnisse bei sich zu konzentrieren. Solange noch mindestens zwei unabhängige Gewalten bestehen, ist zwar das Gleichgewicht der Gewalten bereits empfindlich gestört. Aber es besteht immerhin noch eine gewisse Restkontrolle der schwächeren gegenüber der stärkeren Gewalt.

Montesquieus Modell der Gewaltenteilung und -verschränkung mit seiner strengen Unterscheidung von Legislative, Exekutive und Judikative hat die Verfassungsgeschichte denkbar stark beeinflusst. Dabei handelt es sich hier eher um ein mit Illustrationen aus dem britischen Verfassungsleben veranschaulichtes Modell für eine ideale Verfassung als um eine korrekte Beschreibung der zeitgenössischen britischen Verfassungszustände. So hatte zu dem Zeitpunkt, als Montesquieus Opus „De l'Esprit des Lois" erschien, Großbritannien bereits das Stadium eines parlamentarischen Regierungssystems erreicht. Darin hatten Elemente der parlamentarischen Gewaltenverbindung größere Bedeutung erlangt als Verfassungselemente der Gewaltentrennung. Montesquieu entwarf ein Gewaltenteilungsmodell, das den Grundriss des heute so genannten präsidentiellen Regierungssystems erkennen lässt.

Modell für das präsidentielle Regierungssystem

Die wirkungsgeschichtliche Kraft des Montesquieuschen Werks ist gewaltig. Diese Bedeutung liegt wesentlich darin begründet, dass die Väter der amerikanischen Verfassung unter den im 18. Jahrhundert bekannten politischen Theoretikern außer Locke besonders Montesquieu schätzten. Vor allem Montesquieus strikte Trennung von Exekutive, Legislative und Judikative fügte sich gut in die Vorstellung der einflussreichsten amerikanischen Verfassungsväter ein, dass sich die Freiheit nur dort behauptet, wo staatliche Macht kontrolliert wird. Kommen wir nun zu den Federalist Papers.

Die *Federalist Papers* umfassen 85 Zeitungsartikel, die im Kontext der Debatten um die Verabschiedung der 1787 erarbeiteten amerikanischen Verfassung zur Verteidigung des neuen Verfassungsdokuments verfasst wurden. Dessen Ratifizierung durch die Legislative des Staates New York war höchst umstritten. Die Federalist Papers nahmen in diesem Streit Partei (Young 1985, 626 ff.). Die Autoren der in den Federalist Papers gesammelten Essays waren James Madison, John Hamilton und John Jay. Alle drei gehörten zur schmalen politischen Elite der USA. John Hamilton wurde unter dem ersten Präsidenten Washington Finanzminister. Er war der brillanteste politische Kopf in dieser ersten Administration; Madison wurde später zum Präsidenten der USA gewählt; Jay wurde Handelsminister der USA. James Madison ist der unbestritten wichtigste Federalist-

Die Federalist Papers: eine Streitschrift

Autor. Zwei der drei Schlüssel-Essays, Federalist Nr. 10 und Federalist Nr. 51, entstanden aus seiner Feder. Der dritte, Federalist Nr. 78, geht auf John Hamilton zurück. Die Bedeutung der Federalist-Papers nicht nur für die Geschichte der politischen Ideen, sondern auch für die gegenwärtige amerikanische Politik liegt in der Kontinuität des Verfassungsdokuments, zu dessen Verteidigung sie geschrieben wurden.

Das Ideal der gemischten Verfassung

Der Staat der Federalist Papers hat den Zweck, das Eigentum und die Freiheit zu schützen. Er ist darüber hinaus einem Bürgerideal verpflichtet. Der von den Federalist-Autoren verteidigte Staat soll die Qualität einer Republik haben. Republik meint hier indes nicht einfach, wie in der heutigen verfassungstechnischen Terminologie, einen nicht-monarchisch verfassten Staat, sondern eine Republik im Montesquieuschen Verständnis: eine gemischte Verfassung (Hamilton/Madison/Jay 1995 [Erstausg. 1788]). Mit dem Gedanken der Republik verbindet sich in den Federalist Papers die Idee eines Bürgers, der nicht nur seine privaten Interessen verfolgt, sondern sein Verhalten nach dem Nutzen für das Ganze bemisst. Bei dieser Idee des Gesamtnutzens kommt Aristoteles in den Sinn. Sein Werk war schlichtweg Gemeingut der Gründer der amerikanischen Republik. Die Federalist-Autoren machen aber keinerlei Anstalten auszumalen, was das Gemeinwohl sei. Das Gemeinwohl wird zum praktischen, mehrheitsfähigen Kompromiss. Die Herstellung dieses Mehrheitskonsenses macht den Kern des politischen Denkens der Federalist-Autoren aus. Dieser Konsens soll verhindern, dass irgendwelche Zufallsmehrheiten die Würde eines allumfassenden Konsenses beanspruchen dürfen.

Menschenbild

Aus der Sicht der Federalist-Autoren ist es eine Tatsache, dass sich die menschliche Natur mit schlechten Eigenschaften verbindet, die einen mit Zwangsgewalt bewehrten Staat erfordern. Indessen wird der Mensch nicht als schlechthin unfähig eingeschätzt, von seiner Vernunft Gebrauch zu machen. Er kann diese Vernunft nicht nur zur Förderung des eigenen Wohls einsetzen, sondern auch zu Gunsten des Gemeinwohls. Dieses Gemeinwohl ist keine mehrheitstechnische Größe. Es hat moralischen Gehalt. Dieser erschließt sich nur denjenigen Bürgern, die das politische Geschäft nicht zum eigenen Vorteil, sondern als Ausdruck moralischer Verpflichtung betreiben. Der Staat muss deshalb so eingerichtet sein, dass die Stimmen der guten Bürger nicht ungehört verhallen. Dazu brauchen sie vor allem die garantierte Chance, ihre Auffassung im politischen Betrieb Gehör zu bringen. Ein rein majoritärer Regierungsmechanismus, und hierin stimmen alle Federalist-Autoren überein, wäre der Republik nicht angemessen. Das Bürgerideal der Federalist-Autoren ist der Schlüssel für die Rechtfertigung eines so komplizierten Regierungssystems, wie es die USA bis heute besitzen.

Im Federalist Nr. 10 stellt Madison die berühmte Frage, welcher Weg sinnvoll sei, um die Ursachen von Faktionen zu bekämpfen, oder besser: ihre Wirkungen zu kontrollieren? Der Begriff der Faktion nimmt in der Argumentation der Federalist Papers eine Schlüsselstellung ein (ebd., 50 ff.). Unter Faktion ist hier freilich kein – heute gebräuchlicher – politikwissenschaftlicher Fachausdruck zu verstehen, sondern lediglich eine Chiffre für Zusammenschlüsse von Menschen zu beliebigen Zwecken. Faktion hat einen negativen Klang. Faktionen bilden sich um vorgefasste Meinungen, die dem einzelnen ein eigenes Urteil erschweren oder es ihm abnehmen. Sie verfolgen irgendeinen materiellen Nutzen, der jedoch ausschließlich ihren Mitgliedern zugute kommt. Oder Faktionen wollen einfach lästige Konkurrenten und unbequeme Meinungen unterdrücken. So ähnlich, wie negative Eigenschaften in der Natur des Menschen liegen, geht Madison davon aus, dass auch Faktionen eine Tatsache des politischen Lebens sind, die nicht aus der Welt zu schaffen ist. Deshalb kommt es darauf an, eine wirkliche Republik so zu konstruieren, dass die Faktionen möglichst wenig Unheil anrichten. Mehr noch als Faktionen, die nur eine Minderheit der Bürger ausmachen, fürchtet Madison Faktionen, hinter denen eine Mehrheit der Bürger steht, oder Allianzen verschiedener Faktionen, die sich auf dem geringsten gemeinsamen Nenner einigen, um wenigstens einen Teil ihrer Pläne mit dem Rückhalt einer Mehrheit durchzusetzen. Minoritäre Faktionen sind unter Umständen bereits imstande, die republikanische Gesinnung zu schwächen, indem sie den Bürger unter Anpassungsdruck setzen und ihn daran gewöhnen, andere für sich selbst denken zu lassen. Das Prinzip der Mehrheitsentscheidung, wie es in der Republik gilt, bietet immerhin eine Gewähr, dass die Bäume der kleinen Faktionen nicht in den Himmel wachsen.

Anders steht es mit den größeren Faktionen, die unter Umständen zur Mehrheit werden können. Die Mehrheit hat nicht immer Recht, aber es gibt zu ihr keine Alternative. Eine probate Lösung des Dilemmas einer Mehrheit, die von einem einzigen Interesse beherrscht wird, erblickt Madison in der Entscheidung der Philadelphia-Convention für ein Zweikammerparlament. Es wird in unterschiedlich großen politischen Einheiten (Wahlkreisen) gewählt. Die Gesetze werden übereinstimmend von Mehrheiten beider Kammern beschlossen. Dürfte es schon schwierig sein, dass eine Faktion das Wählervotum in einer großen Anzahl von Wahlkreisen für die eine Kammer manipuliert, so erscheint es um vieles schwieriger, dass sie auch noch die Wähler in den ganz anders zusammengesetzten Wahlkreisen der anderen Kammer mehrheitlich auf ihre Seite bringt. Falls es ihr dennoch gelingt, hat sie nach Madison die Legitimation, ihren Willen in Gesetzesform zu gießen. Dass eine Faktion auf diese Weise den Gesetzgebungsprozess kontrollieren könnte, hält er im Grunde genommen für ausgeschlossen. Mehrheiten sind unter diesen Voraussetzungen überhaupt nur als Koalitionen verschiedener Gruppierungen denkbar. In einer Koalition müssen bei der Verständigung auf eine gemeinsame Lösung alle Beteiligten einen Teil ihrer ursprünglichen Absichten aufgeben. Am Ende kommt ein Ergebnis zustande, das eine Vielzahl von Auffassungen integriert. Tyrannei wird unter diesen Bedingungen unmöglich. Wo die Tyrannei der Mehrheit effektiv gebremst wird, dort wird der Freiheitsraum des einzelnen geschützt, dort kann sich auch unter widrigen Umständen ein unabhängiges Urteil bilden.

Dieses Thema der Checks and balances variiert Madison im Federalist Nr. 51. Dort wird das von Montesquieu entwickelte Gewaltenschema für die amerikanische Verfassung mit den gleichen Gründen gerechtfertigt, die für die Kontrolle der Fraktionen mit dem Aufsplittern und Austarieren verschiedener Mehrheiten eingebracht werden (ebd., 313 ff.). Die Exekutive soll sich von Legislativaufgaben fernhalten, die Legislative darf keine Exekutivfunktion übernehmen. Eine tyrannisverdächtige Gewaltenkonzentration bei einem Amt oder einer Insti-

Mehrheitsprinzip und Minderheitenschutz

tution muss vermieden werden. Zusätzlich werden jedoch Legislative und Exekutive im Zustimmungswege an den Entscheidungen jedes Organs beteiligt (Gewaltenverschränkung). So muss die von den Bürgern gewählte Exekutive, d.h. der Präsident, Gesetzesbeschlüssen des Kongresses zustimmen. Sein Veto kann das Verfahren blockieren. Und die Legislative muss den Vorschlägen des Präsidenten für die Leiter der wichtigsten Verwaltungsbehörden ebenfalls zustimmen.

Normenkontrolle Hamilton rechtfertigt im Federalist Nr. 78 (ebd., 469 ff.) bereits die Kontrolle der Legislativbeschlüsse durch die Gerichtsbarkeit. Er nimmt damit einen Gedanken vorweg, der mit der Rechtsprechung des Supreme Court unter Chefrichter John Marshall im Jahr 1803 Verbindlichkeit für die Verfassungspraxis gewinnen sollte. Hamilton formuliert hier bereits in nicht zu überbietender Deutlichkeit die Logik eines Staates, in dem die Verfassung über dem einfachen Recht, d.h. dem Recht der Mehrheit, steht. Soweit nicht die Legislative in einem überaus komplizierten Verfassungsänderungsverfahren den Verfassungstext ändert, liegt die Wahrung der Verfassung bei den Gerichten.

Im Gewaltenteilungsentwurf der Federalist Papers steckt das idealtypische präsidentielle Regierungssystem, wie bereits im Montesquieuschen Staatsmodell. Ein bedeutsamer Unterschied liegt aber darin, dass die Federalist-Autoren die Gewaltenteilung mit der Idee der Wahl auf Zeit, der Wahl auch des Regierungsinhabers und des gesamten Parlaments, ferner mit dem Mehrheitsprinzip, mit dem Vorsatz des Minderheitenschutzes und schließlich mit dem Vorrang des Verfassungsrechts zusammenspannen. Das präsidentielle Regierungssystem, diese weitere Lehre lässt sich aus der Kenntnis der Federalist Papers ziehen, ist eine theoretisch angeleitete Konstruktion.

Benjamin Constant: Freiheit und Eigentum Betrachten wir unter den Verfassern gewaltenteiliger Staatsentwürfe noch kurz den französischen Autor *Benjamin Constant* (1767-1830). Ihm kommt vor dem Hintergrund des französischen Regierungssystems, das in diesem Buch behandelt wird, besondere Bedeutung zu. Constants Ausgangspunkt ist die Freiheit. Darunter fasst er die Entfaltung der Persönlichkeit, geistige und materielle Unabhängigkeit, Religions- und Meinungsfreiheit, die Handels- und Gewerbefreiheit und die Sicherung der Eigentumsrechte. Wem es nicht gelingt, Eigentum zu bilden oder materielle Unabhängigkeit zu erreichen, dem nützt die Freiheit nichts. Die Freiheit ist ein individuell erfolgsabhängiger Wert.

Gewaltenteilung Unter diesen Voraussetzungen entwickelt Constant sein Verfassungsmodell. In moderner Diktion lässt es sich treffender als Gewaltenteilungsmodell bezeichnen ist. Es ist ähnlich wie das ältere Montesquieusche Gewaltenteilungsmodell aus der Anschauung der britischen Verhältnisse gewonnen, von denen sich Constant bei einem Englandaufenthalt ein Bild machte (vgl. zum Folgenden Constant 1970, Bd. 4, 49 ff.). Constant sieht fünf Gewalten vor, die an den klassischen staatlichen Funktionen – Gesetzgebung, Regierung, Rechtsprechung – mitwirken. Die gesetzgebende Gewalt liegt bei einer Legislativversammlung, die sich aus zwei Kammern zusammensetzt. Eine dieser Kammern verkörpert die Chambre représentatif de la durée, ein Oberhaus, das als Adelskammer angelegt ist. Sitz und Stimme haben allein Vertreter des Hochadels, die auf Lebenszeit amtieren. Sie bringen im Gesetzgebungsprozess das Moment der Beharrung zum

Ausdruck. Diese Kammer ist als Gegengewicht zur anderen Kammer der Legislative konzipiert, Hier handelt es sich um die Chambre représentatif de l'opinion publique. Diese gewählte Kammer repräsentiert die Meinung der wahlberechtigten Bürger. Die Wähler unterliegen Stimmungen. Sie schwanken in ihrem Urteil und neigen zu spontaner Begeisterung oder Enttäuschung. Um das Durchschlagen schwankender Stimmungen auf die Gesetzgebung einzuschränken, beteiligt Constant die Adelskammer gleichberechtigt am Gesetzgebungsprozess. An der Gesetzgebung wirkt ferner noch der Herrscher mit, der Pouvoir neutre. Der Pouvoir exécutif ist die Regierung. Sie führt die Gesetze aus und leitet die Verwaltung. Constant fordert die Regierung auf, bei ihren Maßnahmen die Meinungen zu berücksichtigen, die in den Beratungen der Legislative zum Ausdruck kommen. Die Aufgabe der Pouvoir judiciaire, der Gerichtsbarkeit, definiert Constant in Übereinstimmung mit Montesquieu.

Die Besonderheit des Constantschen Gewaltenteilungsmodells ist die Herrschergewalt. Das Herrscheramt wird auch als neutrale Gewalt, als Pouvoir neutre bezeichnet. Diese Gewalt beteiligt sich nicht am üblichen Regierungs- und Gesetzgebungsgeschehen. Es handelt sich um eine sanktionierende Instanz, die mit der Autorität des Herrscheramtes Beschlüsse der Legislative und der Regierung förmlich in Kraft setzt. Constant zeichnet hier das Bild eines Herrschers, der nicht mehr selbst regiert, sondern – von einigen Ausnahmefällen abgesehen – nur noch herrscht (Gall 1963). Gerade diese Ausnahmesituationen sind indes von größter Bedeutung. Wann immer der Staat in eine Notsituation gerät, die von den übrigen Gewalten nicht beherrscht werden kann, ist der Pouvoir neutre als Reservegewalt aufgefordert, einzugreifen. Auch wenn es zu Störungen im Verfassungsleben kommt, so etwa, wenn die Parlamentskammern oder wenn Parlament und Regierung in einen Streit geraten, der das Regierungsgeschäft lahmlegt, dann liegt es beim Pouvoir neutre, die Situation durch Vermittlung oder Entscheidung zu klären. Die Figur des Pouvoir neutre ist das herausragende Merkmal des Constantschen Gewaltenteilungsentwurfs. Gewisse Anklänge an den Pouvoir neutre gibt es selbst noch in modernen Verfassungen, so etwa in der Figur des Staatspräsidenten der V. französischen Republik oder im Reichspräsidenten der Weimarer Republik. Eine parlamentarische Verfassung indes bedeutet das Constantsche Gewaltenteilungsmodell noch nicht. Die Regierung, die Exekutive, kann vom Parlament nicht abgelöst werden. Sie wird vom Herrscher eingesetzt. Denkt man sich jedoch ein Recht zur Abberufung der Regierung und statt eines Monarchen noch einen Präsidenten hinzu, springt die Nähe dieses Verfassungsmodells zum semi-präsidentiellen Regierungssystem ins Auge.

Sämtliche hier vorgestellten Staats- und Gewaltenteilungsentwürfe fanden Verbreitung und entfalteten Wirkung, weil sie historische Entwicklungen in ihrer Epoche trafen. Sie verfahren ausnahmslos deduktiv. Sie haben ein bestimmtes Menschen- und Gesellschaftsbild vor Augen. Sie konstruieren die Verfassungen entweder zum Nutzen und Frommen der Begüterten und Privilegierten oder um die unterstellte Neigung des Menschen zu konterkarieren, seinen schlechteren Eingebungen zu folgen. Diese Gewaltenteilungskonzepte hatten mit Demokratie noch nichts im Sinn.

Pouvoir neutre: schiedsrichterliche Gewalt

Die Demokratie ist ein Kind der Französischen Revolution und des 19. Jahrhunderts. Die Parlamentarisierung der Monarchien entzog der Begründung für die Fürstenherrscher die Grundlage. Dennoch haben sich die Gewaltenteilungskonzepte bis zum heutigen Tage gehalten.

Hinter allen diesen Konstruktionen scheint das Faszinosum der britischen Verfassungszustände durch. Dies wird am deutlichsten bei Montesquieu und Constant. Beide verkannten in ihrer Zeit ein entscheidendes Moment der realen britischen Verfassungszustände. Ihnen blieb verborgen, dass im britischen Regierungssystem die Gewaltenteilung schon lange nicht mehr dem institutionellen Dualismus von Krone und Parlament folgte, sondern den Monarchen bereits entwertet hatte. Ferner waren durch das Auftreten der Parteien die Parlamentsmehrheit und die Regierung zu dem für das parlamentarische Regierungssystem charakteristischen Gespann der Regierungsmehrheit zusammengewachsen. Ihm stand als Gegenpart bereits die parlamentarische Opposition gegenüber.

Jean-Jacques Rousseau: Zivilisationskritik

Referieren wir an dieser Stelle mit *Jean-Jacques Rousseau* (1712-1778) noch kurz einen weiteren Klassiker, und zwar deshalb, weil hier erstmals das Volk in einem idealen Staatsentwurf erscheint (Fetscher 1975). Ausgangspunkt des Rousseauschen Politikentwurfs ist Zivilisationskritik. Rousseau erlangte schlagartig Berühmtheit, als er auf ein Preisausschreiben der Akademie von Dijon, ob der Fortschritt der Künste und der Wissenschaften zur Verbesserung der menschlichen Verhältnisse beigetragen habe, in der eingesandten und preisgekrönten Arbeit mit einem emphatischen Nein antwortete. Wissenschaft, Technik, Literatur und Kunst haben den ursprünglichen, seinen natürlichen Instinkten und Neigungen gehorchenden Menschen verbildet. Diese anthropologische Ausgangsprämisse veranlasst Rousseau, sich ausführlich mit dem ursprünglichen Menschen im Naturzustand und mit dem Übergang von einem ungeregelten, naturhaften Zustand zum Leben in der staatlichen Gemeinschaft zu befassen. Der Mensch des Naturzustandes kennt keine Moral, kein „gut" und kein „böse".

Menschenbild

Der Staat tritt ins Leben der Menschen, weil Konflikte entstehen, die ohne Vermittlung oder das Machtwort eines Dritten nicht mehr gelöst werden können. Die Gegensätze zwischen Arm und Reich führen zu Streit und rufen nach verbindlichen Gesetzen. Der Staat wird spätestens dann notwendig, wenn unter den bereits vergesellschafteten Menschen einer ein Stückchen Boden umzäunt und erklärt, es gehöre ihm, und niemand sonst habe das Recht, ihn zu bearbeiten oder von ihm zu ernten (vgl. zum folgenden Rousseau 1958 [Erstausg. 1762]).

Besserungsfähigkeit des Menschen im Staat

Das durch Eigentum, Habgier und Neid verloren gegangene Paradies ist unwiederbringlich dahin. Nur der Staat, ein Artefakt, ist jetzt noch in der Lage, einen Ausgleich für diesen Verlust zu schaffen. Im Staat gelangt der Mensch zu einer neuen, unverfälschten Moralität, indem er sich mit der Gemeinschaft identifiziert. Er stellt sein Denken, Handeln und Bewusstsein nicht auf private Bedürfnisse, sondern ganz auf die Bedürfnisse der Gesamtheit ab.

Art und Entstehung des Staates

Die zu seiner Zeit vorhandenen Staatswesen verwirft Rousseau. Diese Staaten, zumeist moderne Flächenstaaten, sind bereits durch das schlechte Beispiel ihrer Herrscher, durch die schlechten Sitten der Untertanen und durch Traditionen und alte Gesetze verdorben. Lediglich junge Völker, die noch nach einer passenden Staatsform suchen, erachtet Rousseau für fähig, einen Staat zu bilden.

Am Anfang der Rousseauschen Staatstheorie steht die Idee des Législateur. Es handelt sich um einen Verfassungsgeber, der aus nicht näher erklärten Gründen auftritt, um eine Situation zu retten, die sonst in heilloser Verwirrung enden würde. Aufgabe dieses Législateur ist es, den Menschen ein Verfassungsprogramm vorzuschlagen. Ein solcher Staat, der sich aus der Vielfalt der bestehenden, überwiegend großflächigen Staaten durch sein überlegenes Herrschaftsmodell und eine moralisch geläuterte Gesellschaft herausheben muss, ist nach Rousseaus Vorstellungen allein in den engen Grenzen einer Stadtrepublik denkbar. Indes lassen sich in Rousseaus Werk auch Anhaltspunkte dafür erkennen, dass er in der Idee des Staatenbundes eine praktikable Möglichkeit erblickt, die Vorteile des überschaubaren Kleinstaates mit den Bedürfnissen eines Flächenstaates in Einklang zu bringen.

Nun gibt der Rousseausche Législateur keine beliebige, sondern eine bestimmte Verfassung. An der Souveränität, d.h. an der Herrschaft im Staat müssen alle Bürger teilhaben. Nachdem der Législateur den Menschen eine Verfassung vorgelegt und erläutert hat, zieht er sich aus der Politik zurück. Er ist lediglich Ideenproduzent und Impulsgeber, kein Herrscher. Nun liegt es an den Menschen, dieses Verfassungswerk als Bürger mit Leben zu erfüllen. Der Législateur bestimmt den Souverän, die Staatsform und die Staatsreligion (réligion civile). Unter der Réligion civile hat man sich einen Mindeststandard an staatsbürgerlichen Verhaltensmaßstäben, also die Kanonisierung von Bürgertugenden, vorzustellen. Dieser Punkt ist von besonderer Bedeutung. Er zeigt, dass der Rousseausche Idealstaat ein funktionierendes politisches Erziehungsprogramm voraussetzt. Alle Bürger haben an der Souveränität teil, jeder Bürger ist Gesetzgeber. Damit Gesetzgebungsfragen aber keinen Streit auslösen, sondern vielmehr Einigung stiften, darf es dem Staat nicht gleichgültig sein, wie seine Bürger denken und welche Werte sie respektieren. Meinungsvielfalt und offene Wertekonkurrenz würden nur dazu führen, dass über ein Problem verschiedene Ansichten entstehen, so dass sich am Ende die Auffassung einer Mehrheit durchsetzt. Dabei ist allerdings fraglich, ob diese Mehrheit die richtige Entscheidung trifft. Für die Urteilsfindung des Souveräns ist ein jenseits der Mehrheitsregel liegender Maßstab wichtiger: das Gemeinwohl.

Der staatsbegründende Gesellschaftsvertrag kommt bei Rousseau in der Weise zustande, dass sich die künftigen Bürger des Staates gegenseitig versprechen, dem Willen des künftigen Souveräns absoluten Gehorsam zu leisten. Durch die im Vertrag begründete Vereinigung mit anderen bleibt der einzelne so frei, wie er es vorher war. Freilich genießt er diese Freiheit im Vertragszustand als Bürger, d.h. als Citoyen, der den Staat vernunftgeleitet und mit voller Überzeugung akzeptiert. Behält er auch im Staat noch Vorbehalte gegen den Willen des Souveräns, so missversteht er seine Freiheit als diejenige eines Bourgeois, der im Staat lediglich ein Instrument für den eigenen Vorteil erblickt.

In der Seele jedes Menschen widerstreiten sich nach Rousseau zwei Gefühle, der Amour propre und der Amour de soi. Amour de soi drückt den allen Menschen angeborenen Selbsterhaltungstrieb aus. Dieser wird von der Vernunft gesteuert und befähigt den Menschen, als Citoyen Gesetzgeber zu sein. Der Amour propre bezeichnet demgegenüber die Selbstsucht, den individuellen Vorteil als

Bürgerliche
Gleichheit

Politische Erziehung

Richtschnur für das Handeln auch im Staat. Er charakterisiert die Dispositionen eines Bourgeois. Im Amour de soi manifestiert sich die ganz rationale Liebe zu sich selbst. Sie reflektiert aber gleichzeitig auf die Bedürfnisse der übrigen Citoyens. Wenn und soweit der Bürger bei Gesetzesentscheidungen seinen privaten Interessen, Vorurteilen und Sympathien folgt, artikuliert er eine Volonté particulière. Wenn er jedoch nach übergeordneten Gesichtspunkten entscheidet, insbesondere in den Blick fasst, was allen Bürgern gemeinsam nützt, dann handelt er nach den Prinzipien der vernünftigen Willensbildung, der Volonté générale. Die Volonté génerale produziert das Gemeinwohl.

Volonté générale

Es genügt es nicht, dass bei Gesetzesentscheidungen lediglich die Mehrheit ausgezählt wird. Entscheidend sind die Motive, von denen die Bürger geleitet werden. Selbst wenn alle Bürger unisono das gleiche wollen, sich in diesem Willen aber von der Volonté particulière leiten lassen, haben sie nicht das Gemeinwohl im Blick und konstituieren sie keine Volonté générale, sondern lediglich den Willen aller, die Volonté de tous. Auch Mehrheiten, ja alle können die Volonté générale verfehlen. Ebenso ist es denkbar, dass bei einer Vielfalt von Auffassungen über ein Gesetz die Volonté générale unterliegt, weil jene Bürger, die das allgemeine Interesse im Auge behalten, in der Minderheit bleiben. Ideal wäre ein Zustand, in dem alle Bürger der Volonté générale folgten. Entscheidet sich eine überwältigende Mehrheit der Bürger entsprechend der Volonté générale, so ist bereits eine starke Annäherung an den Idealzustand erreicht. Als Staatsform lässt Rousseau allein die Republik gelten. In ihr haben alle Bürger an der Gesetzgebung teil.

Hinsichtlich der idealen Regierungsform bleibt Rousseau weniger entschieden. Die Gesetzgebung ist das Entscheidende. Das Regieren sieht er als verwaltende Funktion an. Er schenkt ihm geringe Beachtung. Die Gewaltenteilung lehnt Rousseau ab – sie würde schließlich die Allmacht des gesetzgebenden Souveräns einschränken. In traditioneller Weise unterscheidet er nach der Anzahl der Regierenden zwischen Monarchie, Aristokratie und Demokratie. Er lässt freilich erkennen, dass er die Demokratie für keine sonderlich praktikable Regierungsform hält. Der Bürger tritt hier in der doppelten Funktion des Gesetzgebers und des Gesetzesanwenders auf und gerät in Interessenkonflikte.

Wirkungsgeschichte

Rousseau fasst alle Einwohner seines Staates als Teilhaber an der Souveränität auf. In der Rückschau kann ohne Übertreibung resümiert werden, dass Rousseau die Rhetorik und die Ideen der Französischen Revolution so stark beeinflusst hat wie kein anderer Denker. Die Französische Revolution wurde als Konstituierung des wahren Souveräns verstanden. Dem Volk wurde eine überlegene Vernunft zugeschrieben. Sie verlieh einem nach dem Prinzip der Volkssouveränität eingerichteten Staat von vornherein die Qualität des Besseren vor allen bekannten Staaten. Die dritte bedeutende Hinterlassenschaft des Rousseauschen Werkes ist die Vorstellung vom Gemeinwohl.

Die Verschwisterung von Repräsentationsprinzip und Volkssouveränität sollten erst die aufgeschlossenen liberalen Denker und die demokratischen Sozialisten des 19. Jahrhunderts leisten. Gerade Frankreich, die geistige Heimat Rousseaus, geriet hier in eine Vorreiterrolle. Der Parlamentarismus bedeutet Meinungspluralität und das Vorhandensein von Mehrheit und Minderheit. Mit der Rousseauschen Vorstellung der Volonté générale lässt sich der Parlamentarismus nicht vereinbaren. Rousseaus Staatsvorstellung hat sich mit der Idee des Plebiszits verbunden. Die Volksgesetzgebung schaltet die intermediären Gewalten als verfälschende Übermittler des Volkswillens aus. In der Praxis ergibt sich dabei ein Problem. Das revolutionäre Frankreich war nach 1789 mit der Frage konfrontiert, die Volksgesetzgebung in einem der größten Flächenstaaten Europas zu organisieren.

Der *Abbé Siéyès* (1748-1836), ein Denker aus geistlichem Stande, machte dazu einen Vorschlag, der über die Französische Revolution hinaus Bedeutung behalten sollte. Siéyès traf eine Unterscheidung zwischen dem originären Volkswillen, der Pouvoir constituant, und dem abgeleiteten Volkswillen, der Pouvoir constitué. Eine vom Volk gewählte Repräsentativversammlung sollte stellvertretend für das Volk dessen Rechte wahrnehmen. So könnte die Idee der Volkssouveränität auch in modernen Großstaaten praktikabel werden. In der französischen Verfassungsvorstellung hieß es lange, dass der Wille des Parlaments für den Volkswillen genommen werden müsse und auch durch entgegenstehende Verfassungsbestimmungen nicht eingeschränkt werden könne. Die jüngste Äußerung des Souveräns, das heißt: das zuletzt gewählte Parlament, hat das letzte Wort. Erst recht hat die unmittelbare Willensbekundung des Volkes, wie sie in einer Volksabstimmung zum Ausdruck kommt, eine stärkere Legitimation als das parlamentarische Votum. Das Parlament wiederum, der Pouvoir constitué, ist der Regierung überlegen. Die Regierung repräsentiert nicht den Volkswillen, sondern gehorcht lediglich dem Willen der Volksvertreter. Gewaltenteilung spielt in diesem Konzept keine Rolle (zu Siéyès siehe Dippel 1986, 24ff.).

Abbé Siéyès: (Souveränität plus Repräsentation

1.5 Das moderne Verständnis parlamentarischer und präsidentieller Regierungssysteme

Walter Bagehot (1826-1877) war schon kein Verfasser staatstheoretischer Entwürfe mehr. Seinen Klassikerstatus verdankt er dem klaren Blick, mit dem er in seinem Werk „The English Constitution" (1969 [Erstausg. 1867], dt. übers. 1971) das britische Regierungssystem seiner Zeit beschrieb. Er arbeitete die hinter der Rechtsfassade der konstitutionellen Monarche verborgenen parlamentarischen Strukturen der Realverfassung heraus. Bagehot war zu seiner Zeit ein berühmter Journalist. Sein Hausblatt war der heute noch vitale „Economist", nach gegenwärtigen Begriffen ein Nachrichtenmagazin.

Bagehot als Parlamentarismusklassiker

Bagehots Thema ist das sog. Efficient secret, das Geheimnis der Wirksamkeit der britischen Verfassung. Damit sind die Mechanismen gemeint, die Einblick in die eigentliche Funktionsweise des Regierungssystems gewähren. Sie lassen sich allein aus der Beobachtung erkennen.. Die konstitutionelle Trinität Krone-Unterhaus-Oberhaus hat ihre Bedeutung verloren. Der Monarch und die Adelskammer, das Oberhaus, spielen im Regierungsgeschehen keine Rolle mehr. Bagehot bucht sie als Dignified parts of the constitution auf das Traditionskonto ab. Als Efficient parts of the constitution bleiben nur mehr Unterhaus und Kabi-

Efficient secret

nett übrig. Das Kabinett kam zu Bagehots Zeit in der Ämterordnung Großbritanniens offiziell noch gar nicht vor. Das Kabinett aber, so Bagehot, ist der eigentliche Regent Großbritanniens, und dies vor allem dank der Tatsache, dass es aus der Unterhausmehrheit gebildet wird.

Bagehot entwickelt mit vielerlei Illustrationen, dass die um Unterhaus und Kabinett kreisende Verfassung allein auf den Verfassungskonventionen (constitutional conventions) fußt. Politische Bräuche von Verfassungsrang haben sich eingebürgert, zum Beispiel jener, dass der Monarch die vom Parlament beschlossenen Gesetze unterzeichnen muss, und dass die Regierung zum Rücktritt gezwungen ist, wenn sie eine wichtige Abstimmung im Unterhaus verliert.

Mit seinen Beobachtungen hat sich Bagehot den Rang des wichtigsten zeitgenössischen Analytikers des britischen Regierungssystems erobert (Nuscheler 1969). Seine Methode ist bestechend einfach. Er will wissen, wie die Dinge wirklich sind, und warum dem so ist. Dabei kümmert er sich wenig um Geschriebenes. In dieser Vorgehensweise ist ihm die politikwissenschaftliche Analyse der Regierungssysteme gefolgt. Bagehot schrieb sein Buch über die englische Verfassung am Vorabend einer Zäsur in der Entwicklung des britischen Regierungssystems. Eine dramatische Ausweitung der Wahlberechtigung für die arbeitende Bevölkerung (1867) stand unmittelbar bevor. Sie sollte sich als die Geburtsstunde der modernen britischen Parteien erweisen.

Fortschreibung Bagehots im demokratischen Zeitalter Es hat seine Gründe, wenn Bagehots Schrift fast nur noch in Verbindung mit einem ebenfalls zum Klassiker gewordenen Vorwort erscheint, das der damalige Labour-Unterhausabgeordnete Richard Crossman (1969) verfasst hat. Crossman spricht vom Prime ministerial government. Damit will er ausdrücken, dass der britische Parlamentarismus zum Vehikel einer Parteienherrschaft geworden ist. Die Parteien führen die Wahlkämpfe, sie nominieren die Kandidaten, und sie beschließen mit dem disziplinierten Votum ihrer Parlamentsmitglieder die Gesetze. Die Regierung, und dort mit besonderem Gewicht die herausgehobene Person des Premierministers, bestimmt, womit sich das Parlament überhaupt befasst. Die Parlamentarier sind vital auf den Erfolg ihrer Partei angewiesen. Die Popularität des Premierministers hängt von der Bewertung durch die Medien ab. In der öffentlichen Wahrnehmung spitzen sich die Parteien auf den Premierminister und seinen Herausforderer, den Führer der parlamentarischen Opposition, zu.

> Westminster-Modell: Westminster ist der Londoner Stadtteil, in dem das Parlamentsgebäude gelegen ist. Das Westminster-Modell bezieht sich auf den gewachsenen britischen Parlamentarismus mit seiner Sovereignty of Parliament. Der Stadtteil Whitehall steht demgegenüber als Kürzel für die Ministerien und die Ministerialbürokratie. Das Westminster-Modell meint deshalb die parlamentarische Seite des Regierungsgeschäfts.

Die klassischen Institutionen des Westminster-Modells, das Unterhaus und das Kabinett, Bagehots Efficient parts of the constitution, werden durch die Parteienrealität verdrängt und überlagert. Der Parteienstaat hat sich des Parlamentarismus' bemächtigt. Die Parteien sind mit dem Premierminister zu „efficient parts" geworden. Crossmans Analyse ist bis zum heutigen Tage aktuell. Die dramati-

schen Veränderungen in der Medienwelt haben die Bedeutung des Regierungschefs eher noch stärker herausgestrichen, als es Crossman ahnen konnte, der bloß
Zeitzeuge erster Gehversuche des Fernsehens war.

Blicken wir zuletzt noch einmal auf die Gewaltenteilungskonzeption der
Federalist Papers. Einer der bekanntesten Essays zur Struktur des gegenwärtigen
Regierungssystems der USA stammt aus der Feder Richard Neustadts. In einer
zuerst 1960 erschienenen Studie über „Presidential Power" schildert Neustadt an
Fallbeispielen, wie mächtig der amerikanische Präsident tatsächlich ist. Sein
Ergebnis fasst er in der Redensart vom Regierungssystem der USA als „separate
institutions sharing powers" zusammen. Getrennte Institutionen sind gemeinsam
an den Regierungsfunktionen (powers) beteiligt. Diese Formulierung verweist
auf eine bemerkenswerte Differenz zu den Federalist Papers. Nicht Kompetenzen
(powers) wie Gesetzgebung und Gesetzesanwendung sind die hemmenden Mo-
mente im Regierungssystem, sondern die Vielzahl der politischen Akteure wie
die Präsidentschaft, die Regierungsbürokratie, der Kongress mit seinen zahlreichen Ausschüssen und schließlich die Gerichte, allen voran das Oberste Bundesgericht in seiner Eigenschaft als Verfassungsgericht. An der Gesetzgebung sind
der Präsident und der Kongress zwar gleichermaßen, aber doch an unterschiedlichen Stationen beteiligt. Die Ausführung der Gesetze ist keineswegs ein Privileg
des Präsidenten und seiner höheren Beamten. Sie beteiligt in hohem Maße auch
den Kongress. Dieser befindet letztlich darüber, welche Regierungsbehörden
eingerichtet, welche aufgelöst und welche zusammengelegt werden. Schließlich
wirkt der Kongress an der Bestellung des administrativen Führungspersonals
mit. Dies sind alles Dinge, an die im verwaltungsarmen späten 18. Jahrhundert
auch die hellen Köpfe im amerikanischen Verfassungskonvent nicht denken
konnten.

Gesetzgebung und Verwaltung im amerikanischen Regierungssystem setzen
voraus, dass sich die parlamentarischen und die exekutiven Institutionen einigen.
Andernfalls geschieht nichts. Das Unterlassen ist aber politisch heikel – anders
als vor 200 Jahren, als die Gesellschaft keine aktive Regierung erwartete, weil
sie nicht mehr als ein Minimum an Politik brauchte! Neustadts Befund, vor 50
Jahren dargelegt, gilt auch heute noch. Das präsidentielle Regierungssystem
funktioniert grundlegend anders als das parlamentarische, nicht zuletzt deshalb,
weil es keine Mehrheit kennt, die im Gleichtakt das Parlament und die Regierung
beherrscht. Mögen der vom Volk gewählte Präsident und die Parlamentarier-
mehrheit im Kongress auch derselben Partei angehören, so bleiben doch die
unterschiedlichen Bezugsgrößen in der Wählerschaft: Hier die nationale Wählerschaft für den Präsidenten, dort eine Wählerschaft, die an den Grenzen eines
Gliedstaates oder eines noch kleineren Wahlbezirks endet. Es fehlt in den USA,
was Crossman zu seiner Rede vom Prime-ministerial government veranlasst hat
– das Instrument effektiver politischer Parteien, die Parlament und Regierung
zusammenspannen.

Die USA haben kein Presidential government, das britische Prime ministerial government ist seit langem Realität. Dies hat konkrete Folgen für die politische Praxis, vor allem für die Inhalte des Regierungshandelns. Das präsidentielle
Regierungssystem steht für komplizierte Mehrheitsbildungen, für mühsame

Checks-and-balances
im amerikanischen
Regierungssystem der
Gegenwart

Kompromisse und für politische Entscheidungen, die in der Regel weit hinter den erhofften und befürchteten Vor- und Nachteilen zurückbleiben. Die Checks and balances wirken auch nach über 200 Jahren noch. Die Regierungspartei im parlamentarischen System kann hingegen durchsetzen, was sie will. Die politische Kontrolle des Regierungshandelns reduziert sich auf das Zusammenspiel von Opposition und kritischer Öffentlichkeit. Im präsidentiellen System der USA sind Kontrollelemente in alle Schritte des politischen Entscheidungsprozesses eingebaut. Parlamentswahlen mit dem Ergebnis eines Regierungswechsels, oder besser: des Parteienwechsels in der Regierung, sind im parlamentarischen System eine größere Zäsur als ein neuer Präsident oder eine veränderte Kongressmehrheit in den USA.

Folgenlose Debatte über die Reform des amerikanischen Regierungssystems   Vor über 60 Jahren gab es in der amerikanischen Politikwissenschaft eine heftige Debatte, ob der vermeintliche Reformstau, der durch das präsidentielle System entstanden sei, überhaupt im Rahmen der überbrachten Kompromisszwänge zwischen Kongress und Präsident bewältigt werden könne. Kritiker aus den Reihen der noch jungen Politikwissenschaft (American Political Science Association 1950) schlugen eine Reform des amerikanischen Systems in Richtung auf die Stärkung der Parteien nach britischem Modell vor (diese Debatte ist nachzulesen bei von Beyme 1986, 136 f.). Die politischen Parteien sollten die Kongressmehrheit und den Präsidenten als Handlungseinheit zusammenspannen: aus ihnen eine Regierungsmehrheit formen! Um es kurz zu machen: Politischer Widerhall blieb dieser Debatte unter Politikwissenschaftlern versagt.

Das entscheidungshemmende, von den Federalist-Autoren gerechtfertigte System ist tief in die Alltagskultur der USA eingelassen. Die Gesellschaft kommt damit zurecht. Die europäischen Demokratien hegen traditionell größere Erwartungen an das Handeln des Staates. Bezeichnenderweise gilt das Regierungssystem der USA nicht als exportfähiger Artikel. Es hat den Charme des Unikums.

Wir können also resümieren, dass das präsidentielle Regierungssystem in kurioser Umkehrung der tatsächlichen Verhältnisse eher von der starken Stellung des Parlaments und umgekehrt das parlamentarische Regierungssystem von der beherrschenden Stellung der Regierung im Verhältnis zum Parlament bestimmt wird. Die übliche Begriffsverwendung lässt sich inzwischen nicht mehr umkehren. Sie sollte beibehalten werden, um die sonst unvermeidliche Begriffsverwirrung zu vermeiden. Betrachtet man aber die in diesem Buch zu besichtigenden Regierungssysteme, stellt sich bald heraus, dass selbst das semi-präsidentielle Regierungssystem der V. französischen Republik letztlich näher beim Typus des parlamentarischen als bei dem eines präsidentiellen Regierungssystems liegt.

1.6 Kriterien und Leitfragen des Regierungssystemvergleichs

Die im Folgenden aufgeführten Punkte bezeichnen gemeinsame Strukturen aller demokratischen Regierungssysteme. Sie gliedern die Kapitel dieses Buches:

a) Gewaltenteilung als Basiskriterium
In der historischen Tradition der westlichen Demokratien ist der Grundsatz der Repräsentation mit dem Grundsatz der Gewaltenteilung verschwistert. Gewaltenteilung ist in der Demokratie weder logisch noch für ihr Funktionieren notwendig. Sie ist das Ergebnis historischer Erfahrung. Das Gewaltenteilungsprinzip wurde in Zeiten und für Gesellschaften entwickelt, die den Begriff und das Phänomen der modernen Demokratie noch nicht kannten (für die Gesellschaften des 18. Jahrhunderts). Von den drei klassischen Gewalten Gesetzgebung, vollziehende Gewalt und Rechtsprechung haben für die Betrachtung des Regierungssystems vor allem Legislative und Exekutive Bedeutung. Ihr Verhältnis konstituiert die beiden Grundtypen des demokratischen Regierungssystems: das parlamentarische und das präsidentielle Regierungssystem.

Beide Varianten verkörpern unterschiedliche Vorkehrungen zur Bewältigung von Konflikten zwischen Parlament und Regierung. Die parlamentarische Gewaltenteilungsvariante erzielt den beabsichtigten Effekt, die Verhinderung von Machtmissbrauch und Machthäufung bei einem Staatsorgan, durch eine parlamentarische Opposition, die auf Resonanz in den Medien und bei kritischen und unzufriedenen Bürgern spekuliert. Die Regierung ist handlungsfähig, solange der Wähler ihre Mehrheit bestätigt. Die präsidentielle Gewaltenteilung kennt keine stabile Verbindung zwischen Parlament und Regierung. Herrscht zwischen Parlament und Regierung Dissens, bleibt nur die Alternative Kompromiss oder Stillstand. Keine der beiden Gewalten ist imstande, der anderen ihren Standpunkt aufzuzwingen.

b) Parteien als Basiskriterium
Parteien sind eine Schlüsselinstitution der Demokratie. Die Struktur der politischen Parteien, ihre Anzahl und ihre Beziehungen zueinander erklären in hohem Maße die Funktionsweise eines Regierungssystems. Überall dort, wo die Regierung letztlich vom Vertrauen einer Parlamentsmehrheit abhängig ist, werden mutmaßlich disziplinierte und programmatisch orientierte Parteien auftreten. Ein anderer Parteientypus charakterisiert das präsidentielle Regierungssystem. Er zeichnet sich vor allem durch seine Wahlkampffunktion aus: Nicht Programme und Organisationsdisziplin stehen im Vordergrund, sondern allein die Kandidaten für politische Ämter.

c) Wahlen als wichtigstes Nebenkriterium
Schlechthin zentral für die Funktionsweise repräsentativer Demokratien sind Wahlen und Parteien. Die Regeln des Wahlsystems bestimmen wesentlich darüber mit, welche Parteien und welche Art von Parteien es gibt und ob kleine oder kleinste Parteien überhaupt eine Chance haben, in die Parlamente einzuziehen. Wichtig ist hier vor allem die Entscheidung für das Mehrheitswahlsystem oder

für das Verhältniswahlsystem. Verhältniswahlsysteme sind darauf angelegt, möglichst alle Parteien entsprechend ihrem Wählerstimmenaufkommen spiegelbildlich im Parlament zu repräsentieren. Mehrheitswahlsysteme legen größeren Wert darauf, klare Regierungsmehrheiten zu fördern. Die Wählerstimmenanteile der unterlegenen Kandidaten werden bei der Zumessung der parlamentarischen Mandate nicht berücksichtigt.

d) Territoriale Staatsorganisation als Nebenkriterium
Ein weiteres Unterscheidungsmerkmal demokratischer Regierungssysteme ist die vertikale Staatsgliederung. Einige Verfassungen entscheiden sich für bundesstaatliche Lösungen. Der Zentralstaat oder Bund besitzt dann Regierungs- und Gesetzgebungsbefugnisse lediglich in genau abgezirkelten Bereichen. Alle übrigen Befugnisse verbleiben bei den Gliedstaaten. Einheitsstaaten ziehen es vor, unterhalb der Ebene des Zentralstaates lediglich die Gemeinden als demokratische Selbstverwaltungen auszugestalten. Dezentrale Einheitsstaaten errichten zwischen diesen Ebenen regionale Selbstverwaltungen.

e) Gerichte als Nebenkriterium
Die Unabhängigkeit der Gerichte ist integraler Bestandteil nicht nur der Gewaltenteilungskonzeption, sondern der Demokratie überhaupt. Bei der Ausgestaltung der Gerichtsbarkeitsbefugnisse wählen die Länder unterschiedliche Lösungen. In einigen Regierungssystemen sind Verfassungsgerichte vorgesehen, die Streitigkeiten zwischen den obersten Staatsorganen schlichten (in Bundesstaaten auch Konflikte zwischen Zentralstaat und Gliedstaaten). Sie bestimmen auch das adäquate Verhältnis zwischen der Staatsgewalt und den persönlichen Freiheits- und Gleichheitsrechten. Verfassungsgerichte haben es in der Hand, den Gesetzgeber zu korrigieren, d.h. beschlossene Gesetze als nichtig festzustellen. Andere Länder scheuen vor Verfassungsgerichten zurück. Dort herrscht die Befürchtung vor, die Gerichtsbarkeit könnte übermächtig werden, wenn sie den demokratisch legitimierten Gesetzgeber kontrollieren darf. Die Unabhängigkeit der Gerichte bewegt sich dort im Rahmen der von den parlamentarischen Körperschaften und Volksabstimmungen beschlossenen Gesetze.

Von diesen Kriterien ausgehend sollen am Ende dieses Buches die folgenden Leitfragen beantwortet werden:
a. Welche politischen Institutionen strukturieren den Willensbildungs- und Entscheidungsprozess? Konzentriert sich die politische Entscheidungsgewalt beim Parlament oder bei der Regierung, oder ist sie annähernd gleichmäßig auf beide verteilt? Inwieweit wirken die Parteien gestaltend an Regierungs- und Gesetzesentscheidungen mit?
b. Welcher Koordinierungsaufwand und welche Kompromisszwänge wohnen dem Regierungssystem inne? Kann die Regierung ihren Willen im Parlament durchsetzen, oder müssen sich im Regelfall beide, Parlament und Regierung, miteinander arrangieren?
c. Benachteiligt das Regierungssystem politische Kräfte mit nennenswertem gesellschaftlichem Rückhalt?

2 Großbritannien

2.1 Entstehung des britischen Regierungssystems

2.1.1 Frühgeschichte des Parlamentarismus

Die Anfänge des englischen Parlamentarismus liegen im späten Mittelalter. Diese Periode der englischen Geschichte ist eng mit den Auseinandersetzungen der Könige mit dem Hochadel verknüpft. Der Hochadel beherrschte eine Vielzahl von Territorien, die ihm von der Krone als Lehen übertragen worden waren. Angesichts der Adelsprivilegien war die Macht der Krone vielfältigen Beschränkungen unterworfen. In vielen Teilen des Landes regierte de facto nicht der König, sondern eine mächtige Adelsfamilie. Durch diese Umstände war nicht nur die Macht der Krone eingeschränkt. Auch der weniger begüterte niedere Adel, die Gentry, und die von der Krone mit Privilegien beliehenen Städte, in denen sich ein gewerbetreibendes Bürgertum herausgebildet hatte, standen im Schatten des Hochadels.

Auf dem Höhepunkt seiner Macht trotzte der Hochadel gemeinsam mit den höchsten kirchlichen Würdenträgern der Krone das erste Grunddokument der englischen Verfassungsgeschichte ab, die Magna Charta Libertatum (1215). In der Magna Charta sicherte die Krone dem Hochadel und dem Klerus Schutz vor willkürlicher Verhaftung, Schutz des Eigentums und Mitsprache beim Erlass von Steuern zu. Diese Mitsprache fand in der Curia Regis, dem Kronrat, statt, einem Kreis von Vertrauenspersonen aus dem Hochadel (vgl. zum folgenden Kluxen 1983, siehe auch Loewenstein 1964). — *Magna Charta*

Die Curia Regis beriet die Krone zunächst ausschließlich im eigenen Interesse. Die Krone war deshalb außerstande, sich ein vollständiges Bild von den wirklichen Verhältnissen im Lande zu verschaffen. Um sich aus dieser Situation zu befreien, bezog sie immer stärker den niederen Adel und die Vertreter der Stadtbürgerschaft in den Kronrat ein. Beide gewannen Vorteile daraus. Hoch- und Kleinadel waren durch eine große Kluft getrennt. Die Interessen und Lebensgewohnheiten des niederen Adels und der wohlhabenden Stadtbürger glichen sich jedoch an. Vom Kleinadel und von den Bürgern erhielt die Krone in der Curia Regis eine andere Darstellung der Verhältnisse im Lande, und sie vermochte die politische Situation auf diese Weise besser einzuschätzen. Die Mitsprache des Hochadels, der Lords, in der Curia Regis wurde auf diese Weise abgeschwächt und entwertet. — *Curia Regis*

Für den Beraterkreis am Thron setzte sich umgangssprachlich und später amtlich die Bezeichnung Parlament durch (vom spätmittelalterlich-lateinischen „parlamentum": Gespräch, Beratung). Das Parlament differenzierte sich im Laufe der Zeit in die Lords, das spätere Oberhaus, und in die Commons, das Unterhaus. Dem House of Lords gehörten die Oberhäupter der englischen Hochadels- — *Ursprünge des Parlaments* familien an, die Peers. Die Mitgliedschaft vererbte sich dort vom Vater auf den ältesten Sohn. Im Unterhaus, dem House of Commons, saßen die Vertreter der Stadtbürger und des niederen Adels, der Gentry. Sie wurden von den Städten und dem Kleinadel der Grafschaften (Gerichts-, später auch Verwaltungsbezirke) delegiert.

Steigendes Gewicht des Unterhauses

Die britischen Könige beriefen das Parlament im Laufe der Zeit häufiger ein. Der politische Regelungsbedarf einer Gesellschaft, die sich mit der Entwicklung von Handel und Gewerbe aus den starren mittelalterlichen Verhältnissen zu lösen begann, wurde größer. Aus dem Parlament wurde eine ständische Vertretung, in der sich namentlich das Gewicht des Unterhauses steigerte. Letzteres repräsentierte den dynamischen Teil der Gesellschaft, insbesondere die Kaufleute. Mit der Lösung der englischen Kirche aus der Oberherrschaft Roms und mit der Bildung einer Anglikanischen Kirche, deren weltliches Oberhaupt die Krone war (ab 1534), steigerte die Krone ihre Macht. England entwickelte sich zum frühmodernen Staat.

Mit der Hilfe des niederen Adels und der Stadtbürger vermochte die Krone den Hochadel allmählich zu entmachten. Die Privilegien des Hochadels schrumpften auf die Sondergerichtsbarkeit vor dem House of Lords und die erbliche Mitgliedschaft in dieser Kammer des Parlaments. Im Übrigen behielt er seine großen Besitzungen. Das Unterhaus erstritt den Status einer mit dem Oberhaus gleichberechtigten Vertretung: Der König war dabei zunächst sein Verbündeter.

2.1.2 Machtkämpfe zwischen Parlament und Krone in der Stuart-Zeit

Gesellschaftliche Gründe für den Bedeutungszuwachs des Unterhauses

Kleinadel und Bürgertum verschmolzen den ersten Jahrzehnten des 17. Jahrhunderts. Die Gentry hatte keinen nennenswerten Grundbesitz. Sie wandte sich kommerzieller oder freiberuflicher Tätigkeit zu. Stehende Heere und größere Verwaltungen, die – wie es auf dem europäischen Festland geschah – dem Adel mit Offiziers- und Beamtenstellen Beschäftigung hätten bieten können, gab es in England nicht. Sie waren auch nicht vonnöten. Englands insulare Lage schützte es vor den Bedrohungen und Eroberungsfeldzügen, die dem Adel in Kontinentaleuropa in den Spitzen des Militärs und der Staatsverwaltung Einkommen und Status boten. Das Unterhaus wurde um diese Zeit zum politischen Sprachrohr einer wohlhabenden Klasse mit gemeinsamen Interessen und Lebensformen.

Impeachment als politische Waffe

Die wachsende Bedeutung des Unterhauses gründete sich auf seine Teilhabe an der Steuerbewilligung und das Recht zur Amtsanklage (Impeachment). Das Impeachment ist ein altes angelsächsisches Rechtsinstitut, das dem ordentlichen Gerichtsverfahren nachgebildet ist. Ähnlich einer Großen Geschworenenkammer (Grand Jury), die nach angelsächsischem Recht Anklage in gewöhnlichen Strafverfahren erhob, übte das Unterhaus das Recht der Amtsanklage gegen diejenigen Minister und Beamten der Krone aus, denen es politische Fehler oder Vergehen vorwarf. Der Monarch selbst war und ist rechtlich nicht angreifbar. Entsprechend einer Kleinen Geschworenenkammer (Petit Jury) im Strafverfahren musste das Oberhaus daraufhin über die Anklage entscheiden. Es konnte den oder die Angeklagten für schuldig oder nicht schuldig erklären. Die Verurteilung bedeutete Amtsenthebung oder gar Haft oder Hinrichtung.

- Das Impeachment verlor bereits im 18. Jahrhundert an Bedeutung. Lediglich im Verfassungsrecht der USA, die sich dabei am frühen englischen Vorbild orientierten, spielt es nach wie vor eine Rolle.
- Die Steuerbewilligung war im Ursprung ein ständisches Recht, für das es im übrigen Europa viele Parallelen gab. Es wurde zu einer scharfen Parlamentswaffe. Im beginnenden 17. Jahrhundert musste die Krone auf Steuern zurückgreifen, um sich von den unzureichenden Finanzquellen unabhängig zu machen, die ihr traditionell zustanden (Erträge aus Kronländereien u.ä.).

Ab 1621 geriet das Unterhaus zunehmend in eine Konfrontation mit der Krone. Dem Monarchen Karl I. aus der Stuart-Dynastie unterstellte das Unterhaus – nicht ganz zu Unrecht – die Absicht, in England eine absolutistische Herrschaft errichten zu wollen, d.h. das Parlament an seinen Entscheidungen tunlichst nicht zu beteiligen und gegebenenfalls gegen dessen Willen zu handeln.

Steuerbewilligung als Hebel für den Mitregierungsanspruch des Unterhauses

> Absolutismus: Herrschaftsmodell des 17. und 18. Jahrhunderts, das einen Monarchen als einzigen Träger staatlicher Macht anstrebte und alle traditionellen Einschränkungen der monarchischen Herrschaft zu überwinden trachtete. Der französische König Ludwig XIV. galt lange als exemplarischer Vertreter absoluter Herrschaft. Der aufgeklärte Absolutismus des späten 18. Jahrhunderts, der von der Philosophie der Aufklärung beeinflusst war, wollte den uneingeschränkt herrschenden Monarchen an ethische Postulate binden und das Herrschaftsmodell in den Dienst des sittlichen Fortschritts der Menschheit stellen. In diesem Zusammenhang wird der preußische König Friedrich II. als Vertreter des aufgeklärten Absolutismus angesehen.

Schon lange vor der Thronbesteigung der Stuarts war es üblich geworden, dass sich das Unterhaus im Gegenzug für seine Bewilligung der Geldwünsche der Krone alterworbene und auch neue Rechte bestätigen ließ. So verband es 1628 seine Steuerbeschlüsse mit der Verabschiedung einer Petition of Rights, in der es feststellte, dass der König durch die förmliche Zustimmung des Unterhauses zu den Plänen der Krone verpflichtet war, etwaige Missstände auszuräumen. Die Petition of Rights enthielt ebenfalls die Feststellung, dass es unrechtmäßig sei, wenn der König ohne Zustimmung des Parlaments in die Besitz- und Vermögensverhältnisse der Untertanen eingriff. Sie wurde zum Dokument der politischen Mitspracheforderung und des Rechtsstaatsbegehrens der Gentry und des Bürgertums.

Die Petition of Rights hatte ihre Bewandtnis vor dem historischen Hintergrund, dass die Gerichte der Stuart-Zeit noch abhängig und keineswegs in erster Linie auf die Beachtung der Parlamentsgesetze verpflichtet waren. Die Richter wurden vom König ernannt und waren im Interesse der Krone tätig. Oberste Justizbehörde war die am Hofe tätige Sternkammer. Sie war unter den Stuarts mit ihren Urteilen zum Symbol des königlichen Alleinherrschaftswillens geworden. Als Tagungsort der höchsten königlichen Gerichtsbeamten gab die Sternkammer diesem Gericht seinen Namen. Der Tätigkeit der Sternkammer setzte das Parlament das Impeachment entgegen. Erst unter den Stuart-Königen entdeckte ein Richter namens Coke dieses alte angelsächsische Rechtsinstitut neu und verschaffte ihm unter den Juristen seiner Zeit Beachtung (vgl. auch Kluxen 1976, 287 ff.).

Absolutistische Neigungen der englischen Stuart-Herrscher

Das wachsende politische Selbstbewusstsein des Unterhauses entsprach der steigenden Bedeutung von Handel und Gewerbe in der englischen Gesellschaft. Es entfaltete sich parallel zu den Versuchen der Stuarts, sich in der Manier der gekrönten Häupter im übrigen Europa aus der Abhängigkeit vom Parlament zu befreien. Für die lange Dauer von elf Jahren wurde das Parlament nach 1629 nicht mehr einberufen. Das letzte Parlament vor dieser parlamentslosen Zeit war von der Krone aufgelöst worden, hatte sich aber dem königlichen Auflösungsbefehl widersetzt. Das Unterhaus hatte seinerzeit den Sprecher, der damals noch als Vertreter der Krone die Sitzungen leitete, mit Gewalt gezwungen, trotz der Auflösungsorder solange anwesend zu bleiben, bis es seine Beschlüsse gefasst hatte. In Abwesenheit des Sprechers wäre es beschlussunfähig gewesen. Erst dann löste es sich auf.

Zur Deckung ihres Geldbedarfs betrieb die Krone in den parlamentslosen Jahren eine Finanzpolitik, die im Rahmen der bestehenden Gesetze vor allem Grundbesitzer und große Handelsvermögen belastete. Kleinadel und Bürger wurden zu den Hauptleidtragenden einer Politik, die ihnen darüber hinaus die politische Artikulierung ihrer Beschwerden und Wünsche nahm, weil das Parlament nicht mehr tagte.

Religiöse Ursachen für den Konflikt zwischen Parlament und Krone

Ein weiteres Moment schürte die Unzufriedenheit mit den Stuarts. Der König war zugleich das Oberhaupt der Anglikanischen Hochkirche. Er ernannte die Bischöfe und bestimmte alle Fragen der kirchlichen Riten. Karl I. (1625-1649) begünstigte die Kirchenpolitik des anglikanischen Erzbischofs, der rigoros alle religiösen Dissidenten bekämpfte. Konfessionelle Streitfragen entschieden die Auseinandersetzung zwischen Krone und Parlament zu Gunsten des Parlaments. Der konfessionelle Dissens zur anglikanischen Staatskirche wurde seinerzeit von zwei Seiten her vorgetragen: einmal vom Eindringen des calvinistischen Puritanismus in England, zum anderen vom Katholizismus.

- Der Puritanismus fand vor allem in den Städten und beim Handelsbürgertum viele Anhänger. Dabei spielten zwei Gesichtspunkte eine Rolle: zum einen die Identifikation der Staatskirche mit den parlamentsfeindlichen, die Bürger belastenden Herrschaftsneigungen der Stuarts, und zum anderen die Botschaft des Calvinismus, der alle Menschen vor Gott als gleich betrachtet, zugleich aber lehrt, dass Gott solche Menschen, die ein gottgefälliges Leben führen und die es mit Arbeit und Genügsamkeit füllen, mit weltlichem Reichtum auszeichnet. Die Anhänger des Puritanismus wurden, soweit sie sich lautstark bekannten und für ihre Konfession warben, mit exemplarisch harten Strafen belegt.
- Dem Katholizismus gegenüber ließen Krone und Kirche größere Milde walten. Dies führte zur verbreiteten Verdächtigung, dass Karl I. unter dem Mantel des Staatskirchentums die Rekatholisierung Englands vorbereite.

Den Anstoß zum Machtkampf zwischen Krone und Parlament gaben religiöse Zwistigkeiten. Karl I. war in Personalunion König von England und Schottland. Die Schotten hatten seit der Reformation eine eigene, calvinistische Staatskirche. Der König ließ seinen anglikanischen Erzbischof mit einer Liturgiereform für Schottland gewähren. Begreiflicherweise wurde dies als Versuch verstanden, den Ritus der englischen Staatskirche auch dort einzuführen. Dagegen leisteten Adel und Kirchenleute Schottlands Widerstand. Sie stellten ein Heer auf, das in den Norden Englands einmarschierte. Karl I. konnte den Schotten mangels Geld und Truppen kein eigenes Heer entgegenstellen. Er gab in der Liturgiefrage nach und verpflichtete sich, für die Kosten des schottischen Heeres aufzukommen. Für die damit anfallenden Ausgaben reichten seine üblichen Geldquellen aber nicht aus. Nur das Parlament konnte diese zusätzlichen Mittel bereitstellen. Auf diese Weise kam es 1640 zur Einberufung des später so genannten Langen Parlaments.

> Personalunion: Kombination von zwei Ämtern durch dieselbe Person. Tritt diese Person von einem oder beiden Ämtern zurück, so erlischt die Personalunion. Davon zu unterscheiden ist die Realunion, d.h. zwei Ämter gehören deshalb zusammen, weil staats- oder völkerrechtliche Akte dies bestimmen. Bis ins 18. Jahrhundert verklammerten die englischen Könige in Personalunion die Königreiche England und Schottland. Schottland blieb ein eigenes Königreich mit eigenem Parlament. Mit dem Union Act (1707) wurden England und Schottland in einer Realunion verbunden: Das in England herrschende Königshaus, welcher Dynastie auch immer, sollte fortan auch stets über Schottland herrschen. Die Zuständigkeit des englischen Parlaments wurde entsprechend auf Schottland ausgedehnt.

Das Parlament nutzte die Zwangslage des Königs aus, um die Krone ein für alle Mal in verfassungsrechtliche Schranken zu weisen und seiner abermaligen Ausschaltung aus dem Regierungsprozess vorzubeugen. Zunächst bestrafte es exemplarisch die führenden Beamten und Ratgeber des Königs. Im Wege des Impeachment wurden nach 1641 insgesamt 98 Personen, darunter Mitglieder des Hochadels und Bischöfe, aus ihren Ämtern entfernt. Bedeutender für die Verfassungsentwicklung war jedoch die Tatsache, dass das Parlament durchsetzte, dass es in regelmäßigen Abständen einberufen werden musste. Gleichzeitig ließ es sich die Unabhängigkeit und Unabsetzbarkeit der Richter bestätigen; die Sternkammer wurde abgeschafft. Verhaftungen ohne richterliche Verfügung über die Dauer von drei Tagen hinaus wurden verboten, und es wurde bestimmt, dass der König nur noch auf Beamte und Ratgeber hören durfte, die das Vertrauen des Parlaments besaßen. Sämtliche dieser 1641 erreichten Parlamentsrechte schufen bereits eine voll ausgebildete konstitutionelle Monarchie im modernen Sinne, d.h. eine Regierungsform, in der ein Monarch sein Herrschaftsrecht nur noch in verfassungsrechtlichen Schranken, insbesondere mit Zustimmung des Parlaments, ausüben darf.

2.1.3 Verfassungsentwicklung nach dem Bürgerkrieg[*]

Verfassungskonflikt und Bürgerkrieg

Die im Unterhaus vertretenen radikalen Puritaner gingen 1641 auf Konfliktkurs zur englischen Staatskirche. Karl I. betrieb 1642 die Verhaftung ihrer Wortführer und verletzte damit heiligste Parlamentsprivilegien. Nach dem Scheitern dieses Disziplinierungsversuchs – die betreffenden Abgeordneten waren gewarnt worden und hatten sich abgesetzt – floh der König aus London. Das Parlament beschuldigte ihn des Verfassungsbruchs. Es rüstete ein Heer aus, England wurde zum Schauplatz eines Bürgerkriegs. Hier zeigte sich aller Deutlichkeit, dass der König gegenüber dem Unterhaus ins Hintertreffen geraten war.

Langes Parlament

Nach einem langen Bürgerkrieg, der mit der Gefangennahme und Hinrichtung Karls I. (1649) zu Ende ging, geriet England unter einen Parlamentsabsolutismus. Das Lange Parlament (1640-1653) zwang dem Lande – gegen den Willen breitester Bevölkerungskreise – den strengen puritanischen Sittenkodex auf. Bis 1653 war das Rumpfparlament – das Lange Parlament ohne seine königstreuen und anglikanischen Mitglieder – die höchste gesetzgebende und ausführende Autorität des Landes. England war in dieser Zeit eine Republik. Die Monarchie war mit der Hinrichtung des Stuart-Königs erloschen.

Diese Republik unterwarf sich 1653 einer Verfassung, den Instruments of Government. An ihrer Spitze stand der Diktator Cromwell – der Führer des siegreichen Parlamentsheeres. Er sollte die chaotischen inneren Verhältnisse ordnen. Cromwell stellte Gewissens- und Glaubensfreiheit her, konnte damit aber die Erinnerung an die Exzesse der puritanischen Herrschaft nicht mehr auslöschen. Eine weitere Hinterlassenschaft der Parlamentsherrschafts- und Cromwell-Periode, die erneut verfassungsgeschichtliche Bedeutung haben sollte, waren die Kriege gegen die katholischen Iren, die sich immer wieder gegen die englische Herrschaft über Irland auflehnten. Sie untermauerten die strenge Ablehnung des Katholizismus in England.

Restauration der konstitutionellen Monarchie

Bald nach Cromwells Tod (1660) machte ein Putsch dieser Republik ein Ende. Cromwell hatte zwar noch seinen Sohn als Nachfolger bestellt, aber das Land war der Cromwells überdrüssig geworden. Die Putschisten setzten die noch lebenden Mitglieder des Langen Parlaments wieder in ihre Rechte ein. Das Parlament beschloss 1660 die die Rückkehr zum Zustand vor dem Bürgerkrieg. Der erbberechtigte Stuart-Prinz Karl II. wurde zur Rückkehr aus dem Exil eingeladen, nachdem er zugesichert hatte, die überlieferten und dokumentierten Parlamentsrechte sowie den Anglikanismus als Staatsreligion zu achten. Dieser erste Restaurationskönig respektierte die Parlamentsrechte. Er schöpfte aber auch seine Rechte als König voll aus, nicht zuletzt in seiner Eigenschaft als Haupt der englischen Hochkirche.

Religiöse Fragen waren nach den Erfahrungen des Bürgerkrieges Angelegenheiten von größter politischer Sensibilität geworden. Die Restauration hatte die Hochkirche wieder in ihre alten Staatskirchenrechte eingesetzt. Karl II. tat alles, um das Vertrauen der kirchlichen Würdenträger, des streng anglikanischen Hochadels und der anglikanisch denkenden Untertanen zu gewinnen, vor allem durch die Auswahl der Bischöfe und seiner Berater. Die Lords, die Bischöfe und

---

[*]   Es wird empfohlen, hierzu noch einmal die Ausführungen über John Locke zu lesen.

große Teile des niederen Adels und der Bürgerschaft begrüßten die Haltung der Krone. Dessen ungeachtet artikulierte sich in einer Minderheit der Unterhausmitglieder weiterhin ein protestantisch motivierter Anti-Katholizismus. Erneut bildeten sich im Unterhaus Fronten in der Einstellung zum Herrscher.

Für die loyalen Parteigänger der Krone im Parlament bürgerte sich die Bezeichnung Tories ein, für die Kritiker die Bezeichnung Whigs. Beide Gruppen begründeten ihre Position mit Herrschaftstheorien: *Herausbildung verfassungspolitischer Lager*

- Die Tories akzeptierten ein gottgewolltes Herrschaftsrecht des Königs, das zwar an bestimmte Rechtsüberlieferungen gebunden und durch parlamentarische Privilegien eingeschränkt sei, aber als Teil der Weltordnung grundsätzlich nicht bestritten werden könne.
- Die Whigs behaupteten demgegenüber eine Vertragsbeziehung zwischen den im Parlament repräsentierten Lords und dem Volk einerseits und der Krone andererseits. Der Vertrag statte Krone und Parlament mit wechselseitigen Rechten und Pflichten aus. Verletze die Krone ihre Pflichten, falle die Herrschaftsgewalt an das Parlament zurück.

Erst die Thronbesteigung des katholischen Stuart-Königs James II. (1685) gab den oppositionellen Whigs politischen Auftrieb. Diesem Monarchen lag daran, die Wogen der konfessionellen Auseinandersetzungen zu glätten. Er verfügte 1687 eine Toleranzerklärung. Sie sollte den puritanischen Dissidenten und den Katholiken gleichermaßen die legale Ausübung ihres Glaubens gestatten. Wie dieser Versuch auch immer gedeutet werden mochte, als Versöhnungspolitik oder als Versuch, die politische Basis der Krone im Lande zu erweitern: Die verfassungsgeschichtliche Folge war der vollständige Vertrauensverlust bei den Bischöfen der Staatskirche und im Parlament. Die Bischöfe waren verpflichtet, die ausschließliche Geltung der anglikanischen Konfession in England zu verteidigen. Die Krone wurde des Rechtsbruchs bezichtigt.

Die politische Überzeugung der Tories wurde durch James II. auf eine harte Probe gestellt: Sollten sie dem königlichen Herrschaftsrecht gehorchen oder der Fortgeltung der Konfessionsverhältnisse Vorrang vor einem königlichen Willensakt geben und damit im Kern die Behauptung ihrer Gegner, der Whigs, vom Vertragscharakter der königlichen Herrschaft bestätigen? Die Tories entschieden sich letztlich gegen die Krone. Die Bischöfe weigerten sich, die Toleranzerklärung von den Kanzeln zu verlesen. Whigs und Tories kamen 1688 im Parlament überein, den Thron fiktiv für vakant und damit die Stuart-Dynastie für beendet zu erklären, während sich Jacob II. tatsächlich noch im Lande befand. Dieser Vorgang wird rückblickend als Glorious Revolution bezeichnet, als ruhmreiche Revolution. Dieser unblutige Umsturz sollte die Regierungsfunktion der Krone auf Dauer beschränken. Eingedenk des Schicksals Karls I. zog es James vor, das Land zu verlassen. *Glorious Revolution: Die endgültige Festigung des Parlamentsvorrangs*

Die Glorious Revolution endete 1689 mit der Einsetzung Williams III. aus der protestantischen niederländischen Dynastie Oranien als König von England. William III. musste einen Eid auf die Bill of Rights leisten, bevor er den Thron bestieg. Die Bill of Rights bestätigte die Rechte des Parlaments auf regelmäßige *Bill of Rights als erstes ausführliches Verfassungsdokument*

Einberufung, die Beteiligung des Oberhauses und des Unterhauses an der Gesetzgebung und die Unabhängigkeit der Gerichte, und sie übertrug die höchste Autorität über die englische Staatskirche auf das Parlament. Dieses duldete knapp 25 Jahre später die übrigen Konfessionen auf stille Weise. Schließlich verbot die Bill of Rights der Krone die Unterhaltung eines stehenden Heeres. Wenn ein Heer aufgestellt wurde, musste seine Unterhaltung vom Parlament alljährlich neu gebilligt werden. Faktisch bedeutet dies das Ende des Gottesgnadentums in England. Der König war nunmehr bloß Herrscher von Parlaments Gnaden.

Mit der Bill of Rights wurde endgültig die konstitutionelle Monarchie verankert. Das Recht wurde jetzt zwar noch nicht ausschließlich, so doch bereits maßgeblich vom Parlament gesetzt. Durch die nunmehr unumstrittene Gleichstellung des Unterhauses mit dem Oberhaus waren Konflikte zwischen Oberhaus und Unterhaus langfristig unvermeidlich: Das Oberhaus repräsentierte nach wie vor den erblichen Hochadel und die höchsten Würdenträger des anglikanischen Klerus, während sich das Unterhaus in Abständen durch Wahlen erneuerte. Das Wahlrecht wurde zum erheblichen Teil von Personen ausgeübt, die den neuen kommerziellen Reichtum des Landes repräsentierten, der England in wachsendem Maße veränderte.

Act of Settlement   England hatte 1689 in der Substanz, obgleich nach keinem rechtlich vorgefassten Schema, eine gewaltenteilige Verfassung, die alle drei Gewalten moderner Verfassungen benannte: das in Oberhaus und Unterhaus geteilte Parlament als Legislative, die Krone als Exekutive und die unabhängigen Richter als Judikative. Das Act of Settlement (1701) besiegelte mit der Thronfolgeregelung für das Haus Oranien, das keine Thronfolger hinterließ, noch einmal die Ergebnisse der Glorious Revolution.

2.2 Entwicklung des britischen Parlamentarismus

Das Union Act bewerkstelligte 1707 die Vereinigung Englands mit Schottland. Fortan war nicht mehr allein der Monarch die Klammer zwischen beiden Königreichen auf den britischen Inseln, sondern auch das Londoner Parlament, das jetzt beide Landesteile vertrat. Mit dem Union Act wurde die englische zur britischen Verfassungsentwicklung. Erst jetzt erhielt die Bezeichnung des Vereinigten Königreichs ihre gegenwärtige Grundlage. Freilich verlief die weitere politische Entwicklung fortan stärker in informellen Bahnen, als dass sie sich in Verfassungsdokumenten niederschlug (vgl. zum folgenden Kluxen 1983, 89 ff., Kluxen 1971).

Anfänge des parla-   Die Geldbedürfnisse der Krone und der Zustimmungsanspruch der Parla-
mentsabhängigen   mentarier machten es bereits zu Beginn des 18. Jahrhunderts erforderlich, die
Regierens   Handlungsfähigkeit des Parlaments zu verbessern. 1706 und 1713 beschloss das Unterhaus Geschäftsordnungsbestimmungen, denen zufolge die Initiative in Steuer- und Haushaltsfragen ausschließlich von der Regierung ausgehen musste und das Unterhaus unverzüglich und sorgfältig darüber zu beraten hatte. Der Erste Lord des Schatzamtes (First Lord of the Treasury) geriet auf diese Weise in

eine bedeutsame Position. Ihm kam die Aufgabe zu, im Unterhaus für die Finanzwünsche der Krone zu werben und die erforderlichen Mehrheiten zusammenzubringen. Ein Schatzamtsleiter, der in dieser Hinsicht versagte, besaß für die Krone keinen Nutzen mehr und wurde fallengelassen. In der Hofbeamtenfunktion des Ersten Lords des Schatzamtes steckt der Keim des heutigen Premierministers. Er trägt diesen Titel bis zum heutigen Tage.

Die Krone legte immer seltener ihr Veto gegen Parlamentsbeschlüsse ein. Seit dem Ende der Herrschaft der Königin Anne (1714) hat kein Träger der britischen Krone mehr einem Parlamentsbeschluss die Zustimmung verweigert. Zwar ist der Royal assent, die förmliche Zustimmung der Krone zu jedem Gesetz, bis heute erhalten geblieben. Aber er wird automatisch gewährt. Der Verzicht auf den negativen Gebrauch des Zustimmungsrechts war ein undramatischer Vorgang. Alle wichtigen Gesetzesinitiativen gingen ohnehin von der Krone aus, in deren Auftrag der Erste Lord des Schatzamtes handelte. War die Krone mit dessen Arbeit nicht zufrieden, wurde er entlassen. Das mäßige Interesse der ersten Könige aus der seit 1714 herrschenden Dynastie Hannover an den britischen Angelegenheiten kam der wachsenden Bedeutung dieses Regierungsamtes entgegen.

Verfall des Vetos

Seit der Glorious Revolution hat sich das Parlament nicht mehr anheischig gemacht, selbst politische Initiativen zu ergreifen. Es begnügte sich damit, solchen Initiativen der Krone, mit denen es nicht einverstanden war, die Zustimmung zu versagen. Dieser Umstand ist insofern bemerkenswert, als die Verfassung der USA, die in mancher Hinsicht das britische Modell vor Augen hatte, achtzig Jahre nach dem Tode der Königin Anne dem Präsidenten zwar das Recht auf die Gesetzesinitiative verweigerte, ihn aber dafür mit einem Vetorecht gegenüber dem Kongress ausstattete. Während das amerikanische Verfassungsverständnis bei einem unterstellten Dualismus von Legislative und Exekutive ansetzte, kristallisierte sich in Großbritannien bereits lange vor der amerikanischen Unabhängigkeit – aber erst in der historischen Rückschau bemerkbar – ein Dualismus zwischen Krone und Parlamentsmehrheit einerseits und der Opposition bzw. der Parlamentsminderheit andererseits heraus.

Wie schon kurz erwähnt, war die Krone nur dann handlungsfähig, wenn es ihr gelang, durch den Schatzlord eine Mehrheit des Parlaments für ihre Pläne zu gewinnen. Der Schatzlord verließ sich dabei nicht auf Argumente. Es spielte sich die Gewohnheit ein, Unterhausabgeordnete zu belohnen, die in den Abstimmungen Partei für die Krone ergriffen. Die Belohnung nahm vielfältige Formen an. Die häufigste und wichtigste Form dieser Patronage war die Ernennung in zeremonielle, teilweise auch besoldete Regierungs- und Staatsämter. Diese hatten zum größten Teil den Zweck eines Lockmittels und einer Rückversicherung für zweifelhafte Parteigänger der Krone.

Mehrheitsbeschaffung durch Patronage

Patronage: Besetzung öffentlicher Ämter (politische Ämter, Beamtenstellen) als Anerkennung oder Belohnung für geleistete politische Dienste. Es handelt sich um Ämterbesetzung ausschließlich nach politischer Opportunität.

Herausbildung der
parlamentarischen
Opposition

Dieses Government by corruption wurde unter Sir Robert Walpole (Premierminister von 1725 bis 1740) zu höchster Perfektion getrieben. Walpole, der zur Gruppe der Whigs im Unterhaus gehörte, setzte mit großem Erfolg Patronage ein, um Mehrheiten zu bilden. Die von der Verfügung über Regierungsämter abgeschnittenen Tories konnten Walpoles Politik nur ohnmächtig kritisieren. Die Konfrontation zwischen Regierungsmehrheit und Minderheit im Parlament verfestigte sich rasch. Da die Minderheit nicht erwarten durfte, die Regierungsmehrheit aufzubrechen, solange das Patronagesystem funktionierte und Walpole das Vertrauen der Krone besaß, handelte und polemisierte sie mehr und mehr geschlossen, indem ihre Abgeordneten unisono die Regierungspolitik kritisierten. Die Parlamentsminderheit wurde so zur Opposition. Ihren frühen Theoretiker fand die Opposition in Lord Bolingbroke. Er stellte die These auf, jede Regierung verschleiße sich mit wachsender Amtsdauer und begehe Fehler. Umso wichtiger werde die Aufgabe der Opposition, diese Fehler anzuprangern und sich selbst als unverbrauchte Alternative zur Regierung in Bereitschaft zu halten (vgl. Bode 1962, Landshut 1971, 401 ff.).

Bereits zur Zeit Walpoles erprobte die Opposition ein neues Instrument der Regierungskritik: das Misstrauensvotum. Die Amtsanklage (Impeachment) mit ihren strafrechtlichen Implikationen verlor nach der Glorious Revolution ihre Grundlage. Die Kritik des Unterhauses an den Ministern der Krone beschränkte sich jetzt darauf, deren politische Richtung zu verurteilen. Freilich hatte sogar ein erfolgreiches Misstrauensvotum zunächst noch keine unmittelbaren Konsequenzen. Es stand der Krone frei, an einem Kabinett festzuhalten, dem eine Mehrheit des Unterhauses das Vertrauen entzogen hatte.

Geschlossenes Auf-
treten der Regierung
als Kabinett

Eine zweite Konsequenz des Dualismus „Regierung und Parlamentsmehrheit gegen Opposition" war das Auftreten des Kabinetts als geschlossene politische Führungsmannschaft. Unter dem Premierminister William Pitt (1783-1801, 1804-1806) traten die Minister der Krone gegen Ende des 18. Jahrhunderts als Vertreter einer gemeinsamen Politik auf: In der Öffentlichkeit und im Parlament vertraten sie als Kabinett eine einheitliche Meinung. Das entscheidende Verbindungsglied zwischen Kabinett, Krone und Parlament war der Premierminister. Er schlug der Krone die Minister vor. Die Minister verloren ihr Amt oder traten zurück, wenn der Premierminister zurücktrat oder entlassen wurde. Fehler, die ein Minister beging, wurden im Unterhaus der gesamten Kabinettsmannschaft angelastet.

Im Verhältnis Krone, Kabinett und Parlament gewannen das Unterhaus und das Kabinett immer größeres Gewicht. Eine überfällige Reform des Wahlrechts für das Unterhaus wurde vor dem Hintergrund der Wirren der französischen Juli-Revolution (1830) immer dringlicher. Viele wohlhabende Bürger und Handwerker, erst recht die Arbeiter, waren noch vom Wahlrecht ausgeschlossen, obgleich sie schon lange zu den tragenden Klassen der wirtschaftlichen und gesellschaftlichen Entwicklung aufgestiegen waren. Im Unterhaus erzeugte die Reformforderung nach Ausdehnung der Wahlberechtigung positive Resonanz. Das Oberhaus hingegen lehnte die Reform ab.

Machtverlust des
Oberhauses

Gegen den Widerstand des Oberhauses konnte die Wahlrechtsreform nicht durchgesetzt werden. Als der Premierminister den König zur Drohung mit einem Peer-Schub bewegen konnte, lenkte das Oberhaus ein. Der Peer-Schub hätte bedeutet, dass die Krone so viele neue Oberhausmitglieder ernannt hätte, die in der Wahlrechtsstreitfrage den Regierungsstandpunkt vertraten, dass die Front der Reformgegner in die Minderheit geraten wäre. Bereits das Reform-Kabinett Pitt hatte um die Wende zum 19. Jahrhundert mit kleinen Peer-Schüben verschiedentlich den Widerstand des Oberhauses gebrochen.

Im Jahr 1832 gab das Oberhaus nach, die Wahlrechtsreform wurde Gesetz. Damit zog sich das Oberhaus im Wesentlichen aus der Rolle der mit dem Unterhaus gleichberechtigten Ersten Kammer zurück. 1911 verlor es auch noch förmlich die Befugnis, Gesetzesbeschlüsse des Unterhauses unwirksam zu machen. Der effektive Teil des Parlaments war fortan allein das Unterhaus.

Nach der Wahlrechtsreform von 1832 wurden die Wahlkreise neu eingeteilt. Es gab fortan mehr Wähler als jemals zuvor, sie gehörten aber immer noch vornehmlich den gebildeten und besitzenden Klassen an. Die Ausübung des Wahlrechts war jetzt an Einkommensschranken gebunden. Sie waren so bemessen, dass die neuen Klassen der Fabrikanten, Kaufleute und vermögendere Handwerker das Unterhaus mitwählen durften. Die Unterhausabgeordneten mussten ihren Vorstellungen fortan Rechnung tragen. Der Monarch verlor unter diesen Umständen seinen letzten Einfluss auf die Regierungspolitik. Entsprechend wurde der Premierminister stärker vom Vertrauen des Parlaments abhängig. 1841 entließ die Krone das Kabinett des Premierministers William Melbourne nach einem erfolgreichen Misstrauensantrag der Opposition. Sie hatte dieses Kabinett zuvor zwei Jahre gegen den Willen des Parlaments im Amt gehalten. Das politisch motivierte Misstrauensvotum war damit als Mechanismus zur Abberufung der Regierung endgültig etabliert. Ihm folgte künftig der sofortige Rücktritt des Kabinetts oder die Auflösung des Unterhauses.

Die Parteien waren weiterhin rein parlamentarische Gebilde: Es handelte sich um Honoratiorenparteien, die sich vor allem durch die gemeinsame Überzeugung ihrer Parlamentsabgeordneten auszeichneten. Außerhalb des Parlaments verfügten sie weder über Beitrag zahlende Mitglieder noch über eine effektive Organisation. Parteidisziplin war noch nicht üblich.

Diese Zeit, in der das Unterhaus über die Existenz von Regierungen entschied, ohne seine vorzeitige Auflösung zu riskieren, und in der Argumente, Rhetorik und parlamentarische Debattierbeiträge noch tatsächlich das Votum etlicher Abgeordneter bestimmten, ist als die Ära des klassischen Parlamentarismus in die Parlamentsgeschichte eingegangen. Ihr bedeutendster Chronist war der oben erwähnte Walter Bagehot.

Weitere Konsequenzen eines parlamentarischen Vertrauensverlustes bürgerten sich nur wenige Jahre später ein: Nach 1867 pflegte jedes Kabinett, das ein Misstrauensvotum nicht überstanden hatte, die Krone um die Auflösung des Parlaments zu bitten. Seit dieser Zeit, als sich bereits organisierte Parteien inner- und außerhalb des Parlaments gebildet hatten, gaben die Wahlergebnisse bereits untrügliche Fingerzeige, welche Parteirepräsentanten mit dem Vertrauen des Unterhauses rechnen konnten.

Eine zweite Wahlrechtsreform erweiterte 1867 das Wahlrecht auf einen Teil der Bewohner ländlicher Wahlkreise. Die Anzahl der Wahlberechtigten verdoppelte sich, blieb aber immer noch immer gering. 1871 waren erst 8,3 Prozent der

Ära des klassischen Parlamentarismus

Wahlrechtsreform und Entstehung organisierter Parteien

Bevölkerung (entsprechend 2,5 Millionen Wähler) wahlberechtigt. Eine dritte Wahlrechtsreform sprach 1884 etwa der Hälfte der erwachsenen männlichen Bevölkerung das Wahlrecht zu; 1891 waren 15,9 Prozent der Bevölkerung (entsprechend sechs Millionen Wähler) wahlberechtigt. Erst 1925 wurde auch den Frauen das Wahlrecht zugestanden. Die vergrößerte Wählerschaft begünstigte die Kontrolle der Parteien über den Wahlprozess. Die größere Wählerschaft konnte nicht mehr im direkten Kontakt zwischen Abgeordneten und Wählern angesprochen werden.

Der Führer der Konservativen, Benjamin Disraeli, machte mit der Gründung einer modernen Parteiorganisation den Anfang. Aus einer Wahlniederlage, die den Konservativen 1865 von den Liberalen zugefügt worden war, zog er mit der Gründung eines konservativen Parteihauptquartiers die Konsequenz. Er betrieb ferner die Gründung einzelner Wahlkreisparteiorganisationen. Das Hauptquartier unterstützte die Wahlkreisparteien bei der Erfüllung ihrer Aufgaben, insbesondere bei der zentralen Aufgabe der Kandidatennominierung. Es half bei der Verbreitung politischer Werbung und der Wählermobilisierung. Es erstellte ferner Richtlinien, Broschüren und Slogans für die Arbeit der lokalen Parteien und förderte deren Arbeit ganz allgemein durch den Einsatz seiner festangestellten Mitarbeiter. Der Erfolg dieser Organisationsgründung zwang die Liberale Partei zur Nachahmung.

Die Kandidaten traten den Wählern in den Wahlkreisen künftig mit ähnlichen Versprechungen, Erklärungen und Bekenntnissen gegenüber. Ihre Nominierung gehorchte überwiegend Kriterien, die in den Parteizentralen als erwünscht galten.

Es wäre falsch, diese Vorgänge so aufzufassen, als hätten sie binnen weniger Jahre den Honoratioren-Parlamentarismus unabhängiger Gentlemen in die aus heutiger Sicht geläufige zentralisierte Parteiapparatur umgewandelt. So rasch verlief die Entwicklung nicht. Bis um die Jahrhundertwende und selbst später noch kam es vor, dass Abgeordnete ihren Parteien und Mehrheitsabgeordnete ihrem Kabinett zwar die Unterstützung versagten, dass sie aber trotzdem erneut als Kandidaten aufgestellt und auch wiedergewählt wurden.

Labour Party löst die Liberalen als zweite politische Kraft ab

Durch die Wahlrechtsreform des Jahres 1884 qualifizierten sich auch etliche Arbeiter für das Wahlrecht. Der Gewerkschaftsbund Trades Union Congress (TUC) versuchte zunächst, im Bündnis mit den vorhandenen Parteien das Parlament zu einer arbeiterfreundlichen Gesetzgebung veranlassen. Er bemühte sich um die Kooperation mit der Liberalen Partei. Als der geringe Nutzen dieser Allianz für den TUC offensichtlich wurde, gründeten die Gewerkschaften im Jahr 1900 zusammen mit sozialistisch orientierten Intellektuellenzirkeln und Konsumvereinen ein Labour Representation Committee. Es stellte Gewerkschaftskandidaten für das Unterhaus auf. Aus diesem parlamentarischen Vertretungsorgan der Gewerkschaften ging 1901 die gegenwärtige Labour Party hervor. Bereits nach dem Ersten Weltkrieg verdrängte Labour die Liberalen als zweite große Partei. Und schon 1922 überrundete die Labour Party die Liberalen in den Unterhauswahlen als stärkste Oppositionspartei. Im Jahr 1935 sanken die Liberalen auf eine so kleine Wählerzahl, dass sie für die nächsten 40 Jahre praktisch keine Rolle mehr spielten.

In dieser Periode zwischen den Weltkriegen gab es kein Zweiparteiensystem. Konservative und Labour Party waren zeitweilig gezwungen, sich auf Koalitionen einzulassen. Als die Unterhauswahlen 1974 keiner Partei die absolute Parlamentsmehrheit brachten, zog die Labour Party als relativ stärkste Parlamentsfraktion die Minderheitsregierung jedwedem Bündnisversuch vor. Sie ließ sich lieber tolerieren. Erst 36 Jahre später schlug das Pendel wieder in die andere Richtung aus. Konservative und Liberaldemokraten bildeten im Mai 2010 eine Koalition.

Erosion des Zweiparteiensystems

Resümieren wir nun diese Entwicklung: Die Parteien wurden zu den maßgeblichen Verbindungsgliedern zwischen Wählern, Parlament und Regierung. Die Parlamentsmehrheit ist das Vehikel des Wählervotums. Sie verkörpert den Regierungsauftrag einer Partei. Die politischen Entscheidungszentren sind trotz der starken Präsenz der Parteien im Einzugsbereich des Parlaments verblieben. Die Führungsmannschaften der Parteien sind identisch mit dem Kabinett und der Oppositionsführung im Unterhaus. Die Parteiapparate im Lande ordneten sich der Führung der im Parlament vertretenen Parteieliten unter.

Das Party government integriert sich in die Parlaments-herrschaft

Die Mehrheitspartei im Unterhaus erhält durch das Wählervotum einen Regierungsauftrag. Mit der Personalisierung der Wahlkämpfe hat sich dieser Auftrag auf den Premierminister zugespitzt. Die Unterhausmehrheit muss die Regierung im Amt halten. Dies kann sie nur dann leisten, wenn sie strikte Fraktionsdisziplin praktiziert. Nur kraft der Fraktionsdisziplin ist es möglich, Abstimmungsniederlagen der Regierung zu verhindern und Misstrauensanträge der Opposition zu parieren. Die strengen Debattierregeln des Unterhauses, die detaillierte Verfahrenskontrolle durch das Kabinett und die generelle Regulierung der Zeit und Arbeit des Unterhauses durch einen Kabinettsminister – dies alles war das Ergebnis der Demokratisierung.

Als Gesetzgebungsorgan ist das Unterhaus ein blindes Instrument der Mehrheitspartei. Als Ort politischer Debatten und kritischer Auseinandersetzung mit der Regierung ist es vor allem für die parlamentarische Opposition wichtig geworden. Die Opposition verkörpert die bei den Wahlen unterlegene zweite große Partei des Landes. Sie greift auf der Basis der Minderheitenrechte im Unterhaus die Regierung an. Sie hat dabei zwei Zielmarken im Auge: zum einen die Regierung zur öffentlichen Rechtfertigung ihrer Politik zu nötigen und um zum anderen auf sich selbst aufmerksam zu machen und bei den nächsten Wahlen einen Vorteil zu gewinnen. Regierungs- und Oppositionsparteien bestimmen die Funktionen des Unterhauses.

2.3 Verfassung

Ein verbreitetes Fehlurteil behauptet, Großbritannien besitze keine geschriebene Verfassung. Elemente einer geschriebenen Verfassung gibt es sehr wohl: Hierzu gehören die Magna Charta (1215), die Habeas-Corpus-Akte (1679), die Bill of Rights (1689), das Act of Settlement (1701), das Union Act (1707) und die Parliament Acts (1911, 1949). Allerdings wurden diese Dokumente nie zusammengefasst. Sieht man davon ab, dass britische Richter jeden Parlamentsbeschluss

Streulage des dokumentierten Verfassungsguts

respektieren müssen, gibt es allerdings kein als solches deklariertes, mit höherrangigen Rechtsqualitäten ausgestattetes Dokument. Selbst die altehrwürdigen schriftlichen Verfassungsgrundlagen sind Gesetze, die jederzeit mit einfacher Mehrheit geändert werden könnten. Ein durch erhöhtes Quorum geschütztes Verfassungsrecht gibt es nicht.

Die informelle Verfassung

Die gegenwärtige Verfassung Großbritanniens ist das Resultat eines jahrhundertelangen Prozesses. Dieser veränderte zunächst die Stellung der Krone und stärkte die Macht des Parlaments. Später übertrug er einen großen Teil der Parlamentsmacht auf das Kabinett und den Premierminister. Seit dem frühen 20. Jahrhundert hat es in Großbritannien keine Parlamentsgesetze mehr gegeben, die das Institutionengefüge nennenswert geändert hätten. Heute stehen Verfassungsreformen wieder auf der Tagesordnung. Der jüngste Beleg dafür sind die im Jahr 2010 angekündigten Parlaments- und Wahlrechtsreformen.

Verfassungskonventionen

Das britische Regierungssystem basiert auf den im historischen Teil erläuterten Dokumenten, in größerem Ausmaß aber auf den Verfassungskonventionen: den Constitutional conventions (Jowell/Dawn 1994). Diese Verfassungskonventionen sind der Schlüssel für die Funktionsweise des Regierungssystems. Die in ihren wesentlichen Teilen bis heute ungeschriebene Verfassung erschließt sich dem Betrachter weitgehend im historischen Rückblick.

Die Umschreibung der Verfassungskonvention bereitet einige Schwierigkeiten. Definitionen lassen sich dahin auf einen gemeinsamen Nenner bringen, dass solche Konventionen im Laufe der Zeit heranreifen und sich zur Erwartung verfestigen, in Standardsituationen stets in gleicher Weise zu verfahren. Konventionen wurzeln in praktischen, von politischer Opportunität gesteuerten Überlegungen. Dem Betrachter erschließen sie sich allein durch das intensive Studium der Handlungsweisen der Krone und der Regierung über Jahre und Jahrzehnte hinweg. Ihre Substanz sind historische Analogien. Ein unabdingbares Merkmal jeder Verfassungskonvention ist das Erfordernis, dass sie von allen wichtigen Akteuren im Regierungssystem als verbindlich anerkannt wird. Der Kreis dieser Akteure lässt sich nicht präzise umreißen. Neben dem Premierminister und dem Kabinett gehören heute allemal die Mitglieder des Unterhauses, der Oppositionsführer, die Parteien und mittlerweile auch die meinungsführenden Medien dazu.

Die Verfassungskonventionen kreisen um die politische Stellung der Krone und des Kabinetts. Sie gleichen sich alle darin, dass sie die praktische Bedeutung der königlichen Prärogative, d.h. die Regierungskompetenz des Monarchen an andere Institutionen verschieben. Der gesamte Komplex des so modellhaft funktionierenden britischen parlamentarischen Regierungssystems ist durch die gesetzesrechtliche Lage so gut wie überhaupt nicht abgesichert. Die immer noch grundlegende Bill of Rights legt als schriftliches Regelwerk nicht mehr fest, als dass Großbritannien als eine konstitutionelle Monarchie verfasst ist. Beispiele für relevante Konventionen sind die automatische Bestätigung der Gesetzesbeschlüsse des Parlaments durch die Krone und die Erwartung, dass der Premierminister zurücktreten muss, wenn er im Unterhaus eine Vertrauensabstimmung verliert, sowie der Brauch, dass beim Fehlen der absoluten Parlamentsmehrheit der Führer der relativ größten Unterhausfraktion mit der Regierungsbildung beauftragt wird.

Die britische Verfassungstradition lässt sich mit der Verfassungsgerichts- Sovereignity of
Parliament
barkeit nicht vereinbaren. Grundpfeiler des politischen Prozesses ist die Sover-
eignty of Parliament. Die Doktrin wurde vom Verfassungsrechtler V.E. Dicey
entwickelt (Dicey 2002 [Erstausg. 1885]). Ihr zufolge ist der Parlamentswille,
wie er sich in den Gesetzesbeschlüssen artikuliert, absolut. Der jeweils jüngste
parlamentarische Beschluss annulliert mit Blick auf seinen Gegenstand alle vorausgehenden Beschlüsse.

Das Parlament weigert sich bis heute, eine Autorität zu akzeptieren, die seine Gesetzgebungsfreiheit einschränken könnte. Hier liegt eines der Probleme,
das die Briten mit der Mitgliedschaft in der Europäischen Union haben. Die
Parlamentssouveränität darf nicht als Schrankenlosigkeit missverstanden werden.
Das Parlament respektiert die wichtigsten förmlichen Gesetze mit der Bedeutung
eines Verfassungsdokuments, ferner die Verfassungskonventionen und schließlich auch das Common Law. Das Common Law bezeichnet die hergebrachten
Eigenarten des britischen Rechtssystems. Es hebt im Unterschied zum kontinentaleuropäischen Recht auf Richterrecht und hier insbesondere auf Präzedenzent-
scheidungen ab (Weber 1998).

Verfassungskonventionen brauchen Zeit, um ihre Verbindlichkeit zu be- Verfassungswandel
obachten zu können. Nach Jahrzehnten der Kontinuität zeichnen sich zurzeit
Verfassungsreformen ab, die mit präzisen Rechtsvorschriften älteres Recht ersetzen und einige Konventionen verdrängen. Die britische Realverfassung verrecht-
licht sich in kleinen, in der Summe aber nicht unbeträchtlichen Schritten. Dies
gilt insbesondere für die von der konservativ-liberaldemokratischen Regierungs-
koalition im Mai 2010 ins Auge gefassten Veränderungen in den Beziehungen
von Parlament und Regierung.

Die Unabhängigkeit der Richter gehört zum Schutzbereich der Verfassung. Zurückhaltung der
Gerichte im Grenz-
bereich von Justiz
und Politik
Die britischen Gerichte führen freilich keine politische Normenkontrolle durch.
Für sie gäbe es mangels förmlichen Verfassungsrechts keinerlei Anhaltspunkte.
Die klassischen Verfassungsgesetze stehen genauso zur Disposition einer Parlamentsmehrheit wie jene Gesetze, die später verabschiedet wurden. Grundsätzlich
gehen die Gerichte mit verfassungspolitisch bedeutsamen Rechtsfällen so um,
dass sie ein umstrittenes Gesetz nach der maßgeblich vom Richter Coke im 17.
Jahrhundert entwickelten Lehre von der Rule of Law im Einklang mit dem kodi-
fizierten Recht und unter Berücksichtigung des hergebrachten Common Law
interpretieren. Die Zurückhaltung geht so weit, dass die Gerichte die Entscheidung verweigern, wo die Sache mit guten Gründen auch von einem parlamentarisch verantwortlichen Minister entschieden werden könnte. Eine Fremdbindung
des Parlaments wird vermieden, die richterliche Unabhängigkeit bleibt gewahrt.

Die Gerichte besitzen im Grenzbereich von Recht und Politik einen gewissen Spielraum. In den letzten Jahren betonten sie vor allem ihre Rolle als Ver-
waltungsgerichte. Grund dafür war die Auslagerung zahlreicher öffentlicher Aufgaben aus der hoheitlichen Verwaltung der Ministerien. In die Arbeit der Ministerien mischen sich die Gerichte nicht ein. Sie unterliegt der Zuständigkeit des
Parlaments, dem es freisteht, die Minister für das Geschehen in ihren Ressorts
zur Rechenschaft zu ziehen. Die Wahrnehmung zahlreicher öffentlicher Aufgaben durch private und halbautonome, dem Zugriff der Ministerien entzogene

Organisationen lässt allein die Gerichte als Kontrollinstanz für die Aufgabener-
ledigung nach dem Gesetzesauftrag übrig. Auch das Nebeneinander von EU- und
britischen Rechtsnormen zwingt die Gerichte in eine profiliertere Rolle. Europäi-
sches Recht steht über nationalem Recht. Hier werden britische Gerichte im
Auftrag der Europäischen Union tätig und haben damit eine Basis, über die Vereinbarkeit britischen Rechts mit europäischem zu befinden (Johnson 1998).

Die Wahrung der Verfassung ist ausschließlich Sache des Parlaments selbst,
und sie gehört besonders zum Kontrollauftrag der parlamentarischen Opposition.
Seit Herbst 2009 waltet ein Oberstes Gericht des Vereinigten Königreichs seines
Amtes. Angelsächsischer Tradition entsprechend handelt es sich bei diesem
höchsten Gericht um ein Universalgericht, das in allen Rechtsbereichen das letzte Urteil fällt. Darunter fallen auch die Beziehungen der Regionen Nordirland,
Schottland und Wales zur Londoner Zentralregierung. Für Verfassungsangele-
genheiten ist es trotz seines Namens eines Supreme Court, der an den mächtigen
Supreme Court der Vereinigten Staaten erinnert, nicht zuständig.

2.4 Parlament und Regierung

2.4.1 Das Parlament und der Gesetzgebungsprozess

Das Regierungs-
system im Wandel

Politikwissenschaftliche Literatur hat ein deutlich geringeres Haltbarkeitsdatum
als Werke aus der Sparte Geschichtsforschung. Das parlamentarische System
Großbritanniens mit den tragenden Merkmalen der Mehrheitswahl, des Zweipar-
teienparlaments, dem Alternieren der beiden großen Parlamentsparteien in der
Regierungsfunktion und der Kontrolle des Premierministers über den Wahltermin schien aller Veränderung zu trotzen. Diese Strukturen existieren in großen
Teilen noch, aber sie sind angeschlagen.

Die im Frühjahr 2010 von einer konservativ-liberalen Regierung in Aussicht
genommenen Reformen werden den Unikatscharakter des britischen Parlamentarismus verändern. Er wird in mancherlei Besonderheit noch gut erkennbar sein.
Sein Abstand zum kontinentaleuropäischen Parlamentarismus wird sich verringern. Dennoch hat es seinen guten Sinn zu referieren, wie die Verhältnisse zurzeit
noch sind. Erstens gibt es keinen anderen Anknüpfungspunkt, da es keinerlei
Erfahrung mit dem Neuen gibt. Zweitens wird die Kenntnis des Status quo noch
lange wichtig sein, um die tatsächliche Wirkung der Reformen zu beurteilen.

Queen-in-Parliament

Formell gehorcht die Gesetzgebung der Verfassungsformel des Queen- oder
King-in-Parliament. Das heißt, dass beide Parlamentskammern ein Gesetz beschließen, das anschließend der Bestätigung des Monarchen bedarf. Durch die
faktische Entwertung des Oberhauses und der Krone ist das Unterhaus zum Legi-
timationsorgan der britischen Politik geworden.

Wahlsystem

Das Unterhaus wird nach dem einfachsten Wahlsystem der Welt gewählt.
Wahlsysteme lassen sich gemeinhin danach unterscheiden, ob sie das politische
Spektrum der Wähler repräsentieren sollen, oder ob sie nicht vielmehr dazu bei-
tragen sollen, regierungsfähige Parlamentsmehrheiten hervorzubringen. Das britische Wahlsystem steht geradezu mustergültig für die zweite Absicht (dazu näher

Nohlen 2004, 263ff.). Das System der relativen Mehrheitswahl ist darauf berechnet, die Repräsentanten der stärksten Parteien im Parlament zu begünstigen, so dass sie aus ihren Reihen eine Regierung bilden können (siehe Tabellen 1 und 3).

Tabelle 1:   Wählerstimmenanteile und Unterhausmandate der größeren Parteien bei den Wahlen zum britischen Unterhaus 1950-2010

	1955	1959	1964	1966	1970	1974 Febr.	1974 Okt.	1979.	1983.	1987	1992	1997	2001	2005	2010
Konservative															
– Stimmen (in v.H.)	49,7	49,4	43,4	41,9	46,4	37,8	35,8	43,9	42,4	42,3	43,2	30,6	31,7	32,4	36,1
– Mandate	346	365	304	253	330	297	276	339	397	375	336	165	165	198	306
Labour-Party															
– Stimmen (in v.H.)	46,4	43,8	44,1	47,9	43,02	37,1	39,2	36,9	27,6	30,8	34,7	43,2	40,7	35,2	29,0
– Mandate	277	258	317	363	288	301	319	268	209	229	271	419	413	355	258
Liberale*															
– Stimmen (in v.H.)	2,7	5,9	11,2	8,5	7,5	19,3	18,3	13,8	25,3	22,6	18,1	16,7	18,8	22,0	23,0
– Mandate	6	6	9	12	6	142	13	11	23	17	20	46	52	62	57

* *Die Zahlen für 1983 beziehen Stimmen und Mandate für die Sozialdemokratische Partei (SDP) mit ein.*

Großbritannien ist heute in 650 Wahlkreise eingeteilt. Sie werden in regelmäßigen Abständen neu gegliedert, um die Differenz zwischen dem größten und dem kleinsten Wahlkreis zu stabilisieren. Gesetzlich ist diese Differenz auf 20 Prozent der Wahlberechtigten beschränkt. In jedem Wahlkreis gilt derjenige Kandidat als gewählt, der eine Stimmenmehrheit auf sich vereinigt. Relative Mehrheiten genügen. Alle übrigen Stimmen, ob sie zusammen beispielsweise 49 oder 59 Prozent der abgegebenen Stimmen betragen, fallen unter den Tisch. Von diesem System profitieren die beiden Traditionsparteien, die Konservativen und die Labour Party. Jeder Abgeordnete, auch der Premierminister selbst, muss sich den Wählern seines Wahlkreises stellen. Die Fluktuation unter den Unterhausmitgliedern lag in den Wahlen der letzten 50 Jahre in einer Marge von 50 bis 80 Mandaten, die entweder der Labour-Party oder den Konservativen verloren gingen. Mandatsverschiebungen im Umfang der Unterhauswahl von 1997 waren außergewöhnlich (siehe Tabelle 2). Stirbt ein Abgeordneter, so muss im betreffenden Wahlkreis eine Nachwahl durchgeführt werden. Nachwahlen finden in der Öffentlichkeit größte Beachtung. Sie werden als Stimmungsbarometer für die Popularität der Regierung gewertet.

Die Fraktionsstärke der beiden größten Parteien überzeichnet massiv den Anteil ihrer Wählerstimmen (siehe Tabelle 3). Kleinere Parteien schaffen bestenfalls eine minimale Vertretung im Unterhaus oder ihre Stimmen fallen komplett unter den Tisch. Doch immerhin sind im Unterhaus regelmäßig mehr als zwei Parteien vertreten. Zwei Parteien beherrschten bis in die jüngste Gegenwart aber das parlamentarische Geschehen und die britische Politik. In diesem Sinne ist die Redewendung vom britischen Zweiparteiensystem richtig.

Benachteiligung dritter und weiterer Parteien

In der außerparlamentarischen Parteienlandschaft sind noch viele andere Parteien anzutreffen. Bei den letzten Unterhaushauswahlen wählten ein Drittel der Wähler weder Labour noch die Konservativen. Die britischen Liberaldemokraten sind von jeher die Hauptleidtragenden des Wahlsystems, und sie treten vehement dafür ein, es zugunsten der Verhältniswahl abzuschaffen. Die jüngere

Vergangenheit verzeichnet eine Reihe von Wahlen, in denen die Unzufriedenheit der Wähler mit beiden Traditionsparteien so groß wurde, dass beide die absolute Parlamentsmehrheit verfehlten. Dies war im Februar 1974, abermals im Oktober 1974 und zuletzt im Mai 2010 der Fall.

Beabsichtigtes Referendum über die Reform des Wahlsystems

Weder Konservative noch Labour Party erreichten im Mai 2010 eine regierungsfähige Mehrheit der Sitze. In der britischen politischen Sprache wird diese Situation als „hung Parliament" bezeichnet. Konservative und Liberaldemokraten bildeten daraufhin eine Koalition unter Führung des konservativen Premierministers David Cameron. Grundlage des Regierungsbündnisses war unter anderem die Zusage der Konservativen, das Volk in einem für Mai 2011 vorgesehenen Referendum darüber entscheiden zu lassen, ob es beim überkommenen Wahlsystem bleiben oder dieses durch ein Präferenzstimmensystem ersetzt werden soll. Das von den Liberaldemokraten propagierte Verhältniswahlsystem stand gar nicht erst zur Debatte. Käme es zu dieser Reform, die dem Wunsch nach einem repräsentativeren System immerhin ein Stückweit Rechnung trüge, könnte der Wähler eine Rangordnung bestimmen, in der seine Stimme übertragen wird, wenn der von ihm am stärksten bevorzugte Kandidat nicht zum Zuge kommt. Der Labour-Wahlverlierer von 2010, Gordon Brown war nach ersten Kontakten mit den Liberaldemokraten sogar bereit, ihnen in der Wahlrechtsfrage verbindliche Zusagen zu machen. Wichtig bei alledem: Ein Verhältniswahlsystem steht nicht zur Debatte. Auch im Falle einer Reform bliebe es bei einem Persönlichkeitswahlsystem, nur eben in einer Variante, in der die Wähler kleinerer Parteien besser repräsentiert wären, als es im noch geltenden System der Fall ist. Hätte bereits die letzte Unterhauswahl nach den Regeln des Präferenzstimmensystems stattgefunden, hätten die Liberaldemokraten 77 statt 59 Stimmen erobert. Damit wären sie immer noch erheblich unter den etwa 150 Mandaten geblieben, die ihnen bei 23 Prozent Wählerstimmen nach dem Verhältniswahlsystem zugestanden hätten.

Tabelle 2: Veränderung der Mehrheitsverhältnisse im Unterhaus
(in Mandatsgewinn oder -verlust für die Labour Party)

Unterhauswahl	Gewinn/Verlust
1955	-18
1959	-19
1964	+59
1966	+46
1970	-75
1974, Febr.	+13
1974, Okt.	+18
1979	-51
1983	-59
1987	+20
1992	+42
1997	+148
2001	+6
2005	-58
2010	-97

Tabelle 3: Differenz zwischen Wählerstimmen und Mandatsanteilen für die im Unterhaus vertretenen Parteien (in v. H.)

	Labour	Liberaldemokraten und andere	Konservative
1955	-4.0	-1.5	+2.2
1959	-2.8	-4.9	+8.5
1964	+6.2	-9.8	-5.1
1966	+9.7	-6.6	-1.7
1970	+2.7	-6.5	+6.0
1974, Febr.	+10.3	-17.1	+9.0
1974, Okt.	+11.0	-16.3	+7.7
1979	+5.3	-12.1	+9.5
1983	+5.3	-21.7	+20.1
1987	+4.4	-20.0	+18.6
1992	+7.0	-15.0	+9.4
1997	+20.4	-9.7	-5.6
2001	+21,8	-10,4	-6,5
2005	+20,1	-14,6	+2,4
2010	+10,6	-14,3	+9,1

Vor dem Hintergrund einer immer größeren Zahl von Wählerstimmen, die unter den Tisch fallen und damit einen wachsenden Teil der Wählerschaft brüskieren, dürfte eine Wahlrechtsreform heute gute Chancen haben (Sturm 2009: 177ff.). In Schottland und Wales wird schon seit über zehn Jahren ein repräsentativeres Wahlsystem praktiziert, auch in Nordirland. Es handelt sich um Mischsysteme aus Persönlichkeits-, Präferenzstimmen- und Listenwahlelementen. Mit Ausnahme der Menschen im Landesteil England sind etwa zehn Millionen Briten bereits mit Koalitions- und Minderheitsregierungen vertraut (siehe Tabellen 5 und 6).

Unabhängig vom Ausgang des Referendums hat die Koalitionsregierung beschlossen, die Anzahl der Wahlkreise auf 600 zu verringern, die Margen zwischen dem größten und kleinsten Wahlkreis zu verkleinern und einem Zehntel der Wahlberechtigten die Möglichkeit einzuräumen, ihrem Abgeordneten das Mandat zu entziehen, wenn er sich Verfehlungen zuschulden kommen lässt. Letztere Neuerung reagiert auf eine Kette von Skandalen, die im Jahr 2009 ruchbar wurden. Es ging um einen Missbrauch von Spesengeldern, in den Parlamentarier aller Parteien verwickelt waren.

Das Unterhaus hat eine Legislaturperiode von maximal fünf Jahren. Danach muss es neu gewählt werden. Die Krone muss dem Antrag auf vorzeitige Auflösung des Parlaments stattgeben. Bisher nutzten die Regierungschefs die „snap election", um in einem günstigen Zeitpunkt, d.h. bei günstiger Prognose für ihre Partei, neu wählen zu lassen. Neigt sich die Legislaturperiode dem Ende zu und befindet sich die regierende Partei in einem Popularitätstief, droht das Risiko der Niederlage.

Verbindlich soll nach einer Absprache zwischen den konservativ-liberalen Koalitionspartnern künftig eine feste Legislaturperiode für das Unterhaus eingeführt werden. Das Parlament würde damit auf Kosten des Premierministers gestärkt. Das Instrument der „snap election" würde dem Regierungschef genommen. Künftig darf der Premier nur noch vom Unterhaus selbst die vorzeitige Auflösung verlangen. Dem Antrag müssen 55 Prozent der Unterhausmitglieder

„snap election"

Künftig feste Legislaturperiode und Selbstauflösung des Unterhauses zustimmen. Ihre Zustimmung käme der Selbstauflösung gleich. Künftig werden also die Abgeordneten selbst über das womöglich drohende vorzeitige Ende ihrer Karriere abstimmen und nicht mehr ein Premierminister, von dem sie nicht gefragt werden. Die Darstellung des britischen Regierungssystems wird sich darauf einstellen müssen, künftig eine ganz andere Realität zu beschreiben. Von dieser ist vorerst nur eines sicher: dass die parlamentarischen Verhältnisse näher an die in Kontinentaleuropa heranrücken werden.

Die Regierung
bestimmt die Agenda
des Unterhauses

Das Unterhaus gilt als Redeparlament. Das bedeutet, dass die wichtigste Tätigkeit des Unterhauses darin besteht, im Plenum und somit öffentlich zu debattieren. Die Fraktionen und das unterschiedliche Rollenverständnis der Regierungs- und Oppositionsfraktionen bestimmen das Erscheinungsbild dieser Kammer. Die Parlamentsmehrheit sieht es als ihren wichtigsten Auftrag an, die von ihr getragene Regierung im Amt zu halten und sie rhetorisch gegen die Opposition zu verteidigen. Sie verzichtet ganz auf eigene Gesetzesinitiativen und lässt sich weitgehend von der Regierung vorschreiben, was sie beschließen soll, in welcher Reihenfolge und mit welcher Debattierzeit. Für den Arbeitsplan und die Debattengestaltung des Unterhauses ist seit 1940 ein Kabinettsminister, der Leader of the House, verantwortlich.

Tabelle 4: Premierminister seit 1951

Premierminister	Partei	Amtszeit	Unterhauswahl bzw. Amtswechsel	Regierungsmehrheit im Unterhaus (in % der Sitze)
Winston Churchill	Konserv.	1951-55	1951	51,4
Anthony Eden	Konserv.	1955-57	1955	54,8
Harold MacMillan	Konserv.	1957-59	Amtswechsel	Keine Neuwahl
Harold MacMillan	Konserv.	1959-63	1959	57,9
Douglas Home	Konserv.	1963-64	Amtswechsel	Keine Neuwahl
Harold Wilson	Labour	1964-66	1964	50,3
Harold Wilson	Labour	1966-70	1966	57,6
Edward Heath	Konserv.	1970-74	1970	52,4
Harold Wilson	Labour	1974	1974 (Febr.)	47,4*
Harold Wilson	Labour	1974-76	1974 (Okt.)	50,2
James Callaghan	Labour	1976-79	Amtswechsel	Keine Neuwahl
Margaret Thatcher	Konserv.	1979-83	1979	53,4
Margaret Thatcher	Konserv.	1983-87	1983	61,0
Margaret Thatcher	Konserv.	1987-90	1987	57,5
John Major	Konserv.	1990-92	Amtswechsel	Keine Neuwahl
John Major	Konserv.	1992-97	1997	51,6
Tony Blair	Labour	1997-2001	1997	63,5
Tony Blair	Labour	2001-2005	2001	62,5
Tony ⬛lair	Labour	2005-2007	2005	55,3
Gordon Brown	Labour	2007-2010	Amtswechsel	
David Cameron	Konserv.	2010	2010	55,8**

* Minderheitsregierung   *** Koalitionsregierung mit den Liberaldemokraten*

Die Aufgaben dieses Ministers lassen sich mit den Aufgaben der Vorsitzenden der Regierungsfraktionen im Deutschen Bundestag vergleichen. Der Leader of the House nimmt eine bedeutende, wenn auch nach außen nicht sonderlich herausgestellte Schlüsselfunktion in der Regierung und im Kabinett ein. Die Regierungsmitglieder des Unterhauses bilden die Front bench (auch Government bench genannt) der Parlamentsmehrheit, d.h. sie sitzen in der ersten Reihe. Die Regierungsfunktion drängt die Abgeordneten als Repräsentanten der Wahlkreise somit schon optisch in den Hintergrund. Sämtliche Mehrheitsabgeordnete ohne Ämter und Funktionen bilden die Back bench: Sie nehmen die hinteren Plätze ein – als parlamentarisches Fußvolk.

Westminster: Der Westminster-Palast im Londoner Stadtbezirk gleichen Namens ist der traditionelle Sitz beider Parlamentskammern. Ganz in Übereinstimmung mit dem Auseinanderfallen von Sein und Schein, wie es die britische Realverfassung kennzeichnet, rangiert das Unterhaus am Rande der baulichen Gegebenheiten. Sein historischer Plenarsaal ist so klein, dass er den gegenwärtig über 600 Abgeordneten nicht genügend Sitzplätze bietet. Mit guten Gründen ließ der Kriegs-Premier Churchill den von deutschen Bomben zerstörten Sitzungssaal originalgetreu wiederherstellen. Die Enge des Plenarsaals kommt dem Debattiercharakter des britischen Parlamentarismus entgegen. Die konfrontative Sitzordnung – rechts vom Speaker die Regierungsfraktion, direkt gegenüber die Opposition – unterstreicht ihn ebenfalls. Es braucht keine Saalmikrophone. Nicht nur der Redner, auch seine Kollegen aus der betreffenden Partei reden, polemisieren und signalisieren mit Zwischenrufen sowie mit einer breiten Geräuschpalette Widerspruch und Beifall. Der weitaus größere Plenarsaal des Oberhauses vermittelt selbst bei durchschnittlich gutem Besuch das Bild gähnender Leere. Es hat inzwischen auch seine praktischen, nicht nur seine historischen Gründe, wenn die Unterhausmitglieder bei der allfälligen Thronrede der Monarchin in einem alten Zeremoniell gebeten werden, sich die vom Premierminister verfasste Programmrede aus dem Munde der Königin in der Tagungsstätte des House of Lords anzuhören.

Die Regierung kontrolliert den Gesetzgebungsprozess vollständig (zum Folgenden detailliert: Saalfeld 2008, 163ff.). Alle wichtigen Gesetzesvorlagen, die Public bills, werden von der Regierung vorgelegt. Daneben gibt es Private members' bills, d.h. Vorlagen, die von einfachen Abgeordneten eingebracht werden dürfen. Sie beziehen sich jedoch stets auf Gesetzesbeschlüsse für Einzelpersonen, Gemeinden und öffentliche Körperschaften. Es handelt sich um Einzelfallgesetze (Private laws). Neben den allgemeinen Gesetzen (Public laws) kommt ihnen keine große Bedeutung zu. Das Kabinett beschließt auch die Tagesordnung und den Geschäftsordnungsgang des Unterhauses. Der Leader of the House, der für das Unterhaus zuständige Kabinettsminister, entwirft einen parlamentarischen Fahrplan. Der Sprecher des Unterhauses hält sich traditionsgemäß daran. Einige Sitzungstage und die Haushaltsdebatte sind nach alter Tradition der Themenbestimmung durch die Opposition vorbehalten.

Das Einbringen einer Gesetzesvorlage ist die erste parlamentarische Lesung. In einer zweiten Lesung debattiert das Unterhaus die Grundzüge des betreffenden Gesetzesentwurfs. Danach wird der Entwurf an einen Ausschuss überwiesen. Seit November 2006 sind dafür die General Committees zuständig. Sie traten an die Stelle der bis dahin in gleicher Funktion tätigen Standing Committees. Sie haben deutlich mehr Rechte als diese. Wir erkennen hier also eine bescheidene Aufwertung der Ausschüsse im Debattierparlament. Diese Ausschüsse dürfen Beamte und Experten einladen, um fachlichen Rat einzuholen.

Gesetzgebungs-verfahren

Sie werden auch als Public Bill Committees bezeichnet und nach dem Titel der Regierungsvorlage benannt, die von ihnen gerade beraten wird.

Für bestimmte Gegenstände wie den Haushalt konstituiert sich das Unterhaus als Hauptausschuss (Committee of the Whole). Hier dürfen sich alle Unterhausabgeordneten an den Beratungen beteiligen. In diesem Hauptausschuss wird strikt nach Fraktionsdisziplin abgestimmt. Die Beratungen verlaufen in der Regel oberflächlich und bringen selten nennenswerte Änderungen. In einer dritten Lesung wird noch einmal – auch über Details – der Vorlage debattiert. Anschließend wird abgestimmt. Die Annahme der Vorlage ist angesichts der Mehrheitsverhältnisse von vornherein sicher (siehe Schaubild 1). Bei Abstimmungen gibt die Parteizugehörigkeit den Ausschlag.

Die Stärke des britischen Parlamentarismus ist die Kunst des rhetorisch-polemischen Angriffs und der Verteidigung in der Plenardebatte. Hier zählen andere Qualitäten als die Kleinarbeit von Themenspezialisten, wie wir sie in anderen Parlamenten antreffen, die insoweit die Fachlichkeit der Regierungsbehörden als eigenen Maßstab übernehmen.

Regierungskontrolle durch Select Committees
Seit Ende der 1970er Jahre gibt es im Unterhaus Select Committees. Es handelt sich um parlamentarische Aufsichtsgremien für die Arbeit der Behörden. Ihre Rechte gegenüber der Ministerialbürokratie sind bescheiden. Dies alles ist gewollt. Das Plenum als zentraler Ort des Parlamentsgeschehens soll keinen Schaden nehmen (Garett 1992, Norton 1990b).

Die Aktivität der Select Committees ist ein Indiz für die wachsende Professionalität der Unterhausabgeordneten. Die wenigsten darunter sind keine Berufspolitiker. Select Committees stellen nach eigenem Ermessen Untersuchungen über das Verwaltungs- und Finanzgebaren der Ministerien sowie über deren Personalpolitik an. Sie halten dazu auch öffentliche Sitzungen ab, die bisweilen auch vom Fernsehen übertragen werden. Sie beenden ihre Untersuchungen mit einem Bericht, den sie der Regierung mit der Bitte um Abhilfe zustellen. Die Regierung muss dann innerhalb einer Frist reagieren. In dieser Arbeit reifen Kenntnisse des Regierungsapparats, die auch in den Plenardebatten ihren Niederschlag finden. Insgesamt machen die Select Committees das Unterhaus in der Öffentlichkeit sichtbarer. Sie nähern sein Erscheinungsbild noch deutlicher als die General Committees dem der europäischen Arbeitsparlamente an, ohne freilich den eigentümlichen Gesamtzuschnitt des Debattierparlaments zu verändern (Jenkins 2004). Ein weiterer Effekt der Ausschussarbeit zeigt sich darin, dass die Abgeordneten im Vergleich zu früher regierungskundiger sind, wenn sie in ministerielle Funktionen aufrücken (Jun 1999).

Schaubild 1

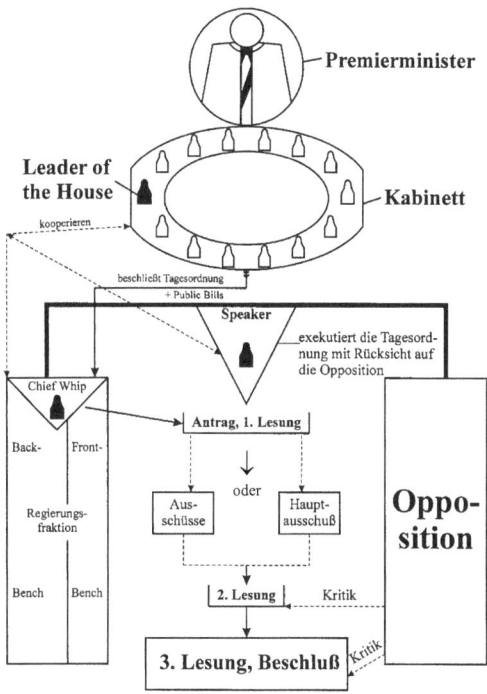

Die Regierung schreibt vor, unter welchen Bedingungen eine Vorlage debattiert   Debattenverlauf
wird. Jeder Abgeordnete hat das Recht zur Wortmeldung. Ob seine Meldung
beachtet wird, hängt allein vom Speaker, dem Sprecher des Unterhauses, ab. Der
Sprecher ist ein reiner Verfahrensmoderator, der an den von der Regierung ge-
steckten Themen- und Tagesordnungsrahmen gebunden ist. Er sorgt nach eigenem Ermessen dafür, dass auch Abgeordnete der Opposition ausreichend zu
Wort kommen. Die Unterhausfraktionen klären intern vor, wer aus ihren Reihen
Stellungnahmen abgibt. Allerdings verhält es sich nicht so, dass Wortmeldungen
bis ins einzelne abgesprochen werden. Um der Lebhaftigkeit der Debatten willen
berücksichtigt der Sprecher auch Meldungen jüngerer Abgeordneter. Wie lange
debattiert wird, steht faktisch im Ermessen der Regierung. Hundert Abgeordnete
können den Schluss der Debatte zu jedem Punkt verlangen. Wenn es um eine
wichtige Debatte geht, wird die Regierung dafür sorgen, dass die Regierungsfraktion den Debattenschluss durchsetzt. Umstrittene Regierungsvorlagen, die
voraussichtlich viele Wortmeldungen provozieren und eine Debatte aus Sicht der
Regierung unerwünscht in die Länge ziehen könnten, werden nach dem Verfahren der sog. Guillotine beraten: Die Regierung setzt für die Debatte über jeden
Punkt der beratenen Vorlage ein maximales Zeitpensum, nach dessen Ablauf der
Sprecher des Unterhauses die Debatte für beendet erklärt und die Debatte über

den nächsten Punkt eröffnet. Ferner gibt es das Verfahren des sog. Kangaroo: Der Sprecher lässt von vornherein nur die Debatte über bestimmte Punkte einer Vorlage zu, alle übrigen Punkte werden ohne Debatte entschieden.

Ein Drittel der Mehrheitsabgeordneten bekleiden Ämter

Zwischen einem Viertel und einem Drittel der Regierungsfraktionsmitglieder des Unterhauses, etwa hundert Unterhausabgeordnete, bekleiden heute Regierungsämter. Neben der überschaubaren Zahl der engeren Kabinettsmitglieder (ca. 20) gehören zur Regierung im weiteren Sinne auch Minister ohne Kabinettsrang, stellvertretende oder niederrangige Minister (junior ministers), parlamentarische Staatssekretäre (parliamentary secretaries of State) und vor allem „private" parlamentarische Staatssekretäre (private parliamentary secretaries [PPS]). Bei der zuletzt genannten Gruppe handelt es sich um Abgeordnete, die in einem Ministerium mit oder ohne Kabinettsrang dem Minister zur Hand gehen, indem sie dessen parlamentarische Arbeit unterstützen. Die Position des PPS ist klassische Vorbereitungsstation für höhere Regierungsämter.

Die Zugehörigkeit zur Regierung verlangt von den Abgeordneten besondere Loyalität zum Kabinett und zum Premierminister (siehe Schaubild 2). Regierungskritiker im Mehrheitslager werden, wenn sie eine kritische Masse von Gleichgesinnten repräsentieren, in absehbarer Zeit in die erweiterte Regierungsmannschaft integriert. Die Anreize, aus eigener Einsicht der Fraktionsdisziplin zu gehorchen, sind in aller Regel übermächtig (vgl. Searing 1995, 1994).

Rollenverständnis der parlamentarischen Opposition

Die Opposition praktiziert ähnlich wie die Regierungsmehrheit des Unterhauses strenge Fraktionsdisziplin. Dort liegen die Führungsaufgaben beim Schattenkabinett, einem Team der führenden Oppositionspolitiker, das sich als Gegenspieler des Kabinetts begreift. Aus dem Rollenverständnis als Regierung im Wartestand (Schattenkabinett) erklärt sich die hierarchische Unterscheidung zwischen dem Schattenkabinett (Front bench of the Opposition) und den Hinterbänklern der Opposition (Searing 1995). Die Opposition bildet also Strukturen aus, die bei ihr streng genommen leerlaufen. Keine Oppositionspartei darf heute mehr darauf hoffen, die Regierung auf dem Wege eines Misstrauensvotums aus dem Amt zu drängen. Viele Eigenheiten der parlamentarischen Opposition sind darin begründet, dass sie in Permanenz Regierungsverhalten einübt (Döring 1993, Helms 2002, 70 ff.). Dies zahlt sich aus, wenn es nach einer Wahl tatsächlich einmal zum Wechsel kommt. Die Regierungsbildung vollzieht sich dann im Handumdrehen. Ohne große Umschweife nehmen neue Minister ihre Arbeit auf.

Funktion der Whips

Zur Aufrechterhaltung der Fraktionsdisziplin bedienen sich Regierungsfraktion und Opposition der Whips. Sie haben die gleiche Funktion wie die Parlamentarischen Geschäftsführer im deutschen Parlamentsbetrieb. Whips sind im Unterhaus allerdings in größerer Zahl anzutreffen als Geschäftsführer im deutschen Parlamentsbetrieb. Die Whips sind von der Fraktionsführung damit beauftragt, dafür zu sorgen, dass alle Abgeordneten ihrer Fraktion bei wichtigen Abstimmungen anwesend sind. Jeder einzelne Whip betreut eine Anzahl von Abgeordneten, deren Präsenz er im Bedarfsfall zu gewährleisten hat. Abgeordnete werden nur aus triftigen Gründen aus ihrer Präsenzverpflichtung entlassen.

Die Whips arbeiten nach den Anweisungen eines Chief Whip. Er gehört in der Opposition dem Schattenkabinett an und arbeitet in der Regierungsfraktion mit dem für das Unterhaus zuständigen Kabinettsminister (dem Leader of the House) zusammen.

Schaubild 2

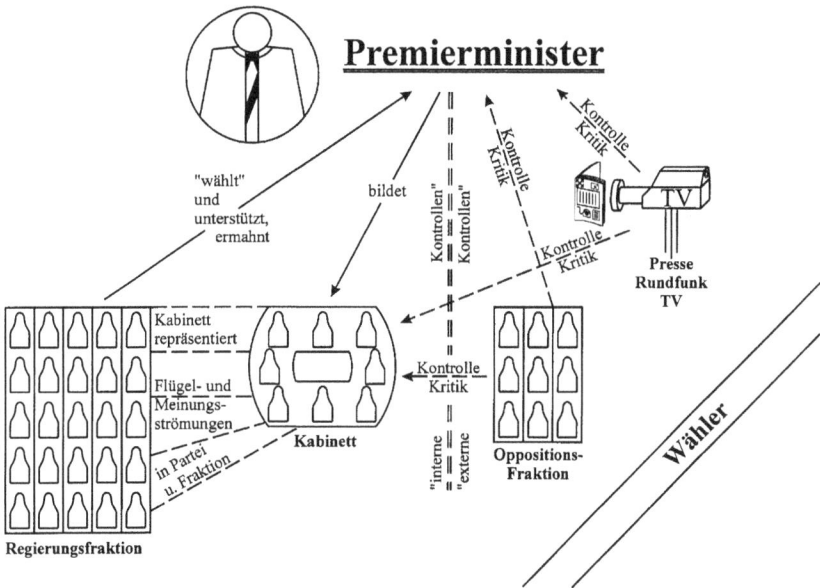

Beim Management der parlamentarischen Seite des Regierungsgeschäfts hat der Chief Whip den Part, die Stimmung unter den Hinterbänklern zu registrieren und sie in das Kalkül des Kabinetts einzubringen. Die Whips haben nicht nur disziplinarische Funktionen. Sie fungieren auch als Kontaktstellen für die Abgeordneten, damit Beschwerden und Anregungen der Hinterbänkler die Fraktionsführung auch wirklich erreichen. Sie tragen erheblich dazu bei, dass sich das Kabinett ein zuverlässiges Bild von der Stimmung in seiner Unterhausfraktion machen kann. Das gleiche gilt entsprechend im Verhältnis des Schattenkabinetts zum parlamentarischen Fußvolk in den Reihen der Opposition.

Fraktionsdisziplin wirft die Frage auf, welche Sanktionen Abgeordnete erwarten müssen, die häufig oder massiv dagegen verstoßen. Abgeordnete, die sich aus dem Aufstieg zum PPS oder zum Junior Minister, d.h. den zahlreichsten Regierungsfunktionen, nichts machen, kann die Aussicht auf eine blockierte Karriere nicht schrecken (Norton 2000). Ganz ähnlich steht es in der Oppositionsfraktion, deren Führung ja allenfalls den Trumpf in der Hand hält, dass notorische Dissidenten auf keinen Fall mit einem Regierungsamt zu rechnen haben, falls die Partei eines Tages wieder auf die Regierungsbänke wechselt. An die 500 und mehr aller Unterhausabgeordneten füllen auf beiden Seiten des Hauses die Hinterbänke. *Fraktionsdisziplin*

Die Parteiapparate sind untaugliche Instrumente zur Erzwingung der Fraktionsdisziplin. Die Parteihauptquartiere können lediglich Anregungen geben und

Empfehlungen aussprechen, um bei der Kandidatenaufstellung in den Wahlkreisen einem bevorzugten Typus zum Erfolg zu verhelfen. Die Weigerung, einen Abgeordneten nicht erneut als Parlamentskandidaten zu nominieren, weil er beständig die Fraktionsdisziplin missachtet hat, liegt letztlich bei den aktiven Mitgliedern im Wahlkreis (Saalfeld 1997). Zahlreiche Beispiele zeigen, dass aktive Parteimitglieder auch dann an ihrem Abgeordneten festhalten, wenn dieser in Querelen mit der eigenen Parteiführung gerät. Die Unabhängigkeit der Abgeordneten ist in den letzten Jahrzehnten noch deutlich gewachsen (so bereits Norton 1987). Es kommt durchaus vor, dass die Regierung schon einmal mit einem Vorschlag in den eigenen Reihen scheitert. Darin wird aber kein Anlass für den Rücktritt des Premiers mehr gesehen. Nur ein erfolgreiches Misstrauensvotum könnte dies heute noch bewirken. Dies ist ein Beispiel für den Wandel einer Verfassungskonvention. Allerdings wird die Fraktionsdisziplin im Allgemeinen beachtet. Die Nominierungsausschüsse der Wahlkreisparteien schaffen dafür die Voraussetzung, indem sie im Regelfall nur solche Kandidaten nominieren, von denen sie erwarten dürfen, dass sie auch Parteiloyalität üben werden. Parlamentsabgeordnete werden gemeinhin nicht um ihrer Person willen, sondern vor allem wegen ihrer Parteizugehörigkeit gewählt. Verstöße gegen die Parteidisziplin wirken deshalb spektakulär, weil sie vom Regelfall abweichen.

Oberhaus (House of Lords)   Das Oberhaus ist spätestens seit 1911 aus dem Kreis der politisch relevanten Institutionen ausgeschieden. Seither kann es das Inkrafttreten von Unterhausbeschlüssen nur noch verzögern, seit 1949 um lediglich sechs Monate. Selbst davon sind Ausgaben- und Steuerbeschlüsse ausgenommen. Bis 1999 gehörten dem House of Lords über 1.000 Mitglieder, darunter erbliche Lords aus dem Kreise des Hochadels (Peers) und Mitglieder auf Lebenszeit (Life Peers) an. Der Adelstitel auf Lebenszeit wurde 1958 eingeführt. Er wird gern auch ehemaligen Regierungschefs und Ministern verliehen, die als Elder statesmen Professionalität in das Hohe Haus hineintragen.

Eine Oberhausreform, welche die Labour Party in ihrem Wahlkampf auf die Fahnen geschrieben hatte, schaffte 1999 die erbliche Mitgliedschaft ab. Heute zählt das Haus noch 734 Lords auf Lebenszeit, die auf Vorschlag der Regierung von der Königin ernannt worden sind. Seit einigen Jahren wird darüber diskutiert, das Oberhaus in eine gewählte Kammer umzuwandeln (Kelso 2006). Die Vorstellungen der Parteien sind aber so unterschiedlich, dass sich bis jetzt noch kein Modell für weitergehende Reformen abzeichnet. Das Amt des Lordkanzlers, der bis 2006 dieser Kammer präsidierte und Kraft Amtes der Regierung angehörte, wurde abgeschafft und durch einen gewählten Speaker des Oberhauses ersetzt. Bis 2009 gehörten dem Oberhaus juristisch hochqualifizierte Lords in der Funktion eines obersten britischen Gerichts in Zivil-, Straf- und Verwaltungsangelegenheiten an. Diese Aufgabe nimmt seither ein neu geschaffener Oberster Gerichtshof (Spreme Court) wahr.

2.4.2 Volksabstimmungen

Die unmittelbare Beteiligung der britischen Untertanen an der Entscheidung politischer Sachfragen hat an Bedeutung gewonnen. Angesichts des zwischen und innerhalb der Parteien kontroversen Beitritts Großbritanniens zur Europäischen Gemeinschaft (heute: Europäische Union) entschloss sich das britische Kabinett, für das Jahr 1975 erstmals ein Referendum anzusetzen. Das Referendum war mit Rücksicht auf den Grundsatz der Parlamentssouveränität lediglich als beratende Volksäußerung ausgestaltet. Es unterlag aber keinem Zweifel, dass das Unterhaus bei einem negativen Votum beschlossen hätte, den Beitritt wieder rückgängig zu machen. Allerdings fiel das Votum positiv aus. Im Jahr 1979 und abermals 1997 gab die Regierung der Bevölkerung von Schottland und Wales die Gelegenheit, ihren Willen zur regionalen Selbstverwaltung zu bekunden. Nach einem Beschluss der 2010 gewählten konservativ-liberalen Koalitionsregierung soll das britische Volk im Mai 2011 selbst entscheiden, ob das bestehende Mehrheitswahlsystem zu Gunsten eines repräsentativeren Wahlsystems aufgegeben werden soll.

2.4.3 Die Krone

Die Krone hat keine Macht. Sie löst auf Vorschlag des Premierministers das Parlament auf und bestimmt einen Wahltermin. Sie entlässt den amtierenden Premierminister, wenn dieser nach einer Wahlniederlage seinen Rücktritt anbietet, und sie ernennt den Führer der stärksten Unterhausfraktion zum Nachfolger. Das Regierungsprogramm wird zwar jedes Jahr als Thronrede von der Krone verlesen, aber es ist wortwörtlich vom Premierminister verfasst. Die Krone bestätigt seit langem automatisch jedes Gesetz und jede Regierungsverordnung. Die eindeutigen Mehrheitsverhältnisse im Unterhaus und das ebenso dichte wie geschmeidige Geflecht der Verfassungskonventionen, die unter anderem die Beziehungen zwischen Parlament, Krone und Kabinett regeln, lassen der Krone so gut wie keinen eigenen politischen Spielraum (Hartmann/Kempf 2011). Die gesellschaftliche Bedeutung der Krone ist eine andere Sache. Aber der Königin wird nicht einmal soviel politische Akzentsetzung zugebilligt, wie sie etwa der deutsche Bundespräsident mit seinen öffentlichen Reden für sich in Anspruch nimmt. Öffentliche Kritik und Ermahnung, die als Fingerzeig auf das Kabinett verstanden werden könnten, wird man in persönlichen Erklärungen der Monarchin vergeblich suchen. Hin und wieder exponieren sich in dieser Hinsicht enge Verwandte der Throninhaberin, der Prinzgemahl oder der Thronfolger. In der Regel folgt dann geharnischte Kritik aus dem Regierungslager. Sie zeigt nur, dass der königlichen Familie nicht mehr als eine Statistenrolle zugebilligt wird.

2.4.4 Premierminister und Kabinett

Die Rolle des Premierministers beruht auf Verfassungskonvention

Unbestrittener Führer der Regierung ist der Premierminister. Bei ihm handelt es sich stets um den formellen Führer der Regierungspartei. Wechselt der Premierminister im Verlauf einer Legislaturperiode, bestimmt die Mehrheitspartei im Unterhaus einen neuen. Gewinnt in den Unterhauswahlen die bisherige Opposition, dann wird ihr Führer von der Krone zum neuen Premierminister berufen. Der Premierminister darf das Unterhaus vor Ablauf der fünfjährigen Legislaturperiode jederzeit auflösen lassen. Nach der einschlägigen Verfassungskonvention bittet er die Krone um Auflösung. Diese muss dem Antrag entsprechen. Binnen drei Wochen finden dann Neuwahlen statt. Der Premier ernennt ferner – formell tut auch dies auf seinen Vorschlag die Krone – sämtliche Minister, und er kann sie jederzeit entlassen.

Reform verändert absehbar die Macht des Premierministers

Die mit dem Regierungswechsel im Jahr 2010 angekündigten Parlamentsreformen werden diese Verfassungskonvention aus der Welt schaffen. Die Folgen sind absehbar. Hatte es ein Premierminister in der Vergangenheit in der Hand, eine aufsässige Regierungsfraktion zu disziplinieren, indem er mit der Auflösung des Unterhauses drohte, entscheiden künftig die Abgeordneten selbst, ob vorzeitige Neuwahlen stattfinden. Sollte die gegenwärtige Koalitionsregierung keine Ausnahme bleiben, würde dem Premierminister auch noch die Freiheit genommen, sein Kabinett nach Gutdünken zusammenzustellen und die Minister auszuwechseln. Dank der Logik jeder Koalitionsregierung würde die Statur des Premierministers in diesem Punkt der eines deutschen Bundeskanzlers oder eines skandinavischen Regierungschefs ähnlicher.

> Whitehall: Wohl kein Amtssitz eines Regierungschefs fällt so bescheiden aus wie der des britischen Premierministers. Downing Street No. 10 im Londoner Stadtbezirk Whitehall, in einer für den öffentlichen Verkehr gesperrten Seitenstraße gelegen, mutet wie ein mittelprächtiges viktorianisches Reihenhaus an. Das gleiche gilt für Downing Street No. 11, die offizielle Residenz des Schatzministers (Finanzministers). Whitehall steht in der politischen Sprache für die ministerielle Seite der britischen Politik. Die meisten und älteren Ressorts befinden sich dort auf relativ engem Raum an der gleichnamigen Straße gelegen. Aber Whitehall lässt hektische Geschäftigkeit vermissen. Die Örtlichkeiten der Regierungsmacht gewanden sich unauffällig.

Die herausragende Stellung des Premierministers im politischen Betrieb Whitehalls beruht ausschließlich auf Verfassungskonventionen (siehe zum Überblick: Shell/Hodder-Williams 1995). Seine Befugnisse liegen verfassungsrechtlich beim Kabinett. Sonst fußt aber auch das Kabinett zu einem Gutteil auf Konventionen (Becker 2002, 133 ff.). Das Kabinett räumt dem Premierminister eben nur die persönliche Ausübung einiger seiner wichtigsten Gesamtbefugnisse ein. Formell ist der Premierminister wie alle Kabinettsminister lediglich Mitglied eines Kollektivs (Döring 1993a, 159 ff.).

Kabinett

Gesetzesvorlagen der Regierung an das Parlament werden im Kabinett beschlossen. Wichtige Personalentscheidungen und Rechtsverordnungen werden förmlich vom Thronrat, dem Privy Council, bestätigt, einem heute rein zeremoniellen Organ, das als Kulisse für die Verfassungsfiktion von der Herrschaft des

Monarchen steht. Im Beisein der Minister und anderer Amtsträger werden in Windeseile ganze Bündel von Verordnungstexten verlesen, welche dann routiniert von Vertretern der Krone abgesegnet werden.

Das Kabinett besteht aus etwa zwanzig Ministern. Neben einigen Ministern mit Sonderfunktion stehen die meisten an der Spitze eines Ministeriums oder – gleichbedeutend – eines Departments. Nur die wichtigsten Ministerialverwaltungen sind im Kabinett vertreten, darunter die Ressorts für Finanzen, Verteidigung, Äußere Angelegenheiten, Arbeit, Soziales, Gesundheit und Landwirtschaft. Alle Regierungsmitglieder müssen dem Parlament (Unterhaus oder Oberhaus) angehören. Seit 1923 gilt darüber hinaus die informelle Regel, dass der Premierminister Mitglied des Unterhauses sein muss. Die Kabinettsminister sollen dem Unterhaus angehören.

Neben den im Kabinett vertretenen Ressorts gibt es eine Reihe weiterer Regierungsbehörden, zumeist mit eher technischen Aufgaben, die von Parlamentsmitgliedern ohne den Rang eines Kabinettsministers geleitet werden. Diese minderkarätigen Ressorts sind aber genau wie die wichtigeren Ressorts in die Kabinettsdisziplin eingebunden. Sie können jederzeit durch Kabinettsbeschlüsse umorganisiert und ihre Leiter können nach dem Ermessen des Premierministers entlassen oder umgesetzt werden (siehe Schaubild 3).

Das Kabinett ist ein wirkliches Kollegialorgan. Alle dort vertretenen Minister beteiligen sich an der Beratung der zu entscheidenden Fragen. Formelle Abstimmungen finden aber nicht statt. Vielmehr wird eine Kabinettsberatung vom Premierminister geleitet und von ihm beendet. Dabei fasst der Regierungschef das Ergebnis der Diskussion zusammen. Diese Zusammenfassung bemüht sich möglicherweise, den Konsens der Ministerrunde wiederzugeben (Beattie/Dunleavy/Rhodes 1994). Dies ist aber nicht ihre Aufgabe. Die Zusammenfassung drückt vielmehr den Willen des Premierministers aus und bestimmt verbindlich, wie die Kabinettsminister eine Regierungsentscheidung in ihren Ressorts ausführen und in der Öffentlichkeit begründen. Das Gewohnheitsrecht des Premierministers, Kabinettsberatungen zusammenzufassen, kommt inhaltlich also einer weitgesteckten Richtlinienkompetenz gleich. Die Missachtung einer solchen Richtlinie wäre ein Verstoß gegen die Kabinettsdisziplin: ein ungeheuerlicher politischer Vorgang. Kabinettsmitglieder, die eine Kabinettsentscheidung nicht mittragen wollen, treten zurück.

Richtlinienkompetenzen des Premierministers

Auch hier wird die seit 2010 regierende konservativ-liberale Koalition andere Usancen erzwingen. Der Bündnislogik entsprechend wird der Premierminister seine Richtlinienkompetenz mit dem liberaldemokratischen Parteiführer teilen. Bei der Regierungsbildung im Mai 2010 begnügte sich der liberaldemokratische Parteiführer Nick Clegg mit dem Titel eines Deputy Prime Minister. Das für die Leitung der Gesamtpolitik strategisch unentbehrliche Finanzministerium übernahm ein konservativer Abgeordneter.

Deputy Prime Minister

Die Figur eines Stellvertretenden Premierministers taucht erstmals 1940 in der Kabinettsgeschichte auf. Damals bildeten Konservative und Labour Party die Kriegskoalition, um alle großen Parteien in die Bewältigung der militärischen und wirtschaftlichen Herausforderungen des Krieges einzubinden. Der Labour-Führer Clement Attlee erhielt den Titel eines Deputy Prime Minister, um ihn aus der Riege der Fachminister herauszuheben. Attlee selbst folgte 1945 Winston Churchill als Premierminister nach. Seinen ewigen innerparteilichen Rivalen Herbert Morrison band er in das Kabinett ein und zeichnete ihn vor den übrigen Ministern ebenfalls mit dem Stellvertretertitel aus.

Schaubild 3

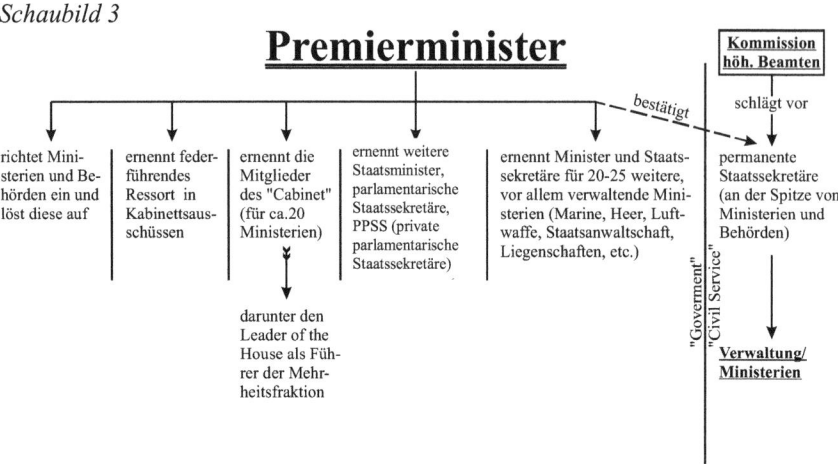

Ein Koalitionsausschuss, wie man ihn in Deutschland und Österreich kennt, dürfte in London kaum Fuß fassen. Die außerparlamentarischen Parteigliederungen überlassen politische Richtungsentscheidungen traditionell den Unterhausabgeordneten. Das Koalitionsmanagement wird zurzeit bilateral zwischen den Führern der Regierungsparteien praktiziert, wie es auch in Skandinavien bei einer üblicherweise größeren Anzahl von Regierungsparteien üblich ist.

Cabinet Office und Prime Minister's Office

Zur Leitung der Regierungsgeschäfte steht dem Premierminister das Kabinettsamt (Cabinet Office) zur Verfügung. Es bereitet die Kabinettssitzungen vor und pflegt den Kontakt zu den Ressorts. Ferner erstellt und aktualisiert es eine Übersicht der laufenden Arbeiten in den Ministerien. Schließlich wirkt es an der Bildung von Kabinettsausschüssen mit. Kabinettsausschüsse bereiten Entscheidungen bei ressortübergreifenden Problemen vor. Sie sind eines der wichtigsten Führungsinstrumente des Premierministers (James 1992, 53 ff.). Sie werden ad hoc gebildet, wobei es dem Premier darauf ankommt, Minister, Beamte und Fachkompetenz zusammenzubringen, die das von ihm gewünschte Ergebnis erwarten lassen (King 1991). Neben dem Cabinet Office, das für die Arbeit des Ministerkollegiums zuständig ist, existiert als persönliches Büro des Regierungschefs ein Prime Minister's Office. Beide zusammen bilden eine Regierungszentrale, die ganz auf die Bedürfnisse des Premiers zugeschnitten ist.

Im Mittelpunkt dieses Geflechts interministerieller Gremien steht der Premier selbst. Seit der Premierministerschaft Margaret Thatchers (1979-91) spielen auch Beraterstäbe eine Rolle, die vom Regierungschef nach ideologischen Kriterien ausgesucht werden: Sie sind dazu bestimmt, die Ministerien auf die vom Regierungschef gewollte Linie zu bringen und sie dort zu halten. Die politische

Statur des Premieramtes hat dabei noch zusätzlich gewonnen. Der Labour-Premier Tony Blair setzte diese Praxis fort (Rose 2001).

Bereits am Ende der Ära Thatcher war zugespitzt von der Entstehung einer „britischen Präsidentschaft" die Rede (Foley 1993). Der Premierminister verbringt immer weniger Zeit im Unterhaus und dafür umso mehr in den Fernsehstudios. Er gibt der Regierung ein Gesicht, das in der öffentlichen Wahrnehmung plastischer haftet als das Kollektiv des Kabinetts oder gar ein komplexes Gebilde wie die gesamte Regierung (Heffernan 2006). Seit einem Vierteljahrhundert lassen es sich die Premiers auch nicht nehmen, hier und dort zu intervenieren, wenn es um die Ernennung eines hohen Karrierebeamten geht (Riddell 2004, 815ff.). *British Presidency?*

Dies alles als Trend zur britischen Präsidentschaft zu beschreiben, erscheint übertrieben. In allen parlamentarischen Demokratien rückt der Regierungschef stärker in den Vordergrund (Heffernan 2005). Die erste Koalitionsregierung nach 80 Jahren, die nicht im Schatten eines Krieges stand, dementiert die These seit 2010 nachdrücklicher als jedes fachwissenschaftliche Argument. Der Trend zum Superpremier ist gebrochen. Eine Koalitionsregierung ist geradezu die Antithese zur Figur eines überlebensgroßen Premierministers wie Thatcher oder Blair. Auch hier beobachten wir, dass die Kenntnis des kontinentaleuropäischen Parlamentarismus heute recht gut taugt, um den politischen Wandel an der These zu verstehen.

Die Kabinettsminister sind vollständig für den Bereich ihres Ressorts verantwortlich. Erweist sich ihre Ressortführung als glücklos oder findet sie in Parlament und Öffentlichkeit negative Resonanz, dann werden sie vom Premierminister ausgewechselt und entweder ganz aus dem Kabinett entlassen oder sie treten an die Spitze eines anderen Ressorts. Kabinettsumbildungen sind ein übliches Führungsmittel. Sie kommen weitaus häufiger vor als in anderen Ländern. *Minister-verantwortlichkeit*

Der Rückgriff auf politische Berater von außerhalb der Ministeriumshierarchie ist heute auch in den Ministerien üblich. Förmlich keine politischen Beamten, stehen sie tatsächlich in genau dieser Funktion. Ihre Anzahl hält sich aber im sehr bescheidenen Rahmen. Politische Berater traten erstmals in den konservativen Regierungen der 1980er Jahre auf (Gaffney 1991). Die Ministerien selbst sind handlicher als politische Bürokratien in anderen Ländern. Die Beamten stehen außerhalb des Parteienbetriebs. Die Regierungsbehörden werden deshalb auch kaum als Institutionen mit eigenen Interessen wahrgenommen. *Politische Berater*

2.4.5 Ministerialverwaltung

Die Grundstruktur des Civil Service geht auf das Northcote-Trevelyan Act aus dem Jahr 1854 zurück. In der Erkenntnis, dass die überkommenen Verwaltungsstrukturen den Bedürfnissen der Zeit nicht mehr entsprachen, schlugen die Verfasser dieses Berichts die Professionalisierung der Regierungsbürokratie vor. Ein Teil der Beamten sollte die Politik beraten und ihre Entscheidungen vorbereiten, ein anderer Teil hingegen die beschlossenen Gesetze lediglich ausführen. Das Professionalitätsideal für die höheren Beamten war der Epoche gemäß der gebildete viktorianische Gentleman. *Historisches Rollenverständnis der Ministerialbeamten*

Der Haldane Report von 1918 ist der zweiten Markstein im Selbstverständnis der Beamtenelite. Er bekräftigte den Standpunkt, die Minister sollten sich angesichts der Komplexität des Regierens auf die Expertise und den Rat ihrer Beamten verlassen. Auch hier stand der Typus eines Ministers vor Augen, der in Parlament und Öffentlichkeit lediglich als Advokat eines politischen Programms auftritt, das Detail jedoch Fachleuten überlässt. Für Jahrzehnte arrangierten sich Civil Service und die Politik in der Erwartung, dass die Beamten aktiv und gleichwohl diskret machbare Problemlösungen empfehlen, über die Minister und Kabinett abschließend befinden. Dieses Rollenmodell ist bis heute gültig, wenn auch stellenweise bereits ausgehöhlt.

Schaubild 4

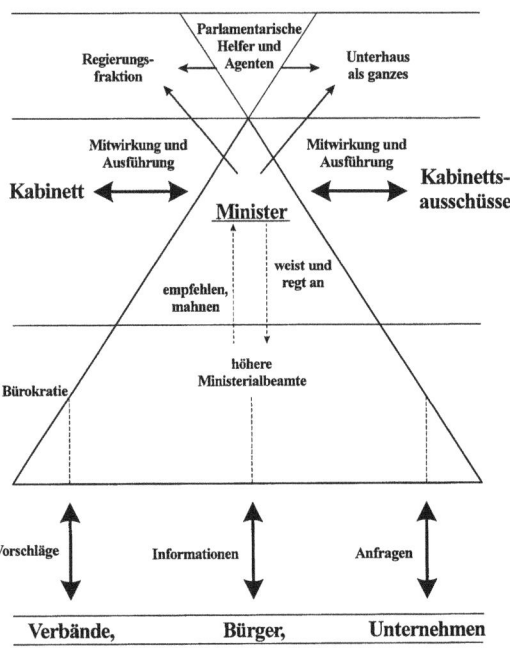

Die Ministerialverwaltung kennt den Typus des politischen Beamten nicht. Allein die parlamentarischen Staatssekretäre, die dem Unterhaus angehören müssen, sind Politiker. Sie verdanken ihre Position dem Premierminister. Minister gelangen in der Regel ohne fachliche Qualifikation in die Führung eines Ressorts. Die häufigen Kabinettsumbildungen machen die Lernerfolge eines Ministers gerade dann wieder zunichte, wenn diese so weit gediehen sind, dass sie eine Ressortführung mit eigenen Akzenten, d.h. in größerer Unabhängigkeit von den höchsten Ressortbeamten, ermöglichen könnten. Die Ministerialbeamten des höheren Dienstes, d.h. die parlamentarisch nicht verantwortlichen Spitzen der politischen Bürokratie, sind aus diesen Gründen eminent wichtig für das Regieren. Sie treten in der Öffentlichkeit aber kaum hervor (Dargie/Locke 1999, Heclo/Wildavsky 1974).

Die Beamten folgen unbeschadet aller Reformen in der britischen Ministerialverwaltung dem Ideal des Generalisten, der sich in jedes Fachproblem hineindenkt, aber in allem stets der loyale Diener wechselnder parlamentarischer Mehrheiten bleibt. Diese Unparteilichkeit der britischen Ministerialbeamten hat die Eroberung der politischen Verwaltung durch die Parteien bis heute verhindert.

Beamte leisten ein Gutteil des weniger spektakulären Regierungsgeschäfts

Das kleinteilige Regierungsgeschäfts wird von Beamten geleistet, die in der politischen Öffentlichkeit so gut wie nicht bekannt sind. Dieser überaus diskrete Teil des Regierungsapparats ist der Hauptadressat politischer Interessenten wie Unternehmen, Verbände und Gewerkschaften. Dies ist insofern kein Problem, als es der politischen Bürokratie weder an Effizienz noch an politischer Loyalität gegenüber wechselnden Regierungen mangelt.

In der Ministerialverwaltung bilden die Spitzenbeamten eine geschlossene Elite. Sie sind durch das Studium in geisteswissenschaftlichen Fächern an den Eliteuniversitäten und von Pragmatismus und Diskretion geprägt. Von den rund 94 Prozent Universitätsabsolventen hatten im Beobachtungszeitraum von 1965 bis 1986 allein 75 Prozent die Eliteuniversitäten Oxford und Cambridge absolviert (Kavanagh/Richards 2003, 182f.).

Beamtenelite

Die Beförderung der Beamten besorgte bis 1981 ein Staatssekretärskollegium. Es arbeitete unabhängig von den Weisungen politischer Instanzen. Dort entschieden die erfahrensten und angesehensten Karrierebeamten über das berufliche Fortkommen ihrer jüngeren Kollegen. Unter Premierministerin Thatcher wurde diese Aufgabe organisatorisch ins Amt des Regierungschefs geholt.

An der Spitze jedes Ministeriums steht ein Staatssekretär (Permanent Secretary of State). Er ist mit der Organisation und Funktionsweise seines Ressorts engstens vertraut. Die höheren Karrierebeamten haben eine Schlüsselstellung im Regierungsprozess. Sie sind nicht nur zur Neutralität verpflichtet, sondern praktizieren sie auch. Und dies bedeutet, dass sie tun, was die politisch Verantwortlichen von ihnen erwarten. Die Beamtenschaft verkörpert damit ein krasses Gegenbild zur Parteiensteuerung der parlamentarischen Strukturen. Die Bedeutung der Professionalität im Ministerialapparat lässt sich anschaulich in zwei Zahlen ausdrücken: Die Anzahl der höheren Beamten mit weniger als 15 Dienstjahren verringerte sich vom Zeitraum 1900 bis 1919 von 46,7 Prozent auf weniger als 2,5 Prozent im Zeitraum 1965 bis 1986. Gleichzeitig stieg die Zahl der Beamten mit mehr als 20 Dienstjahren von 18,1 auf 72,5 Prozent (Kavanagh/Richards 2003, 182f.).

Steigende Erwartung an politische Konformität

Die konservative Premierministerin Thatcher misstraute dieser sozial homogenen Beamtenschaft gerade deshalb, weil sie politisch nicht festgelegt war, insbesondere, weil sie in der Vergangenheit die Sozialstaatspolitik der Labour-Regierung loyal ausgeführt hatte. Ihr Labour-Nachfolger Blair hatte dieselbe Einstellung. Das neue Ideal waren Beamte, die im Sinne des Effizienzdenkens und der liberalen Wirtschaftsphilosophie den Staat überall dort ausrangierten, wo Aufgaben von privaten, gewinnorientierten Anbietern übernommen werden konnten (Richards 1997). Die ausführende Verwaltung wurde abgebaut und ihre Aufgaben an private und betriebswirtschaftlich arbeitende öffentliche Einrichtungen übertragen.

Know-how der
Ministerialbeamten
konkurriert mit
externer Beratung

Im Kernbereich der ministeriellen Bürokratie, der Gesetzesvorbereitung, hat sich der Typus des Beamten-Beraters gehalten. Wäre dem anders, würden die Regierungspartei ihre Personalpolitik kaum länger auf politische Führungspositionen beschränken. Die Reformen der Thatcher-Zeit hinterlassen dennoch auch hier Spuren. Der Rückgriff auf bürokratiefremde Politikexperten und Ökonomen im Amt des Premierministers hat die Exklusivität der Politikberatung durch Beamte beseitigt. Zugleich hat er die Beamtenschaft stärker für die politischen Erwartungen der Regierung sensibilisiert, um die Beratungsfunktion nicht vollständig der Konkurrenz privater und wirtschaftsnaher Politikberater zu überlassen.

Bereits am Ende der langen konservativen Regierungsära der 1980er und 1990er Jahre ließen Befragungen unter den Spitzenbeamten erkennen, dass ihre politikberatende und -formulierende Rolle hinter rein administrative Funktionen und Managementaufgaben zurückgetreten war. Die Minister hingegen waren im Bereich der inhaltlichen Politikgestaltung aktiver geworden. Dies ist ein Ausdruck der nicht nur in Großbritannien zu beobachtenden Tatsache, dass Expertise schon seit geraumer Zeit kein Exklusivgut einer professionellen Beamtenelite mehr ist, sondern vielmehr von vielen Seiten her angeboten wird (Kavanagh/ Richards 2003, 187ff.). Die 13 Jahre Labour-Regierung Blair/Brown knüpften nahtlos an die Veränderungen der Thatcher-Ära an (Jenkins 2004, 806).

Dies alles heißt nicht, dass der Civil Service aus der Politikgestaltung ausgeschieden ist. Aber er konkurriert mit anderen und parteilicheren Anbietern des gleichen Produkts: akademische Experten, Denkfabriken, Fachjournalisten und wissenschaftlich aufgeputzte Forschungsinstitute der Wirtschaftsverbände.

Auch die größere Professionalisierung des Unterhauses (Berufspolitikertypus) trägt dazu bei, das Beratungs- und Wissensmonopol des Civil Service zu schwächen (Campbell/Wilson 1995, Barberis 1996, Dowding 1995). Die Folgen dieser Veränderungen werden sich im vollen Umfang erst in der Zukunft zeigen, wenn Spitzenbeamte, die noch in den älteren Verhältnissen aufgestiegen sind, aus ihren Positionen ausscheiden. Auch dann wird Whitehall noch in der beschriebenen Weise erkennbar sein, nur im oft wichtigen Detail weniger oder auch gar nicht mehr (Wilson/Barker 1995).

2.5 Territoriale Staatsorganisation

Präföderale Struktur
des Vereinigten
Königreichs vor der
Regionalisierung

Als Gebietskörperschaft ist das „Vereinigte Königreich von Großbritannien und Nordirland" ein Kuriosum. Von der staatsrechtlichen Konstruktion her stellt es einen quasi-föderativen Zusammenschluss dar. Dieser Zusammenschluss erfolgte jedoch historisch so früh, dass er sich Formen suchen musste, die im Mittelalter und in der frühen Neuzeit gang und gäbe waren, seit dem 18. Jahrhundert jedoch von der Form des modernen Bundesstaates verdrängt wurden. Großbritannien besteht aus den Gebietsteilen England, Schottland, Wales und Nordirland. Der Zusammenschluss Englands mit Wales erfolgte bereits 1536/42. Durch ihn wurde nicht nur die englische Krone Oberhaupt beider Gebiete. Auch die Gesetze des englischen Parlaments galten für Wales.

England und Schottland wurden erstmals 1603 in einer Personalunion durch den schottischen König Jakob I. verbunden: Schottland behielt sein eigenes Parlament und seine eigenen Gesetze. Durch das Union Act (1707) wurde die Personalunion zur Realunion erweitert. Fortan galten die Gesetze des britischen Parlaments auch für Schottland. Freilich behielt Schottland einige Sonderrechte: So gab es in London ein Ministerium für schottische Angelegenheiten. Schottland besaß eine eigene Polizei, ein eigenes Kommunalrecht und eigene schottische Verwaltungsbehörden mit Sitz in Edinburgh, die allerdings nach Weisungen der Londoner Regierung arbeiteten. Schottland betreffende Gesetze des britischen Parlaments mussten in einem besonderen Parlamentsausschuss für Schottland-Angelegenheiten vorberaten werden.

Im Jahr 1801 wurde auch eine Realunion zwischen Irland und dem übrigen Großbritannien hergestellt. Das bisherige irische Parlament wurde abgeschafft. Diese Entscheidung wurde von den Iren nie akzeptiert. Bereits die Besetzung Irlands durch Großbritannien wurde als Unrecht empfunden. Dabei spielte die Tatsache eine Rolle, dass Irland anders als die übrigen Teile des Vereinigten Königreiches von einer strenggläubig katholischen Bevölkerung bewohnt wurde. Bürgerkriegsartige Auflehnung gegen die britische Herrschaft in Irland hielt durch das ganze 19. Jahrhundert an und steigerte sich noch nach der Jahrhundertwende. Irland war im Londoner Parlament zwar vertreten, aber die irische Fraktion betrieb dort konsequent parlamentarische Obstruktion. Im Ersten Weltkrieg steigerte sich die irische Opposition zum Bürgerkrieg. Großbritannien sah keine andere Möglichkeit, als Irland in die Unabhängigkeit zu entlassen. Damit freilich waren große Teile der nordirischen Bevölkerung, die protestantischen Glaubens waren, nicht einverstanden. Irland wurde deshalb geteilt.

Das Irland-Problem

Als Irland 1922 unabhängig wurde, blieben 22 nordirische Grafschaften als Ulster bei der britischen Krone. Ulster genoss im Vereinigten Königreich weitgehende Sonderrechte. Es besaß sogar ein eigenes Parlament. In Nordirland wohnten aber nicht nur Protestanten, sondern auch Katholiken, die den Anschluss von Ulster an die irische Republik im Süden der Insel anstrebten. Aus diesem Konflikt, der auch gesellschaftliche Dimensionen hatte – so gehören die nordirischen Katholiken fast ausschließlich den stark von Arbeitslosigkeit betroffenen Unterschichten an –, entwickelte sich das Nordirland-Problem. Es schlug 1969 in den offenen Bürgerkrieg um. Ende 1999 zeichnete sich mit der Bildung einer Regierung aus Parteien, die beide Konfessionen repräsentieren, eine tragfähige Autonomie auch für diesen Landesteil ab. Alles in allem bleibt festzuhalten, dass dieser Landesteil nicht allzu viele Gemeinsamkeiten mit dem übrigen Großbritannien hat.

Die Landesteile Schottland und Wales sehen sich von jeher gegenüber dem englischen Landesteil benachteiligt. Diese Einschätzung hat angesichts der überdurchschnittlichen Arbeitslosigkeit und der Verlagerung der wirtschaftlichen Ressourcen nach Südengland, besonders in den Londoner Raum, einen realen Hintergrund. Die wachsende Verdrängung der gälischen Sprachen in Wales und Schottland durch das Englische kommt hinzu. In den 1970er Jahren gewann deshalb die Forderung nach Devolution (Selbstregierung) Anziehungskraft.

Schottland und Wales

Die Londoner Regierung ließ sich erstmals 1979 auf ein Referendum über die schottische Devolution ein (Sturm 2009, 54ff.). Eine Marke von 40 Prozent wurde als Indiz bestimmt, dass die Devolution von den Schotten auch wirklich gewollt war. Sie wurde verfehlt. Der Ruf nach Devolution verstummte dennoch nicht. Nach der Abwahl der Konservativen, die dem Vorhaben nie Sympathie entgegengebracht hatten, gelangte 1997 eine Labour-Regierung ins Amt. Sie hatte im Wahlkampf unter anderem mit dem Versprechen geworben, die Regionalisierung wieder voranzutreiben. Eine Wiederholung des Referendums führte zum Erfolg.

Seit 1999 genießt Schottland in einer Reihe von Politikbereichen wie Bildung, Sicherheit und Ordnung, Strukturpolitik, Bildungs- und Sozialpolitik Autonomie. Das schottische Regierungssystem unterscheidet sich von dem in London erheblich. Auch in den Äußerlichkeiten setzt Schottland eigene Akzente. Sein Parlament debattiert im europaüblichen Halbrund, nicht in der adversarialen Sitzanordnung des Parlaments von Westminster. Das Parlament wird nach einer Kombination von Persönlichkeits- und Listenwahl gewählt. Die größten Parteien sind die Labour Party und die Scotch National Party (SNP). Auch die Konservativen und Liberaldemokraten stellen dort Abgeordnete. Als einzige Partei verlangt die Scotch National Party ein Referendum über die vollständige schottische Unabhängigkeit.

Tabelle 5: Wahlergebnisse zum schottischen Parlament in Prozent
(in Klammern Mandate)

	SNP	Labour Party	Liberaldemokraten	Konservative	Sonstige	Regierung
1999	28,7 (7)	38,8 (53)	14,2 (12)	15,6 (0)	2,7 (1)	Labour und Liberaldem.
2003	23,8 (9)	34,9 (46)	15,3 (13)	16,6 (3)	9,7 (2)	Labour und Liberaldem.
2007	32,9 (21)	32,2 (37)	16,2 (11)	16,2 (4)	2,2 (0)	SNP*.

* Minderheitsregierung.

Gleichzeitig mit Schottland erhielt auch der Landesteil Wales regionale Autonomie. Für die Wahl des walisischen Parlaments gilt ein ähnliches Wahlsystem wie in Schottland. Wales ist von jeher eine Labour-Hochburg. Wie Schottland besitzt es ein Vierparteienparlament. Die Nationalpartei Plaid Cymru ist jedoch ungleich schwächer als ihr schottisches Pendant SNP.

Tabelle 6: Wahlergebnisse zum walisischen Parlament in Prozent
(in Klammern Mandate)

	Plaid Cymru	Labour Party	Liberaldemokraten	Konservative	Sonstige	Regierung
1999	28,3 (17)	46,6 (28)	10,0 (6)	15,0 (9)		Labour und Liberaldem.
2003	21,2 (5)	40,0 (30)	14,1 (3)	19,9 (1)	4,4 (0)	bis 2005 Labour*
2007	22,4 (15)	32,2 (26)	14,8 (6)	22,4 (12)	7,4 (1)	Labour und Plaid Cymru

* Danach Labour-Minderheitsregierung mit wechselnden Mehrheiten.

Die Aufwertung und Eigenentwicklung der Regionen entpuppt sich rückblickend als Einfallstor für das Abschleifen der Besonderheiten des Westminster-Systems in London. Das Westminster-Modell schrumpft auf die Hauptstadt und den Landesteil England zusammen. Schotten und Waliser, schottische und walisische Politiker in London dürften es kaum als fremd empfinden, wenn es auch in Westminster zu Koalitionen und Wahlrechtsreformen kommt, die in der Heimatregion funktionieren, zumal die Labour Party und die Liberaldemokraten in diesen Regionen einen sehr guten Stand haben. Ein noch ungelöstes Problem ist es allerdings, dass der englische Landesteil direkt von den zentralstaatlichen Institutionen mitregiert wird. Die Menschen und Gemeinden in England müssen sich weiterhin über die Strukturen des Zentralparlaments artikulieren.

Die Regionen: Vorbilder für den Gesamtstaat?

2.6 Parteien

Zwei Parteien prägen von jeher die politische Landschaft Großbritanniens. Seit 1974 hat sich die Liberaldemokratische Partei als Dritte Kraft neben diesen Traditionsparteien etabliert (zum Folgenden: Sturm 2009: 151ff., Helms 2006).

Die Konservative Partei hat kein Parteiprogramm. Das klassische Merkmal der britischen Konservativen war lange die Fähigkeit, das Festhalten am Status quo mit der flexiblen Reaktion auf sozialen Wandel zu verknüpfen.

Konservative Partei

Konservative Regierungen behielten viele der von der Labour Party nach 1945 durchgeführten Verstaatlichungen bei und akzeptierten voll die staatliche Sozial- und Gesundheitspolitik. Erst seit dem Sieg des ultrakonservativen Parteiflügels unter Führung von M. Thatcher (1975) und insbesondere in der Regierungsära Thatcher/Major (1979-1997) schwenkten die Konservativen auf den Abbau des Sozialstaates, der Staatsindustrien und althergebrachter Gewerkschaftsrechte um.

Die Konservative Partei hat seither einen dramatischen Wandel durchlaufen. Die Befürworter des klassischen britischen Wohlfahrtsstaates traten den Rückzug an. Die Ära Thatcher steht für die radikale Umwandlung der britischen Gesellschaft vom sozialdemokratisch inspirierten Wohlfahrtsstaat zum liberalen Staat. Den Hintergrund für diesen Schwenk bildete eine seit Anfang der 1960er Jahre während, ununterbrochen sich verschärfende Wirtschaftskrise. Sie wurde von der Labour Party und den Konservativen nach den überkommenen Rezepten staatlicher Einflussnahme auf den Konjunkturverlauf bekämpft. Regierungen beider Parteien probierten dabei die verschiedensten Konzepte aus. Erfolg blieb ihnen versagt.

In den 1970er Jahren gewannen Anhänger der neoliberalen Wirtschaftsphilosophie des amerikanischen Nationalökonomen Milton Friedman Oberwasser. Heute prägt der Neoliberalismus die Konservativen stärker als die jahrzehntelange wohlfahrtsstaatliche Orientierung. Die Konservative Partei veränderte unter der Premierministerin Thatcher und ihrem Nachfolger Major in nahezu 20 Jahren die britische Gesellschaft. Die vormals starken, militanten Gewerkschaften wurden durch den Verzicht auf staatliche Beschäftigungspolitik in die Enge getrieben. Mit einem restriktiven Arbeitsrecht und mit polizeilich-administrativer

Neoliberale Wende im konservativen Programm

Disziplinierung wurden ihnen die Grenzen ihrer Macht vor Augen geführt. Die sozialstaatlichen Gewährleistungen wurden zwar nicht abgeschafft, aber doch stark abgebaut. Der Empfang sozialer Leistungen wurde stärker an Bedürftigkeit und an den Zwang zur Annahme auch schlecht bezahlter Jobs gebunden. Viele staatliche Verwaltungen wurden aufgelöst, ihr Service nach dem Wettbewerbsprinzip privaten Anbietern überlassen. Die Konservative Partei ist unter Beibehaltung ihres Traditionsnamens zu einer liberalen Wirtschaftspartei geworden, die etwa auf der Linie der FDP in der Bundesrepublik Deutschland liegt.

Organisation der Konservativen Partei

Die Konservative Partei besteht aus zwei organisatorisch getrennten Elementen. Die konservativen Backbencher des Unterhauses, das sog. 1922 Committee, wählen in der Opposition den Oppositionsführer, in der Regierung de facto den Premierminister. Im Jahr 1922 entschlossen sich die konservativen Unterhausmitglieder, Regierungsangehörige von ihren Beratungen auszuschließen. Bis 1965 gab es lediglich ein informelles Verfahren, in dem einige politische Größen in der Unterhausfraktion unter sich ausmachten, wer die Nachfolge eines ausscheidenden oder zurückgetretenen Premierministers bzw. Oppositionsführers antreten sollte. Dies warf gewisse Probleme auf, wenn sich die Konservativen in der Regierung befanden. Das Auswahlverfahren war nicht durchschaubar, und es setzte die Mitarbeit der Königin voraus, der es zukam, einen neuen Premierminister zu ernennen. Um das Verfahren transparenter zu gestalten und um die Krone aus politischen Kontroversen herauszuhalten, beschloss die konservative Unterhausfraktion 1965 eine Satzung. In einem komplizierten Wahlverfahren kann ein neuer Parteiführer gewählt werden, der ähnlich wie beim konstruktiven Misstrauensvotum nach dem deutschen Grundgesetz den amtierenden Parteiführer ablöst. Erstmals kam diese Wahlbestimmung bereits 1965 zur Anwendung. Ihr Nutznießer war der nachmalige Premierminister Edward Heath, der 1975 nach demselben Verfahren von seiner Herausforderin Thatcher gestürzt wurde. Thatcher wiederum, inzwischen Premierministerin, wurde 1991 als Regierungschefin abgelöst, als John Major auf Anraten einiger Parteifreunde gegen sie kandidierte (Alderman/Carter 1991).

Die Bildung einer Koalitionsregierung nach mehr als acht Jahrzehnten koalitionsfreier Regierungsbildung in Friedenszeiten hinterließ auch in der konservativen Unterhausfraktion ihre Spuren. Die konservativen Minister setzten im Mai 2010 gegen starke Widerstände durch, dass künftig auch Regierungsmitglieder an den Beratungen des 1922 Committee teilnehmen dürfen. Von innerfraktionellen Wahlen sind sie aber weiterhin ausgeschlossen. Begründet wurde diese Neuerung mit dem größeren Abstimmungsbedarf zwischen Fraktion und Regierungsmitgliedern unter den Bedingungen eines Regierungsbündnisses. Auch in diesem Punkt beobachten wir eine Anpassung an Praktiken, wie sie in Kontinentaleuropa geläufig sind.

Wahlkreisgliederungen respektieren den Willen der Parteizentrale

Der konservative Oppositionsführer oder Premierminister erlangt mit seinem Amt zugleich die Verfügung über das Central Office. Dieses Parteihauptquartier unterstützt und koordiniert die Arbeit der konservativen Wahlkreisparteien. Die Wahlkreisparteien selbst sind organisatorisch und rechtlich völlig selbständig und müssen keine Weisungen des Central Office befolgen. Freilich beachten sie in der Regel dessen Empfehlungen. Alle konservativen Wahlkreisparteien haben sich freiwillig in einer National Union, einem landesweiten Verein der konservativen Wahlkreisparteien, zusammengeschlossen.

Die National Union veranstaltet alljährlich einen Parteitag. Dieser Parteitag diskutiert, aber er fasst keine Beschlüsse. Seine Rolle beschränkt sich darauf, die Regierung zu kritisieren, wenn die Labour Party die Regierung stellt, und die Regierungspolitik zu unterstützen, wenn sie von den Konservativen gemacht wird. Die wichtigste Aufgabe der Wahlkreisparteien besteht darin, Unterhauskandidaten zu rekrutieren. Der Wahlkampf der Konservativen Partei wird vom Central Office aus betrieben.

Die Labour Party besaß bis in die jüngste Zeit ein radikales Programm. **Labour Party** 1918 verpflichtete ein Grundsatzprogramm die Partei auf das Ziel, die Produktionsmittel in öffentliches Eigentum zu überführen. 1934 bezeichnete ein Programmdokument die Labour Party erstmals als sozialistisch. Abgesehen von diesen beiden Fixpunkten fehlte der Labour Party dennoch ein klares Programm.

In der Partei gab lange der gemäßigte Flügel den Ton an. Er setzte auf die **Radikales Programm,** „mixed economy", auf das Nebeneinander von privater und verstaatlichter In- **moderate** dustrie unter der Regie einer im Prinzip marktwirtschaftlich orientierten Regie- **Regierungspraxis** rungspolitik. Der Regierung kam die Aufgabe zu, eine aufgeschlossene Sozial- und Bildungspolitik zu betreiben, die sich am Ziel wirklicher Chancengleichheit messen lassen sollte. Der linke Labour-Flügel folgte einer radikaleren Konzeption: Sämtliche Wirtschaftszweige sollten in direkte Staatsregie überführt werden, die Regierung sollte in einem umfassenden Wirtschaftsplan die Produktionsziele festlegen, rigorose Steuern sollten die Einkommen nivellieren.

Der radikale Flügel bestimmte nie den Kurs einer Labour-Regierung. In den **Krise der Labour** 1970er Jahren unterzog er die Politik der eigenen Regierung heftiger Kritik. Die **Party** Partei bot in aller Öffentlichkeit ein Bild der Zerrissenheit. Aus Protest gegen den linken Flügel, der an der Mitgliederbasis einen großen Anhang besaß, sowie aus Ärger über politische Zugeständnisse an die Wortführer des linken Flügels schieden prominente Führer des gemäßigten Flügels 1980 aus der Partei aus. Sie gründeten mit der Sozialdemokratischen Partei (Social Democratic Party [SDP]) eine eigene Partei. Die SDP präsentierte sich als moderne Alternative zur alten Labour Party.

In den folgenden 18 Jahren konservativer Regierungen geriet die Labour **Inhaltliche** Party scheinbar unüberwindlich ins Hintertreffen. Zunächst schien es, als drifte **Neuorientierung** sie ins Fahrwasser einer radikalsozialistischen Politik ab. Zugleich zeichnete sich ein Zusammengehen der früheren Labour-Politiker um die SDP mit den Liberalen ab. Dennoch sollte sich die Labour Party mit einem neuen inhaltlichen Profil wieder fangen. In einem Prozess innerer Reformen, der sich über viele Jahre hinzog, setzten sich die verbliebenen moderaten Kräfte durch.

Zunächst löste sich die Partei von ihrem Image als Gewerkschaftspartei. Sie trug damit der Tatsache Rechnung, dass die traditionell starke Bindung im Zeichen der De-Industrialisierung der britischen Ökonomie keinen Vorteil mehr brachte. Inhaltlich folgte sie fortan der liberalen Grundlinie, die von den erfolgreicheren Konservativen vorgegeben war. Insbesondere der junge Labour-Führer Tony Blair definierte die Rolle des Staates in der Gesellschaft klein. Die Labour-Regierung setzte die Politik Thatchers mit leicht veränderten Akzenten fort. Der

Stimmungsumschwung in der Labour Party zeigte sich am deutlichsten in der Tatsache, dass ein Labour-Parteitag 1997 beschloss, die für unantastbar gehaltene sozialistische Klausel IV (Verstaatlichung) im Parteiprogramm zu streichen. Diese symbolische Veränderung dokumentiert stärker als alles andere, dass die Labour Party den Platz einer Volkspartei anstrebt, die dazu befähigt ist, Wahlen zu gewinnen (Helms 1997 c).

Organisation der Labour Party

Labour-Parteitage sind politische Parteitage. Kritik an der Parteiführung und an der eigenen Regierung gehören zum üblichen Bild. Beschlüsse, die von einer Labour-Regierung und von der Labour-Opposition ein bestimmtes Handeln verlangten, waren bis in die jüngste Vergangenheit üblich. Ebenso üblich war aber der Brauch, dass die Unterhausfraktion diese Parteitagsbeschlüsse weitgehend ignorierte. Dennoch hatten die Parteitage große Bedeutung für die Labour-Parlamentarier, insbesondere für die Vertreter des linken Flügels.

Bis 1981 wählte die Labour-Fraktion des Unterhauses den Parteiführer. Seither wird er von einem Wahlmännerkollegium bestimmt. Es setzt sich aus Repräsentanten der Unterhausfraktion, der Mitgliedersektionen und der Gewerkschaften zusammen. Mit Neil Kinnock und Tony Blair wurden Führer gewählt, denen zugetraut wurde, mit einem zeitgerechten Programm und einer ausstrahlungskräftigen Führerpersönlichkeit die langjährige Herrschaft der Konservativen zu brechen. Als sich der langjährige Premier Blair im Jahr 2007 aus dem Amt zurückzog, hatte sich die Partei in zehn Regierungsjahren zerschlissen. Blairs Nachfolger Gordon Brown trat von vornherein mit dem Image des Nachlassverwalters einer Regierungspartei an, die ihre besten Jahre hinter sich hatte.

Alle weiteren Parteien neben den Konservativen und der Labour Party steigerten im Laufe der Zeit ihre Wählerstimmen bis 2010 auf ein Drittel der Gesamtzahl. Das Wahlsystem verhindert jedoch, dass sie im Parlament eine nennenswerte Rolle spielen. Die traditionsreichste dieser Parteien waren die Liberalen. Sie hatten ihre historische Stellung als Konkurrenzpartei der Konservativen bereits nach dem Ersten Weltkrieg verloren.

Liberaldemokraten

Nach Gründung der Social Democratic Party (SDP) durch gemäßigte frühere Labour-Politiker spielte sich eine zunehmend engere Zusammenarbeit mit den Liberalen ein. In etlichen Wahlkreisen traten beide mit gemeinsamen Kandidaten an. Im Jahr 1983 schlossen sie sich zur Liberaldemokratischen Partei (LDP) zusammen. Die LDP operiert in allen Landesteilen mit großem Erfolg. Der Abstand ihrer Wählerstimmen zur Labour Party ist auf einstellige Prozentwerte geschrumpft.

Die Liberaldemokraten sind die modernste britische Partei. Sie praktizieren die Mitgliederwahl des Parteiführers. Programmatisch profilieren sie sich als Bürgerrechtspartei. Sie verhängen kein Tabu über Steuererhöhungen und machen sich für eine EU-freundlichere Politik stark. Ihr Hauptanliegen ist die Reform der politischen Institutionen, insbesondere des Wahlsystems, und die Stärkung des Parlaments. Nicht von ungefähr waren dies die Kernpunkte der Koalitionsabsprache mit den Konservativen im Mai 2010. Lange vor dieser historischen Koalition hatten Liberaldemokraten bereits Regierungserfahrung in Schottland und Wales gesammelt. Dort regierten sie zeitweise gemeinsam mit der Labour Party.

2.7 Wirkungsgeschichte

Das britische Regierungssystem gilt als modellhaft für die Eigenarten des parlamentarischen Regierungssystems. Bei näherem Hinsehen sind jedoch Zweifel angebracht. Es ist richtig, dass die kontinentaleuropäischen Nationen im Laufe der Zeit Anleihen bei der britischen Verfassungspraxis gemacht haben. Der Westminster-Parlamentarismus als Variante des parlamentarischen Regierungssystems ist aber eine andere Sache als die parlamentarischen Regierungssysteme in Kontinentaleuropa (von Beyme, 1999 Helms 1997d). Allgemein gleicht das britische System den Nachbarsystemen darin, dass es die Regierung prinzipiell vom Vertrauen des Parlaments abhängig macht und dass es die Abberufungsmöglichkeit für eine parlamentarisch gestützte Regierung vorsieht. Hier freilich enden die Parallelen.

Nehmen wir etwa das parlamentarische System der Bundesrepublik Deutschland. Der Kanzler hat keine Möglichkeit, das Parlament durch simplen Antrag beim Bundespräsidenten aufzulösen. Der Bundestag kann die Regierung allein durch ein konstruktives Misstrauensvotum gegen den Kanzler ablösen. Hier verflüchtigt sich gerade eine britische Besonderheit. Ohne die eigene Mitwirkung kann künftig auch das Unterhaus nicht aufgelöst werden. Sehen wir uns weiter um:

Vergleich mit Deutschland

Die vom britischen Kabinett vorgelegten Gesetzentwürfe haben im Unterhaus absoluten Vorrang. Dem ist nach dem deutschen Grundgesetz nicht so. De facto richten es die Regierungsfraktionen und der Ältestenrat des Bundestages so ein, dass Regierungsvorlagen bevorzugt zur Entscheidung gelangen. Anträge des Bundesrates oder aus der Mitte des Bundestages haben jedoch den gleichen Rang. Nehmen wir weiter das Management der Bundestagsarbeit. Wie wir gesehen haben, fällt diese Aufgabe in Großbritannien dem Kabinett zu. Im Deutschen Bundestag wird die Tagesordnung im Konsens zwischen den Fraktionen erstellt. Die Regierung hat keinen Zugriff auf die Tagesordnung. Was in London kabinettsseitig erledigt wird, besorgen in Berlin die Führungen der Bundestagsfraktionen, und diese stellen neben dem Kabinett einen politischen Faktor von erheblichem Eigengewicht dar. Soweit zu den offenkundigen Unterschieden der Verfassungslage und Verfassungspraxis.

Das britische Regierungssystem lässt sich in seiner hergebrachten Funktionsweise nicht vom Zweiparteiensystem trennen. Hier findet gegenwärtig ein Wandel statt. Koalitionen sind aber in der Bundesrepublik Deutschland die Standardbedingung des Regierungsprozesses überhaupt. In den meisten Nachbarländern sieht es nicht anders aus. In dem Moment, da eine Regierung von mindestens zwei im Parlament vertretenen Parteien getragen werden muss, treten spezielle Vermittlungspraktiken auf den Plan, welche die Entscheidungsfindung im Kabinett überlagern. Oder die Regierung selbst wird zum Austragungsort der Koalitionskompromisse (Kropp/Schüttemeyer/Sturm 2002). Dies scheint sich gegenwärtig auch in Großbritannien einzuspielen.

Mehrparteiensystem und Koalitionsregierung

Das britische Regierungssystem hat mit seiner einfachen Struktur Politikwissenschaftler, die nach Idealtypen Ausschau halten, jahrzehntelang inspiriert. Das britische Regierungssystem hat in den Verfassungsberatungen der jüngeren

Zeit, etwa bei der Demokratisierung in Südeuropa in den 1970er Jahren und beim demokratischen Wandel in Osteuropa eine geringere Rolle gespielt als die Parlamentarismusvariante der deutschen Nachkriegsdemokratie und der verwaschene französische Parlamentarismus mit seiner Präsidialregierungskomponente (Ismayr 2010). Das kann nicht überraschen. Das Demokratiebild der westeuropäischen Gesellschaften präferiert Verhältniswahlsysteme. Bezeichnenderweise ist es nicht einmal in der Bundesrepublik zur Zeit der ersten Großen Koalition (1966-69) zu einer einschlägigen Wahlreform gekommen, als intensiv über die Einführung der Mehrheitswahl debattiert wurde. Die Erwartung geht im politischen Raum der Europäischen Union bis auf wenige Ausnahmen dahin, dass in der Zusammensetzung des Parlaments die Verteilung des Wählervotums auf die wichtigsten politischen Kräfte erkennbar wird.

Annäherung an die parlamentarischen Systeme Kontinentaleuropas

Koalitionsregierungen erweitern den Kreis der am Regierungsprozess Beteiligten. Die Parteivorsitzenden und wichtige Provinzpolitiker müssen eingebunden werden, um den Zusammenhalt einer von ungleichen Partnern gebildeten Regierung zu gewährleisten. Auch greifen die Fraktionen stärker ins materielle Regierungsgeschäft ein, weil es ihre Aufgabe ist, die von den Partei- und Regierungsspitzen getroffenen Entscheidungen in der Parlamentsarbeit zu flankieren (Helms 1997a). Koalitionsregierungen wechseln hin und wieder inmitten der laufenden Legislaturperiode. In Großbritannien ist der Wechsel der Regierungsmehrheit ohne vorausgehende Wahlen auch in Zukunft schwer vorstellbar. Für die Probleme, die sich bei mehr als zwei großen parlamentarischen Parteien ergeben, bietet das überkommene britische Regierungssystem keine Lösungsvorschläge, der Blick auf das europäische Ausland aber durchaus. Das britische Regierungssystem ist in der Vergleichenden Regierungslehre denn auch stets als Unikum diskutiert worden. Das Unikat trägt sich ab. Die parlamentarischen Strukturen werden denen im übrigen Europa ähnlicher.

Vorbildhaftigkeit für die angelsächsische Welt

In der anglophonen Welt hat das britische Regierungssystem trotz allem Nachahmung gefunden. Die Regierungssysteme Australiens, Irlands, Kanadas und Neuseelands ragen heraus. Besonders deutlich ist die Vorbildfunktion Großbritanniens in Irland, dessen Verfassungspraxis der britischen sehr nahe kommt (Elvert 2009). Mit großen Abstrichen trifft dies auch auf Kanada zu, das tragende Bestandteile des Westminster-Parlamentarismus unmittelbar in kanadisches Verfassungsrecht übertragen hat – einschließlich der in London so bedeutsamen Verfassungskonventionen.

Kanada zeigt gleichzeitig die Grenzen der Übertragbarkeit britischer Regierungspraktiken auf. Im Unterschied zu Großbritannien verkörpert Kanada einen Bundesstaat. Er gliedert sich in zehn Provinzen, von denen jede ein Regierungssystem nach Westminster-Art besitzt. Die fehlende Vorbildfunktion des britischen Regierungssystems für ein bundesstaatliches Gebilde schafft allerdings Probleme. So hat man in Kanada, um möglichst nahe am britischen Vorbild zu bleiben, auf eine föderative Kammer verzichtet. Nun verhält es sich just in Kanada so, dass die Unterschiede zwischen den Provinzen viel stärker hervortreten als in anderen bundesstaatlich organisierten Demokratien. Daraus erwachsen Probleme, die starke Abweichungen von der britischen Praxis erzwingen. Mangels einer gewählten Staatenkammer treten die Premierminister der kanadischen

Provinzen informell in die Funktion eines föderativen Vertretungsorgans. Sie bilden die sog. First Ministers' Conference (Naßmacher 1989, 14).

Gravierend sind auch die von Großbritannien unterschiedenen Mehrheitsverhältnisse. So wendet Kanada zwar das relative Mehrheitswahlrecht an. Auch dort ist das Ergebnis die Repräsentation hauptsächlich zweier Parteien in den Parlamenten. Aber sowohl im Zentralparlament als auch in den Provinzparlamenten ist der Repräsentationsgrad dieser Parteien für die Gesamtheit der Wähler noch ungleich geringer als in Großbritannien. Es gibt in Kanada einfach mehr kleine Parteien, die jeweils von einer beträchtlichen Anzahl von Bürgern gewählt werden. Ihre Wähler werden deshalb – teilweise massiv – unterrepräsentiert. Minderheitsregierungen treten des Öfteren auf. Die größten Parteien im gesamtstaatlichen Parlament ziehen es vor allein zu regieren, wenn sie die meisten Mandate haben (Brede/Schultze 2008, 328ff.). Das moderne Westminster-System wird hier so stark abgewandelt, dass ein Regierungssystem eigener Art anzutreffen ist, das mit dem Londoner Parlamentarismus nicht mehr viel gemeinsam hat.

3   USA

3.1 Von der Unabhängigkeitserklärung zur Verfassung

3.1.1   Verfassungslage der britischen Kolonien in Nordamerika

Zur Zeit der amerikanischen Unabhängigkeitserklärung (1776) gab es auf dem nordamerikanischen Subkontinent dreizehn britische Kolonien. Die nordamerikanische Verfassungsentwicklung setzte aber nicht erst mit der Unabhängigkeit ein. Sie begann bereits mit der Gewährung beschränkter Selbstverwaltungsstatuten für die Kolonien. Die Selbstverwaltungspraxis bildete eine besondere Tradition heraus (vgl. zum folgenden: Dippel 1985). Die gewachsenen Unterschiede zur Verfassungslage im britischen Mutterland sprangen freilich erst dann ins Auge, als das Mutterland mit seinen amerikanischen Kolonien in Konflikt geriet.

Oberster Träger der staatlichen Gewalt waren in den Kolonien vom britischen König ernannte Gouverneure. Versammlungen berieten sie bei ihrer Amtsführung. Diese Versammlungen waren Nachbildungen des Londoner Parlaments. Sie setzten sich aus zwei Kammern zusammen, von denen die erste vom Gouverneur ernannt und die zweite von Teilen der kolonialen Bevölkerung gewählt wurde. Das Wahlrecht hatten ausschließlich Bewohner der Kolonien, die ein festgesetztes Mindestvermögen nachweisen konnten. Die Verwaltungsbeamten und die Offiziere der Kolonialmiliz wurden von den Gouverneuren ernannt.

Die Selbstverwaltungsbefugnisse der Kolonien waren beträchtlich. Die Gouverneure waren keine landfremden britischen Beamten. Sie gehörten in der Regel den vornehmen und reicheren Familien der Kolonien an. In Ehrenämter, Beamtenstellen und Offizierspositionen wurden ausschließlich Mitglieder anderer alteingesessener Kolonialfamilien ernannt. Sie beherrschten auch die Oberhäuser der Versammlungen. Für die gewählten unteren Kammern waren hauptsächlich gutsituierte Handwerker und Kaufleute wahlberechtigt. Von diesen gab es in der Kolonialbevölkerung aber relativ viele. Alles in allem trug das Selbstverwaltungssystem der amerikanischen Kolonien oligarchische Züge. Die starke Position der Gouverneure war ähnlich wie die des Monarchen im Mutterland durch Konventionen eingeschränkt. Etliche Kolonien genehmigten die Besoldung der Gouverneure alljährlich neu, um die Letztkontrolle über die Regierung in den Reihen der Parlamentarier zu halten (Gerstenberger 1973, S. 84 ff.).

3.1.2   Ursachen der amerikanischen Unabhängigkeitsbewegung

Die nordamerikanischen Kolonien waren Bestandteile eines umfassenden imperialen Wirtschaftsgebiets. Einen nennenswerten Wirtschaftsverkehr gab es allein mit dem Mutterland. Der Handel zwischen den Kolonien war bedeutungslos. Mit der Produktion und mit dem Export von Tabak und Baumwolle machten die oligarchischen Familien ausgezeichnete Geschäfte. Erst die Veränderung der Wirtschaftsbeziehungen zwischen den Kolonien und dem Mutterland brachte Missklänge (Adams 1977, S. 26 ff.).

Nordamerika als Kolonialproblem

Die britische Regierung war durch den Siebenjährigen Krieg mit Frankreich (1756-1763), der zwischen diesen Ländern ausschließlich in Nordamerika ausgetragen wurde, in Finanznöte geraten. Die britische Überseeflotte, die zum Schutz der Handelswege gebraucht wurde, kostete darüber hinaus große Summen. Um das Mutterland zu entlasten, zog die Londoner Regierung auch die nordamerikanischen Kolonien für die Finanzierung des Imperiums heran. Dies geschah in Form einer Steuer, die auf amtliche Dokumente und Druckerzeugnisse (Stempelsteuer) erhoben wurde (1765). Aus der Sicht der Siedler handelte es sich um eine rein fiskalische Maßnahme, die ausschließlich dem Mutterland nützte. Die Steuer wurde als ausbeuterisch empfunden. Angesichts wütender Proteste der Kolonialbevölkerung wurde sie wieder zurückgenommen.

Der nächste Versuch, die Kolonien an den Kosten des britischen Imperiums zu beteiligen, galt der Erhebung von Zöllen auf Importwaren. Einige dieser Zölle behielt die Regierung selbst dann noch bei, als sie einen Teil des Maßnahmenpakets wegen erneuter Proteste abermals zurückgenommen hatte. Als es in der Kolonie Massachusetts (Boston Tea Party, 1773) zur symbolischen Vernichtung einer Ladung von Import-Tee kam, schritt die Regierung ein, um ihre Autorität zu demonstrieren. Sie hob die Selbstverwaltung der Kolonie auf, verlangte die Auslieferung der Schuldigen und suspendierte die Untertanenrechte in Massachusetts (1774). Dieser Schritt war der Anfang vom Ende der britischen Herrschaft in den dreizehn Kolonien.

Die repressive Wende der britischen Amerikapolitik hatte dramatische Auswirkungen auf das innere Herrschaftsgefüge der Kolonien. Die Kolonisten waren im Bewusstsein der britischen Untertanenrechte aufgewachsen, die das Londoner Parlament in den Verfassungskämpfen des 17. Jahrhunderts gegen die Krone erstritten hatte. Dazu gehörte das Recht auf den Schutz vor staatlichen Eingriffen in das Eigentum, die nicht durch gewählte Vertreter der Eigentümer legitimiert waren. Daher der Slogan vieler Kolonisten: „No taxation without representation". Ferner waren viele Kolonisten im Geiste des Puritanismus erzogen worden. Er fasst Herrschaft als eine Vertragsbeziehung zwischen Herrscher und Beherrschten auf und beruft sich beim Vertragsbruch durch den Herrscher auf ein Widerstandsrecht. Die Schritte der britischen Regierung führten den Bewohnern der Kolonien deutlich vor Augen, dass sie geringere Rechte hatten als die Untertanen des britischen Mutterlandes. Die Proteste gegen die britische Kolonialpolitik beriefen sich auf die überlieferten Prinzipien des britischen Verfassungsrechts.

Die führenden Familien Britisch-Amerikas hatten unter dem Kolonialsystem prosperiert. Die Proteste gegen die Londoner Kolonialpolitik schwächten die Legitimität der bestehenden innerkolonialen Verhältnisse. Teile der kolonialen Oberschicht vollzogen in ihrer prinzipiell positiven Einstellung zum Mutterland eine populäre Wendung, um von der Kritik am Kolonialstatus nicht in Mitleidenschaft gezogen zu werden. Sie schlossen sich den Protesten an, ja sie setzten sich an die Spitze der Bewegung, die sich gegen die Londoner Politik auflehnte (vgl. Gerstenberger 1973, S. 90 ff.).

3.1.3 Die Unabhängigkeitserklärung

Der offene Widerstand gegen Großbritannien sprang von Massachusetts auf die übrigen Kolonien über und eskalierte in einen Krieg gegen die Kolonialmacht. Die politischen Führer der aufständischen Kolonien gründeten 1775 einen Kontinentalkongress, der ihnen als Koordinierungsinstrument im Unabhängigkeitskrieg mit Großbritannien diente. Die Kolonien erklärten bereits 1776 ihre Unabhängigkeit. Damit entstanden in Nordamerika dreizehn unabhängige Staaten.

Die Unabhängigkeitserklärung ist ein klassisches Dokument der bürgerlichen Freiheits- und Vertragstheorie. Sie postulierte die Gleichheit aller Menschen, das Recht auf Freiheit, die Bindung der Regierung an die Zustimmung der Regierten, und sie nahm ein Recht auf Ungehorsam in Anspruch, wenn die Obrigkeit Leben, Freiheit und Eigentum ihrer Untertanen nicht respektierte. Die Unabhängigkeitserklärung war als staatsrechtlicher Bruch mit dem Mutterland zwar ein revolutionärer Akt. Aber sie stellte sich mit dem Gedankengut, mit dem sie diesen Bruch begründete, unübersehbar in die Kontinuität des britischen Verfassungsdenkens. Die Unabhängigkeitserklärung markierte den ersten Schritt in Richtung auf eine eigenständige Verfassungsordnung der nunmehrigen amerikanischen Staaten. Die älteren kolonialen Versammlungen wurden im Prinzip zwar beibehalten, aber die oberen Kammern, deren Mitglieder bisher ernannt worden waren, mussten fortan gewählt werden (vgl. Adams 1977, S. 41).

3.1.4 Die Konföderationsartikel

Im Jahr der Unabhängigkeit (1776) begannen die Arbeiten an einer gemeinsamen Verfassung. Die eifersüchtig auf ihre Souveränität pochenden Staaten einigten sich zunächst auf die Konföderationsartikel (Articles of Confederation). Diese erste Verfassung der USA war aber eine lockere völkerrechtliche Vereinigung, d.h. eher ein Staatenbund als ein Bundesstaat. Ratifiziert wurde sie 1781. In einem gemeinsamen Kongress als Legislative war jeder Staat mit gleicher Stimmenzahl vertreten. Beschlüsse mussten mit einer Mehrheit von drei Fünfteln aller Staaten gefasst werden. Veränderungen der Konföderationsartikel setzten die Zustimmung aller Staaten voraus. Die Befugnisse des Kongresses waren sehr eng bemessen.

Konföderation statt Föderation

Die Konföderationsartikel erwiesen sich bald schon als untaugliche Verfassungskonstruktion. Die Staaten konnten sich in den meisten Fragen nicht einigen. Der Konföderation fehlte es an Einkünften. Die gemeinsame Verteidigung war unzulänglich. Es gab keine einheitlichen Handels- und Verkehrsgesetze und auch keine gemeinsame Währung. Der traditionelle Wirtschaftsverkehr nach Großbritannien war unterbrochen, die Schaffung eines inneramerikanischen Wirtschaftsraumes hingegen dringend geboten. Schließlich war die Konföderati-

on in Kanada und auf den Meeren von der britischen Weltmacht bedroht. Im
Inneren mussten sich die Staaten mit den Indianern auseinandersetzen, die sich
dem Vorrücken der Siedler in ihre Stammesgebiete widersetzten.

Vor diesem Hintergrund setzte sich unter den führenden Politikern der dreizehn Staaten die Einsicht durch, dass die Konföderationsartikel für die inneren
und äußeren Herausforderungen der Konföderation nicht taugten. Deshalb beriefen die Staatenlegislativen 1787 einen Verfassungskonvent nach Philadelphia
(Philadelphia Convention) ein, der die Verfassung überarbeiten sollte (dazu auch
Beard 1974).

3.1.5 Verfassungsberatungen des Philadelphia-Konvents*

Der Konvent kam bald zu dem Ergebnis, dass die Revision der Konföderationsartikel nicht sinnvoll sei. Stattdessen arbeitete er eine vollständig neue Verfassung aus. In den Grundzügen hielt sich dieser Entwurf in vieler Hinsicht immer
noch an das Vorbild der Verfassungsordnung der Staaten. Die Legislative sollte
aus zwei Kammern bestehen, und die Exekutivgewalt sollte in Anlehnung an den
Status des Gouverneurs in den Staaten von einer Person ausgeübt werden (vgl.
dazu im folgenden: Adams 1973).

Erfindung der   Die bedeutenderen Kontroversen um den Verfassungsentwurf drehten sich
Bundesstaatsformel   um die Rechte der Staaten und des Bundes. Die Delegierten der bevölkerungs-
reicheren Staaten stellten sich hinter den Plan der Delegierten des Staates Virginia (Virginia plan). Letztere schlugen vor, die Staaten entsprechend ihrer Bevöl-
kerungsgröße in der Legislative zu repräsentieren. Die kleineren Staaten unterstützten den Gegenvorschlag des Staates New Jersey (New Jersey plan), der eine
gleichstarke Vertretung aller Staaten vorsah.

Der später so genannte Große Kompromiss (Great compromise) überbrückte-
te den Gegensatz: Er schlug eine Zweiteilung der Bundeslegislative in gleichbe-
rechtigte Kammern vor. Im Repräsentantenhaus (House of Representatives)
sollten die Staaten entsprechend ihrer Bevölkerung vertreten sein, und in den
Senat (Senate) sollten je Staat zwei Vertreter entsandt werden, die von der oberen Kammer der Legislative jedes Staates gewählt werden mussten. Auch der
Senat, also die Staatenkammer, musste seine Beschlüsse mit einfacher Mehrheit
fassen. Die in einer Abstimmung unterlegenen Staaten hatten sich also dem Votum einer Mehrheit zu fügen. Die Befugnisse des Bundes wurden in der Verfassung zum größeren Teil genau umschrieben, zum kleineren Teil jedoch so gefasst, dass sie späterer Auslegung bedurften. Alle nicht dem Bund übertragenen
Zuständigkeiten verblieben den Staaten. Dem Bund wurde die ausschließliche
Zuständigkeit für die Außenpolitik, die gemeinsame Verteidigung, die Währung
und den Außenhandel übertragen. Er erhielt ferner das Recht, den Handel zwischen den Staaten zu regeln. Schließlich wurden ihm mit den Zöllen eigene Einkünfte zugestanden. Streitiges Bundesrecht und Streitigkeiten zwischen den
Staaten sollten von den Bundesgerichten entschieden werden.

---

* Es wird empfohlen, hierzu noch einmal die Ausführungen im Teil 1 über die „Federalist Papers" zu lesen.

Einigkeit bestand im Konvent darin, eine republikanische Staatsform einzu-   Präsident als
führen. An der Spitze des Staates sollte ein Präsident stehen. Die Verfassungsvä-   Wahlmonarch
ter orientierten sich bei der Konzeption des Präsidenten stark an den zeitgenössischen britischen Verfassungsverhältnissen. Die Anlehnung des Amtes an den
konstitutionell gezähmten britischen Monarchen nach der Glorious Revolution
ist kaum zu übersehen. Nur wurde das Staatsoberhaupt als Wahlamt ausgestaltet
(Scheuerman 2005). Sollte es sein Amt missbräuchlich führen, wurde das alteng-
lische Institut der Amtsanklage vorgesehen, um es aus dem Amt zu entfernen.

Der Präsident und der Vizepräsident sind bis heute die einzigen gewählten
Vertreter der Bundesexekutive. Der Präsident ernennt mit Zustimmung des Senats alle Bundesbeamten und Richter. Nach dem Vorbild des englischen Amts-
enthebungsverfahrens kann der Präsident nur dann vorzeitig aus dem Amt entfernt werden, wenn das Repräsentantenhaus ein Amtsanklageverfahren (Impeachment) einleitet und der Senat ihn zum Amtsverlust verurteilt. Gegen Gesetzesbeschlüsse der Legislative steht dem Präsidenten ein Veto zu. Der Kongress
kann es lediglich mit einer Zweidrittelmehrheit beider Kammern zurückweisen.
Als Wahlmodus für das Amt des Präsidenten wurde die indirekte Wahl durch
Wahlmänner (Elektoren) festgelegt.

Der Verfassungstext verlangt für die Änderung der Verfassung ein kompliziertes Verfahren, das breiten Konsens erfordert. Beide Kammern des Kongresses müssen einer Änderung mindestens mit Zweidrittelmehrheit zustimmen.
Anschließend muss sie von drei Vierteln der Staaten gebilligt werden. Erst dann
tritt die Änderung in Kraft. Verfassungsänderungen sind Ergänzungen des ursprünglichen Verfassungstextes, die dem Text der 1787 beschlossenen Verfassung angehängt werden. Die ersten zehn Änderungsartikel (Amendments) erhiel-
ten bereits 1791 Rechtskraft. Bis heute sind insgesamt lediglich 27 Änderungsartikel in Kraft getreten.

3.2 Demokratisierung des Regierungssystems

3.2.1 Die Ausgangslage

Die amerikanische Verfassung begründete zunächst einen oligarchischen Rechts-
staat, der sich später für die Demokratisierung öffnete. Die Ausgestaltung des
Wahlrechts für die Wahl der Bundesorgane überließ sie jedoch den Einzelstaaten
(Artikel 1, Abschnitt 2 und 4 der US-Verfassung). Diese sorgten lange Zeit dafür, dass das Wahlrecht nur den Bürgern vorbehalten blieb, die sich durch Einkommen und Vermögen dafür qualifizierten (dazu allgemein Loewenstein 1959;
Fraenkel 1976; Wasser 1984).

In den ersten Jahren der amerikanischen Republik hatte das Repräsentantenhaus eine politische Schlüsselstellung inne. Die vom Volk direkt gewählten
Abgeordneten des Repräsentantenhauses vertraten die Wähler in den Einzelstaaten. Der Senat wurde von den Parlamenten der Staaten gewählt. Auch die Mitglieder des Wahlmännerkollegiums, das den Präsidenten wählt, wurden zunächst
noch von den einzelstaatlichen Parlamenten gewählt, bevor dann die ersten Staa-

ten damit begannen, die Wahlmänner durch die Bürger selbst wählen zu lassen. Die Direktwahl der Senatoren ließ sogar noch bis 1913 auf sich warten.

Im Repräsentantenhaus bildeten die Parteien bis in die 1820er Jahre als Föderalisten (Vorläufer der heutigen Republikaner) und als Jefferson-Republikaner (Vorläufer der heutigen Demokratischen Partei) Fraktionen, die sog. Congressional Caucuses. Von diesen Caucuses wurden in den Anfangsjahren der Republik die Präsidentschaftskandidaten nominiert.

Alexander Hamilton, Gründer und anerkannter Führer der Föderalistischen Partei, versuchte die Verhältnisse in Richtung auf die britische Verfassung zu lenken. Als Finanzsekretär (Finanzminister von 1789 bis 1795) des betont über den Parteien stehenden ersten Präsidenten George Washington strebte er für sich die Rolle des Premierministers unter einem politisch neutralen Staatsoberhaupt an. Mit der Einbeziehung des Präsidentenamtes in die Parteienauseinandersetzung fand dieser Versuch bereits 1796 ein Ende.

3.2.2   Erweiterung des Wahlrechts

Mit der Expansion der USA nach Südosten und Westen und mit der Gründung neuer Einzelstaaten gelangte ein demokratisches Element zu gesellschaftlicher Bedeutung. Den Siedlern im Westen waren die Besitz- und Statusunterschiede des Lebens in den älteren Gründerstaaten der USA fremd. Aus dem Aufeinanderangewiesensein in den schwach besiedelten Westgebieten erwuchs ein urdemokratisches Gleichheits- und Gleichberechtigungsdenken, das in den neuen Einzelstaaten bald auch verfassungsrechtlichen Ausdruck fand. In den westlichen Einzelstaaten und Territorien wurden in den 1820er und 1830er Jahren die noch bestehenden Wahlrechtsbeschränkungen abgebaut. Diese Entwicklung gab entsprechenden Bestrebungen in den älteren Staaten Auftrieb. Die Demokratisierung des Männerwahlrechts schritt rasch voran. Sie war bereits zu Beginn der 1840er Jahre abgeschlossen. Das Wahlrecht für Frauen wurde erst 1920 mit einer Verfassungsänderung eingeführt.

3.2.3   Entstehung politischer Parteien

Jacksonian democracy | Die Demokratisierung veränderte die politische Landschaft vor allem durch das Entstehen der Parteien. Der Congressional Caucus geriet als Nominierungsorgan in Verfall. Er war ein rein parlamentarisches Gebilde. Die größere Wählerschaft verlangte nach einer Parteiorganisation, die es den Wählern ermöglichte, sich über die zur Wahl stehenden Kandidaten zu informieren und zwischen ihnen eine Wahl zu treffen. In Gestalt des sog. Konvent-Systems entstanden Parteiorganisationen. Nach dem Präsidenten Andrew Jackson (1829-1837) wurde das Zeitalter dieser frühen Parteien mit Jacksonian democracy benannt.

Zunächst taten sich die Anhänger einer Partei auf Gemeindeebene zusammen. Sie bestimmten die Kandidaten für lokale Ämter und wählten gleichzeitig Delegierte für einen Konvent, der auf der Ebene eines Verwaltungsbezirks (county) und eines Kongresswahlkreises (Congressional district) Kandidaten bestimmte. Daneben wählte dieser Konvent Delegierte für die nächsthöhere Ebene des Einzelstaates. Der Parteikonvent des Einzelstaates wählte dann Delegierte für den nationalen Konvent der Partei. Dessen wichtigste Aufgabe war es, den Präsidentschaftskandidaten zu bestimmen. Das vielfach gestufte Konventgebäude wurde von Parteifunktionären, den sog. Bossen in Gang gehalten. Sie bekleideten hauptsächlich Ämter als Bürgermeister oder Stadträte, in denen sie tagtäglich mit den Bürgern und Wählern zu tun hatten. Sie waren darüber informiert, was diese Wähler wünschten, und sie wussten, was zu tun war, um sie für die Wahl der Kandidaten ihrer Partei zu gewinnen. Das Parteikonvent-System gewährleistete in einer Epoche, die weder elektronische noch Print-Massenmedien kannte, die Rückkoppelung des Wählerwillens an die Parteifunktionäre und Amtsträger auf höherer Ebene.

Korruption wurde im Laufe der Zeit ein übliches Mittel, um die Wähler zu beeinflussen. Weil die Parteifunktionäre die Stadtverwaltungen und teilweise sogar die einzelstaatlichen Verwaltungen kontrollierten, eröffneten sich viele Wege, um Wähler zu belohnen: Jobs im Rahmen öffentlicher Beschäftigung, kostenlose Speisungen, Rechtsberatung, Vergünstigungen durch die Behörden. Selbst die Staatenlegislativen und die Abgeordneten und Senatoren des Kongresses konnten es sich teilweise bis ins 20. Jahrhundert hinein nicht leisten, gegen die Wünsche lokaler Parteiführer zu handeln. Andernfalls hätten sie um ihre Nominierung fürchten müssen. Viele einflussreiche Interessenten – Bankiers, Industrielle, Eisenbahnmagnaten – erkauften sich durch die Zusammenarbeit mit den Führern der Parteimaschinen – dieser abwertende Ausdruck bürgerte sich ein – Vorteile in der Gesetzgebung und in der Verwaltungspraxis.

Bosse und Parteimaschinen

Das Parteikonvent-System war dem älteren Caucus-System überlegen: Sein Demokratisierungseffekt lag einfach darin, dass die Konvent-Parteien die Bedürfnisse der Wähler einkalkulieren mussten. Anders ausgedrückt: Die Stärke des Konvent-Systems war seine Nähe zum Wähler in den Bereichen, wo die Bürger überschaubar und fühlbar von politischen Entscheidungen betroffen waren, namentlich in den Gemeinden und Staaten. Die Abgeordneten und Senatoren des Kongresses mussten sich als gute Botschafter ihres Wahlkreises oder ihres Staates verkaufen, wenn sie vor den Wählern bestehen wollten. Im Kongress spielte sich eine gründliche Regionalisierung und Lokalisierung des politischen Geschehens ein. Das Parteikonvent-System blieb bis in die erste Hälfte des 20. Jahrhunderts auch für die Bestellung der Präsidentschaftskandidaten beider Parteien maßgeblich. Der Nationalkonvent war eine Addition der einzelstaatlichen Parteien. Unter dem Konvent-System wurde die Präsidentschaftskandidatur von mächtigen Parteiführern ausgehandelt.

Alle wichtigen politischen Ämter und Beamtenstellen wurden bereits vor der Mitte des 19. Jahrhunderts durch Wahlen besetzt. Diese Wahlämter wurden von den Parteien kontrolliert. Sie gaben den Parteiführern Gelegenheit, ihre Anhänger mit lukrativen Positionen zu belohnen (Patronage). Umgekehrt war jeder Inhaber eines Wahlamtes seiner Partei verpflichtet. Eine positive Folge dieser Politisierung der Verwaltung und Gerichtsbarkeit – in vielen Einzelstaaten werden heute noch die Richter durch Volkswahl bestellt – war die Öffnung der öf-

Integrationsleistung der Parteien

fentlichen Verwaltung für einfache Bürger. Eine negative Folge war die Ineffizienz und Korrumpiertheit der Verwaltung, insbesondere in den Gemeinden und Einzelstaaten. Dieser letzte Aspekt fiel aber lange nicht gravierend ins Gewicht. Bis weit nach der Wende zum 20. Jahrhundert mussten die Verwaltungen keine großen Aufgaben bewältigen. Die Parteimaschinen hatten bei der Integration der zahlreichen Einwanderer, die seit den 1880er Jahren in die Industriemetropolen strömten – es handelte sich hauptsächlich um Deutsche, Iren, Italiener, Polen und osteuropäische Juden –, eine positive Funktion. Sie entdeckten die Immigranten als Neuwähler und integrierten sie durch das Entgegenkommen der Verwaltungen sowie durch Rat und Hilfe beim Zurechtfinden in der neuen Umgebung relativ rasch und erfolgreich in die Politik. Vor allem die Demokratische Partei gewann in der meist industriell arbeitenden Einwandererbevölkerung dauerhafte Anhänger. Erst seit etwa zwei Generationen tragen sich diese Anhänglichkeiten, bedingt durch sozialen Aufstieg und den Wandel der Arbeitswelt, ab. Nur bei den Afro-Amerikanern ist die Verbindung zu den Demokraten geblieben. Sie wurde durch den Einsatz liberaler Demokratischer Politiker für den Abbau der Diskriminierung der Schwarzen in den 1950er und 1960er Jahren bekräftigt.

3.2.4 Progressive Bewegung und politische Reformen im 20. Jahrhundert

Medienöffentlichkeit Um die Wende zum 20. Jahrhundert kam es zu einem zweiten epochalen Demokratisierungsimpuls. Er war eine Reaktion auf die oligarchische Manipulation des Wählerwillens durch die Bosse der Parteimaschinen und richtete sich auch gegen die nicht sachgerechten, von parteipolitischen Gesichtspunkten diktierten Verwaltungspraktiken. Dieser Impuls wirkt bis heute nach. Seine stärkste Antriebsfeder war die Herausbildung einer kritischen Öffentlichkeit. Eine neu aufkommende Massenpresse im Format des heutigen Boulevard machte die amerikanischen Wähler um die Wende zum 20. Jahrhundert mit politischen Entwicklungen, Ereignissen und prominenten Politikern jenseits der örtlichen Erlebniswelt vertraut. Sie bahnte eine politische Kommunikation an, die jetzt nicht mehr allein von den Vertretern der Parteien, sondern auch von Journalisten und Verlegern vermittelt wurde.

Die Parteimaschinen waren niemandem verantwortlich, besaßen aber Macht. Daran stießen sich immer mehr Menschen, die in ihren Berufen die öffentliche Meinung beeinflussen konnten: Literaten, Publizisten, Wissenschaftler, Lehrer. Auch Politiker entdeckten dieses Publikum als Klientel. In der Öffentlichkeit baute sich eine parteienfeindliche Grundstimmung auf. Die Kritiker wurden um die Jahrhundertwende als Progressive bekannt. Als Reformströmung fanden sie in beiden großen Parteien, bei Demokraten und Republikanern, einige Resonanz.

Vorwahlen In vielen Einzelstaaten wurden im frühen 20. Jahrhundert Vorwahlen vorgeschrieben. An den Vorwahlen durfte sich jeder Bürger beteiligen, der sich als Anhänger einer Partei auswies – also jeder, der die Partei bei den letzten Wahlen für das in Frage kommende Amt unterstützt hatte. Derjenige Kandidat, der in den Vorwahlen von den meisten Parteigängern gewählt wurde, stand fortan als offizieller Kandidat seiner Partei bei den bevorstehenden Hauptwahlen fest. Die Vorwahl wurde für Senatoren und Abgeordnete bereits nach dem Ersten Weltkrieg üblich. Das Institut der Vorwahlen sollte die Parteien dauerhaft schwächen. Ersetzen konnte es sie nicht. Immer noch waren Parteiorganisationen notwendig, um Geldquellen zu erschließen und Werbung zu betreiben. Die traditionellen Parteimaschinen verschwanden endgültig erst in den 1950er Jahren von der Bildfläche.

Das System der Nominierungskonvente überdauerte bei den Präsidentschaftskandidaten recht lange den Siegeszug des Vorwahlen-Systems. Bis zum Beginn der 1970er Jahre nahmen Parteiführer der Einzelstaaten noch maßgeblichen Einfluss auf die Entscheidung der Nominierungskonvente, sofern sie ihre Konventsdelegierten in der Tasche hatten. Sie mussten allerdings darauf achten, solche Politiker zu benennen, die entweder bekannt waren oder die gute Voraussetzungen mitbrachten, um Popularität zu gewinnen. Mit der Verschiebung des Medienangebots von den Print-Medien hin zum Fernsehen wurde die Person der Präsidentschaftskandidaten wichtiger, die Parteizugehörigkeit aber unwichtiger. Die Kandidaten wurden einer breiten Öffentlichkeit durch Presse, Rundfunk und Fernsehen bekannt und zugleich einer kritischen Prüfung unterzogen. Dem mussten die Parteien Rechnung tragen.

Bereits das Aufkommen der Massenpresse hatte die Konvente gezwungen, sich darauf einzustellen, wie sich die Meinungsträger einen guten Kandidaten vorstellten. Die ausschlaggebende Rolle der Medienöffentlichkeit wurde erstmals 1912 deutlich, als sich die Republikanische Partei weigerte, den überaus populären früheren Präsidenten Theodore Roosevelt (Präsident von 1901 bis 1909) abermals zum Präsidentschaftskandidaten zu nominieren. Der Republikanische Parteikonvent entschied sich für den glanzlosen amtierenden Präsidenten Robert Taft. Damit provozierten die Republikaner T. Roosevelt zur Kandidatur als Unabhängiger. Letztlich verloren sie die Wahl, weil sich die Wählerstimmen der Republikaner auf Taft und T. Roosevelt zersplitterten. Wahlsieger wurde deshalb der Demokrat Woodrow Wilson (Präsident von 1913-1921).

Präsidentschaftsvorwahlen (presidential primaries) gab es in einigen Staaten schon seit der Jahrhundertwende. Sie hatten aber nie allzu große Bedeutung. Im Wahljahr 1960 überzeugten sie aber auch viele Skeptiker, dass es sich um die bessere Auswahlmethode handelte. Der von allen maßgeblichen Führern der Demokratischen Partei begünstigte Kandidat, Hubert H. Humphrey, unterlag in einer Serie von Vorwahlen dem Mitkonkurrenten John F. Kennedy. Presse und Fernsehen hatten die Vorwahlen zum Test erklärt, welcher Kandidat bei den Wählern besser ankam. Als sich Kennedy durchsetzte, einigten sich die Parteiführer darauf, die Ergebnisse als Popularitätstest zu deuten. Dennoch wurde Humphrey noch einmal 1968, nachdem er abermals alle Vorwahlen der Demokratischen Partei verloren hatte, von den Delegierten des Demokratischen Parteikonvents als Präsidentschaftskandidat aufgestellt. Die Mehrzahl der Delegierten auch dieses Konvents war noch ohne Vorwahlen bestellt worden.

Die Entrüstung über diese scheinbare Manipulation veranlasste zur grundlegenden Revision der Parteisatzung. Dem trugen viele Staaten Rechnung, indem sie jetzt für beide Großparteien verbindlich Präsidentschaftsvorwahlen vorschrieben. Einige Staaten hielten am Konvent-System fest, das heute freilich

Auftakt einer neuen Wahlkampfpolitik in den 1960er Jahren

manipulationsfest geworden ist. Bei den Staaten, die Vorwahlen vorsehen, handelt es sich zumeist um die bevölkerungsstärkeren, in hohem Maße verstädterten Einzelstaaten, die auf den Nationalkonventen das Gros der Delegierten stellen. Seit 1972 ist die Vorwahl das konkurrenzlose Schlüsselereignis bei der Ermittlung der Präsidentschaftskandidaten.

3.2.5 Entstehung der Verfassungsgerichtsbarkeit [*]

Die Funktion eines Verfassungsgerichts lässt sich aus dem Wortlaut der Verfassung nicht unmittelbar herauslesen. Der Normenkontrollanspruch des Supreme Court hat die Verfassungsentwicklung der USA nachhaltig geprägt. Er geht letztlich auf eine Eigeninitiative des Gerichts zurück. Anlass war ein unbedeutender Streitfall, den die Richter des Supreme Court nutzten, um ihre Position im Verfassungsgefüge zu fixieren. Anlässlich der Streitsache Marbury v. Madison bestätigte das Oberste Bundesgericht 1803 ein umstrittenes Gesetz als verfassungskonform. In der Sache folgte es der Rechtsauffassung des eben erst ins Amt gelangten neuen Präsidenten, gegen den sich alle Klage richtete. Deshalb fand das Urteil zunächst keine große Beachtung. Das Gericht erklärte hier, dass die Befugnis zur Verfassungsprüfung einfachen Gesetzesrechts – Kongressbeschlüsse – den Gerichten obliege.

Die Verfassung dürfe nur mit einer Zweidrittelmehrheit beider Kammern des Kongresses und mit Zustimmung von Dreivierteln aller Einzelstaaten geändert werden. Hinter dem einfachen Gesetz stünden hingegen lediglich Kongressmehrheiten. Sollte es den Gerichten und somit in letzter Instanz dem Obersten Bundesgericht nicht erlaubt sein, ein Gesetz zu prüfen und unter Umständen für nichtig zu erklären, dann bedeute dies, dass die Verfassung mit einfachen Gesetzen auf eine Stufe gestellt sei und mit einfachen Kongressmehrheiten verändert werden könne. So lasse sich die Verfassung ändern, ohne dass dies im Text zum Ausdruck komme. Dies widerspreche dem Sinn einer geschriebenen Verfassung. Folglich stehe die Verfassung über dem einfachen Gesetz und müsse ein Gesetz, falls es gegen die Verfassung verstoße, ungültig sein.

Doch wer, so argumentierte das Gericht weiter, soll prüfen, ob ein Gesetz vor der Verfassung bestehen kann? Sinnvollerweise könne dies nicht die Sache der Legislative sein, die das fragliche Gesetz selbst beschlossen habe. Auch der Präsident könne es nicht sein, weil er sich damit leicht zum Herrn der Verfassung aufschwingen könne. Also bleibe allein ein Bundesgericht, in letzter Instanz das Oberste Bundesgericht selbst, um diese Prüfung vorzunehmen. Gestützt auf diese Auffassung, steht das Oberste Bundesgericht seit über 200 Jahren in der Rolle des höchsten amerikanischen Verfassungsgerichts. Erstmals kassierte das Gericht 1819 in einer politisch umstrittenen Entscheidung ein Gesetz. Weitere Entscheidungen von ähnlicher Tragweite sollten folgen. Sie begründeten die Reputation des Gerichts als Wächter über die Grenzen der Mehrheitsherrschaft.

---

[*] Es wird empfohlen, hierzu noch einmal die Ausführungen im Teil 1 über Montesquieu zu lesen.

3.2.6 Entwicklung des Bundesstaates

Das Verhältnis des Bundes zu den Staaten verschob sich im Laufe des 19. und 20. Jahrhunderts kontinuierlich zu Gunsten des Bundes. Dies geschah hauptsächlich ohne förmliche Verfassungsänderungen. Grundlage für diese Entwicklung war die Rechtsprechung des Oberstes Bundesgerichts (Supreme Court). Seine Verfassungsauslegung passte die ursprünglich für eine kaum verwaltungsbedürftige Gesellschaft ausgelegte Verfassung von 1789 an die Bedürfnisse eines Landes an, das stärkere Regierungsaktivität verlangte. Der Bund hat bis heute lediglich sparsam bemessene Kompetenzen. Sie sind im Ersten Artikel der Verfassung aufgeführt. Es geht im Wesentlichen um das Recht des Bundes, völkerrechtliche Verträge zu schließen und die auswärtigen Beziehungen zu bestimmen, die gemeinsame Verteidigung zu organisieren, eine einheitliche Währung einzuführen und die Regularien des Handels zwischen den Einzelstaaten (interstate-commerce) näher auszugestalten. Darüber hinaus enthält die Verfassung Generalklauseln, die dem Bund das Recht einräumen, auch im Grenzbereich seiner Kompetenzen aktiv zu werden. *(Verfassungsgrundlagen des Bundesstaates)*

Die ersten Jahrzehnte nach Gründung der USA waren von der Auseinandersetzung bestimmt, ob die Verfassung bundesfreundlich verstanden werden müsse. Dank einer bundesfreundlichen Verfassungsauslegung der Generalklausel über die Bundeszuständigkeit aus der Natur der Sache (Necessary-and-proper-Klausel) wuchsen die USA zu einem einheitlicheren Rechts- und Wirtschaftsraum zusammen. Es ließ sich aber noch keine Verständigung darüber erzielen, welches Gesellschaftsmodell in die Verfassung hineingelesen werden sollte. *(Bürgerkrieg)*

Um diese Frage ging es letztlich im Bürgerkrieg (1861-1865). Die Südstaaten bildeten eine Plantagenökonomie, die vom Baumwollexport prosperierte. Auf den Plantagen arbeiteten hauptsächlich Sklaven. Die übrigen Staaten der amerikanischen Union, vor allem jene an der nördlichen Atlantikküste, durchliefen einen Industrialisierungsprozess, der nach Absicherung gegen billigere britische Konkurrenzprodukte verlangte. Die Interessen der Nordstaaten drängten auf Schutzzollpolitik. Mit den Freihandelsinteressen der Südstaaten, deren Hauptabnehmer die Textilfabriken in Europa waren, ließ sich diese Politik nicht vereinbaren. Die Industrialisierung verlangte den mobilen Industriearbeiter. Die lohnabhängigen Industriearbeiter waren Konsumenten, die Sklaven hingegen von der Geldwirtschaft ausgeschlossen. Diese Gegensätze zwischen den Nord- und den Südstaaten der USA waren die eigentliche Ursache des Bürgerkrieges. Die Sklavenfrage war ein moralischer Nebenaspekt. Er wurde von den Nordstaaten propagandistisch ausgebeutet, um sich als moralisch überlegene Partei darzustellen. Der Bürgerkrieg entschied die Suprematie der Bundesinteressen mit den Waffen zu Gunsten der industriell überlegenen Nordstaaten (Nagler 1998).

In der Zeit der Hochindustrialisierung vom Ende des 19. Jahrhunderts bis in die Zeit der Weltwirtschaftskrise (1929/33) bemühte der Bund die Klausel über den zwischenstaatlichen Handel (Interstate commerce), um zahlreiche Gesetze über bundeseinheitliche Wirtschaftsregeln und Arbeitsschutz zu beschließen. Die Gründe dafür lauteten im Regelfall, Kinderarbeit und mangelnde Unfallverhütungsregularien verzerrten den Wettbewerb zwischen den in verschiedenen Staa- *(Einheitlicher Wirtschaftsraum)* ten ansässigen Unternehmen. Lange folgte das Oberste Bundesgericht dem Kongress in dieser Rechtsauffassung nicht. Erst auf dem Höhepunkt eines schweren Verfassungskonflikts gab das Gericht 1937 der bundesfreundlichen Auffassung nach, die von einer Minderheit der Obersten Bundesrichter schon länger vertreten worden war. Seither gilt das Recht des Bundes auf das Setzen einheitlicher Standards im Wirtschaftsverkehr unbestritten.

Einheitlicher Grundrechtsraum

Als Ergebnis des Bürgerkrieges wurde ferner der Grundrechtekatalog der ersten zehn Verfassungsergänzungsartikel im 14. und im 15. Ergänzungsartikel dahingehend präzisiert, dass die Freiheitsgarantien der Bundesverfassung in den Staaten unmittelbar gelten. Damit sollte nach dem Ende des Besatzungsregimes, d.h. nach der Restauration der Selbstverwaltung in den vormaligen Sezessionsstaaten, verhindert werden, dass die ehemaligen Sklaven schlechter behandelt würden als die Weißen. Tatsächlich wurden sie durch einzelstaatliche Gesetze erneut massiv diskriminiert. Die Rechtsprechung des Obersten Bundesgerichts sanktionierte diese Tatsache lange durch eine weiche Auslegung dieser Verfassungsbestimmungen. Erst 1954 rang sich das Gericht zu einer strikten Leseart der Verfassung durch. Es erklärte eine Differenzierung der bürgerlichen Rechte nach Rasse und Hautfarbe für verfassungswidrig. Seither dreht sich die Entwicklung des amerikanischen Bundesstaates in verfassungspolitischer Hinsicht um die praktischen Konsequenzen aus der unmittelbaren Geltung der Persönlichkeitsrechte. Betroffen von dieser Rechtsprechung sind vor allem die Staaten. Dabei geht es schon lange nicht mehr um Fragen der rassischen Diskriminierung. Streitpunkte sind heute das Selbstbestimmungsrecht der Frau beim Schwangerschaftsabbruch, das Recht auf Waffenbesitz und die Rechte der Polizei bei Festnahmen und Verhören.

Finanzverfassung im Bundesstaat

Die verfassungspolitische Seite ist lediglich ein Aspekt in der Entwicklung des amerikanischen Bundesstaates. Ein weiterer ist die Finanzverflechtung zwischen Bund und Staaten. Eine Verfassungsänderung sprach dem Bund 1913 das Recht auf die Erhebung einer Einkommensteuer zu. Damit erlangte der Bund nennenswerte finanzielle Gestaltungsmacht. Die Staaten schöpfen steuerlich weiterhin vor allem Konsum und Grundbesitz ab. Sie haben im Vergleich zum Bund aber die umfangreicheren und kostspieligeren Verwaltungsaufgaben. In den 1930er Jahren kam es zu einer finanziellen Verschränkung zwischen Bund und Staaten. Sie funktionierte in der Weise, dass der Bund den Staaten für Aufgaben in ihrem eigenen Zuständigkeitsbereich Zuschüsse versprach. Die Staaten mussten sich mit einem finanziellen Eigenanteil beteiligen und als Gegenleistung die Auflagen des Bundes beachten. Ihre geringen Finanzressourcen zwangen die Staaten, auf die Angebote des Bundes einzugehen. Auf diese Weise geriet der Bund in die Lage, indirekt auch die Tätigkeit der einzelstaatlichen Regierungen mitzusteuern.

3.2.7 Veränderungen im Verhältnis von Kongress und Präsident

Die US-amerikanische Gesellschaft des 19. Jahrhunderts hatte minimalen Gesetzgebungs- und Verwaltungsbedarf. Das bei weitem überwiegende Gros der

Gesetzgebung fiel in den Staaten an. Die Gesetze dieser Epoche bedurften noch keines herausragenden technischen oder ökonomischen Sachverstandes. Unter diesen Umständen hatten die Parlamente der Staaten und auch der Bundeskongress ein überwältigendes Gewicht im Gesamtstaat. Die Kongressausschüsse waren ein sichtbarer Ausdruck der Macht des Kongresses. Diese Ausschüsse waren aber immerhin notwendig geworden, weil der Kongress den wachsenden Gesetzgebungsaufwand nicht anders als mit Arbeitsteilung und Spezialisierung bewältigen konnte. Entsprechend stiegen die Ansprüche an das Management der Kongressberatungen. Beides hatte zur Folge, dass insbesondere das Repräsentantenhaus als die größere Kammer des Kongresses eine hierarchische Struktur herausbildete. Die Ausschüsse bestimmten in großem Umfang die Gesetzesinhalte in ihrem Zuständigkeitsbereich. Sie wurden als politische Richtgrößen für die wenigen Bundesbehörden sogar wichtiger als der Präsident. Die Macht zur Beschickung der Ausschüsse wuchs im Repräsentantenhaus dem Speaker zu, dem Präsidenten dieser Kammer. Bis zum Vorabend des Ersten Weltkrieges galt der Speaker als die innenpolitisch stärkere Figur neben dem Präsidenten.

Der nachmalige Präsident Woodrow Wilson, seinerzeit Professor für Politikwissenschaft an der Princeton University, beschrieb diesen Zustand in einem berühmt gewordenen Buch als „Congressional Government" (2002 [Erstausg. 1885]). Sein Werk übte beißende Kritik an diesen Verhältnissen. Es kam einem Plädoyer für die Führungsrolle des Präsidenten auch in Angelegenheiten der Gesetzgebung gleich. Als Bewunderer des britischen Westminster-Parlamentarismus wünschte sich Wilson eine gestaltungsmächtige Regierung, wie sie Bagehot in seinem Buch über die englische Verfassung gezeichnet hat. Wilson selbst musste als Präsident (1913-1921) die Erfahrung machen, wie schwer es der Chef der Exekutive hat, seinen Willen gegen einen selbstbewussten Kongress durchzusetzen. Der von ihm favorisierte Beitritt der USA zum Völkerbund ging auf seine Idee zurück. Er scheiterte 1920 an mangelnder Zustimmung im Senat. *Congressional government*

Mit der Direktwahl der Senatoren gewann der Senat seit 1913 an Gewicht. Er trat fortan deutlicher wahrnehmbar neben das Repräsentantenhaus. Das Repräsentantenhaus vollzog 1911 tiefgreifende Reformen. Sie gingen aber nicht in die Richtung, die Wilson vorgeschwebt hatte. Eine Mehrheit in der Republikanischen Mehrheitsfraktion lehnte sich gegen die „Diktatur" des Speakers auf. Sie nahm ihm das Recht, nach Gutdünken die Ausschüsse zu besetzen und loyale Gefolgsleute als Ausschussvorsitzende zu bestimmen. Fortan sollte die Fraktion die Ausschusszuweisungen selbst in die Hand nehmen. An die Spitze der Ausschüsse sollten ganz schematisch jene Ausschussmitglieder aufrücken, die dem betreffenden Fachgremium am längsten ohne Unterbrechung angehört hatten. Hier wurde jetzt das Senioritätsprinzip etabliert. Die Minderheitsfraktion des Hauses und auch die Senatsfraktionen folgten diesem Beispiel. Das Senioritätsprinzip sollte bis in die 1970er Jahre die Machtverteilung im Kongress bestimmen. Für den Präsidenten war diese Reform kein Gewinn. Hatte er sich bis dahin mit dem Speaker des Repräsentantenhauses arrangieren müssen, musste er sich fortan mit Ausschussvorsitzenden auseinandersetzen, die jeder für sich ein Gesetzgebungsfeld kontrollierten und sehr selbstbewusst mit ihrer Verhandlungs- und Verweigerungsmacht umgingen. Die Präsidenten blieben bis in die Zeit der *Senioritätsprinzip*

Weltwirtschaftskrise (seit 1929) hinein schwach, nicht nur deshalb, weil der Kongress stark war, sondern auch deshalb, weil sie keine geeignete Infrastruktur besaßen, um einen Initiativ- oder Führungsanspruch im Verhältnis zum Kongress anmelden zu können.

Präsident avanciert zum Legislator

Als Impulsgeber und aktiver Teilnehmer am politischen Geschehen im Kongress tritt der Präsident erst seit dem Beginn der Präsidentschaft Franklin D. Roosevelts (1933) hervor. Die amerikanische Öffentlichkeit und der Kongress blickten auf das Weiße Haus, um Auswege aus der Weltwirtschaftskrise zu finden. Die Krise war von den USA ausgegangen und hatte mit Firmenzusammenbrüchen und Massenarbeitslosigkeit die USA selbst hart getroffen. Die Idee des Laisser-faire war diskreditiert. Nachdem das Vertrauen in die Selbstheilungskräfte des Marktes erschüttert war, wurde jetzt Remedur durch Wirtschaftssteuerung und Sozialpolitik angestrebt. In den berühmten „hundert Tagen" nach der Amtseinführung des neuen Präsidenten deckte Roosevelt den Kongress 1933 im Zeichen seines Regierungsmottos eines New Deal mit einer Serie von Gesetzgebungsinitiativen ein. Der Kongress beschloss diese dann in beispielloser Eile und Folgsamkeit gegenüber dem Präsidenten. In wenigen Jahren entstand eine Sozial- und Wirtschaftsbürokratie des Bundes, die komplizierte Gesetzeswerke verwaltete. Sie versorgte den Präsidenten darüber hinaus mit Vorschlägen, was er vom Kongress noch weiter verlangen sollte. Fünf Jahre später war dieser Bann gebrochen. Der Kongress verweigerte Roosevelts Second New Deal in weiten Teilen die Zustimmung. Aber der amerikanische Interventionsstaat war jetzt etabliert. Damit blieb auch die Erwartung an den Präsidenten, dem Kongress Entwürfe für die Gesetzgebung vorzulegen. Im Executive Office of the President entstand 1939 eine Präsidialbürokratie, die den Präsidenten als Chef der Exekutive und als Gesprächs- und Verhandlungspartner des Kongresses unterstützt. Sie wurde in den Folgejahren Stück für Stück ausgebaut.

Führungserwartung in der Außen- und Sicherheitspolitik

Der Zweite Weltkrieg konfrontierte die Präsidentschaft mit einer weiteren Führungserwartung. Aber nicht so sehr der letzte Weltkrieg als vielmehr der kurz nach seinem Ende entbrennende Kalte Krieg verfestigte die bereits innenpolitisch herausgehobene Position des Präsidenten. Die USA entschieden sich für ein dauerhaftes weltpolitisches Engagement und nahmen dafür die dauerhafte Unterhaltung eines personalstarken, technologisch aufwendigen und überaus kostspieligen Streitkräfteapparats in Kauf. In der Präsidialbehörde entstand mit dem Nationalen Sicherheitsrat eine für die Koordinierung und die Leitung der Außen- und Sicherheitspolitik bestimmte Einrichtung. In der Vergangenheit, so nach dem Bürgerkrieg und selbst nach dem Ersten Weltkrieg, hatten die USA ihre Truppen nach dem Ende der Feindseligkeiten in kürzester Zeit auf geringe Friedensstärken reduziert. Nach dem Zweiten Weltkrieg geschah dies nicht mehr. Die Kompliziertheit der nunmehr dauerhaften Streitkräfteplanungen und -ausrüstungen brachte die Erwartung mit sich, dass der Präsident dem Kongress entsprechende Vorschläge machte. Die Sensibilität militärischer Einsatzplanungen und Lageeinschätzungen legte darüber hinaus noch einen Schleier der Geheimhaltung über die Sicherheitspolitik. In der langen Zeit des Kalten Krieges wurde dem Präsidenten und dem politisch-militärischen Sicherheitsestablishment vieles zur Entscheidung überlassen, ohne dass sie die Öffentlichkeit einer Kongressdebatte hätten gewärtigen müssen. Dieser Hintergrund spielte beim Hineingezogenwerden der USA in den Vietnamkrieg (seit 1964) und dessen Auswachsen zu einem Südostasienkrieg eine Rolle, ferner bei geheimdienstlichen Operationen in der Dritten Welt und schließlich bei der Unterstützung für Diktatoren und Militärputsche mit antikommunistischer Zielsetzung. Die Präsidentschaft mutierte in den Worten des Historikers und Publizisten A. J. Schlesinger zu einer „Imperial Presidency" (1973), die sich der öffentlichen Kontrolle und Gegenmacht des Kongresses entzog.

Die Gegenreaktion des Kongresses setzte in den frühen 1970er Jahren ein. Zunächst verlangte der Kongress mit dem War Powers Act (1973) seine Zustimmung für Auslandseinsätze der Streitkräfte. Die Selbstbindung des Kongresses an ein neues Haushaltsbeschließungsverfahren ermöglicht es der Legislative seit 1974, dem Präsidenten als Verfasser des Haushaltsentwurfs Paroli zu bieten. Eine neue Generation von Kongressabgeordneten setzte 1975 das Senioritätsprinzip außer Kraft. Heute müssen sich die Präsidenten nicht mehr mit einem guten Dutzend mächtiger Ausschussvorsitzender in beiden Kongresskammern auseinandersetzen. Die Macht über die Gestaltung des Gesetzgebungsprozesses streut seither über eine schwer überschaubare Vielzahl von Abgeordneten und Senatoren. Die Mehrheitsbeschaffung im Kongress ist noch schwieriger geworden. Schlesingers „Imperial Presidency" gehört der Geschichte an. Das Pendel schlägt zu Gunsten des Kongresses zurück. Die Bundesgesetzgebung kommt aber weiterhin nicht ohne die Initiative und den Rückhalt eines im Rampenlicht der Öffentlichkeit stehenden Präsidenten aus.

Der Kongress behauptet seine Rolle als politischer Zentralakteur

3.3 Verfassung

Die Verfassung hat seit ihrer Annahme durch die vorgeschriebene Dreiviertelmehrheit der Gründerstaaten (1789) zahlreiche Veränderungen erfahren, zunächst in 27 Zusatzartikeln zum ursprünglichen Verfassungstext und ferner durch die Verfassungsinterpretation des Obersten Bundesgerichts der Vereinigten Staaten. Will man sich mit dem gegenwärtigen Stand der Verfassung vertraut machen, so empfiehlt es sich, die Verfassung von hinten zu lesen, d.h. zunächst bei den letzten Zusatzartikeln anzufangen und dann bis in den ursprünglichen Verfassungstext zurückzugehen. Im Unterschied zu anderen Verfassungen wird der ursprüngliche Wortlaut der Verfassung durch Verfassungsänderungen nicht verändert. Er wird nur mit jeder Ergänzung der Verfassung durch eine neue Bestimmung ersetzt. Diese Art der Verfassungsänderung hebt die Kontinuität des Dokuments hervor. Sie hat den Vorteil der Transparenz und führt dem Bürger gleichzeitig die Grundzüge der Verfassungsgeschichte vor Augen. Die Verfassung ist ein Schlüsselelement der politischen Folklore, ähnlich wie die Fahne (Stars und Stripes). Die wichtigsten Verfassungsergänzungen betreffen a) die ersten zehn Artikel (Amendments), die praktisch einen modernen Grundrechtekatalog (Bill of Rights) in die Verfassung einbauen, b) die Modifizierung des Wahlverfahrens für den Präsidenten und den Vizepräsidenten (Artikel 12) sowie die Amtsnachfolge des Präsidenten zwischen zwei Wahlperioden (Artikel 20, 22,

25), c) die Rechtsgleichheit aller Bürger der Vereinigten Staaten ungeachtet ihrer Herkunft und Hautfarbe (Artikel 14 und 15) und d) die direkte Wahl der Senatoren der Vereinigten Staaten (Artikel 17).

Die Ergänzung der Verfassung verlangt ein kompliziertes Prozedieren. Zwei Drittel beider Häuser des Kongresses und zwei Drittel der Staaten dürfen eine Verfassungsänderung verlangen. Zur Verabschiedung des Änderungsvorschlags sind wiederum Zweidrittelmehrheiten von Senat und Repräsentantenhaus gefordert und darüber hinaus die Zustimmung von drei Vierteln der Staaten, die durch Volksabstimmung oder durch einen eigens einberufenen Verfassungskonvention organisiert werden kann. Die meisten Änderungsbegehren enthalten eine Befristung. Ist der Prozess nicht binnen sieben Jahren beendet, gilt das Begehren als gescheitert.

3.4 Parlament und Regierung

3.4.1 Verfassungsrechtlicher Rahmen des Kongresses

Wahlsystem Die Abgeordneten des Kongresses werden nach dem System der relativen Mehrheit in Einperson-Wahlkreisen gewählt. Der Kongress der Vereinigten Staaten setzt sich heute aus 535 Mitgliedern zusammen, von denen 100 den Senat und weitere 435 das Repräsentantenhaus konstituieren. Die nationale Legislative der USA ist damit kleiner als die parlamentarischen Körperschaften der größeren europäischen Industrieländer. Dabei weisen die USA eine um mehr als das Dreieinhalbfache größere Bevölkerung auf als Deutschland. Die Senatoren und Abgeordneten des amerikanischen Kongresses repräsentieren also jeweils eine große Anzahl von Wählern. Sie sind auch mit einem wesentlich größeren Arbeitsaufwand konfrontiert als die Abgeordneten in anderen Regierungssystemen.

> US-Verfassung, Artikel 1, 1. Abschnitt: „Alle in dieser Verfassung verliehene gesetzgebende Gewalt liegt beim Kongress der Vereinigten Staaten, der aus einem Senat und einem Repräsentantenhaus besteht.
> Abschnitt 2: Das Repräsentantenhaus besteht aus Abgeordneten, die alle zwei Jahre in den Einzelstaaten vom Volk gewählt werden. Die Wähler in jedem Staat müssen den gleichen Bedingungen genügen, die für die Wähler der zahlenmäßig größten Kammer der Gesetzgebenden Körperschaft des Staates vorgeschrieben sind. (...)
> Abschnitt 3: Der Senat der Vereinigten Staaten besteht aus je zwei Senatoren aus jedem Staat, die von dessen Gesetzgebender Körperschaft auf sechs Jahre gewählt werden. Jedem Senator steht eine Stimme zu. (...)"

> 17. Zusatzartikel, 1913 in Kraft getreten:
> 1. Abschnitt: „Der Senat der Vereinigten Staaten besteht aus je zwei Senatoren aus jedem Staat, die von dessen Bevölkerung auf sechs Jahre gewählt werden. Jedem Senator steht eine Stimme zu. Die Wähler in jedem Staat müssen den gleichen Bedingungen genügen, die für die Wähler der zahlenmäßig stärksten Kammer der Gesetzgebenden Körperschaft des Staates vorgeschrieben sind. (...)"

Die Senatoren der Vereinigten Staaten – jeder Unionsstaat entsendet zwei Senatoren in den Kongress – werden von den Wählern ihres Staates gewählt. Anders ausgedrückt: Die Unionsstaaten bilden die Wahlkreise der amerikanischen Senatoren. Die Wahlkreise der 435 Repräsentantenhausabgeordneten müssen in Abständen neu abgesteckt werden. Die Legislativen der Unionsstaaten sind verpflichtet, auf der Grundlage der letzten Volkszählung die Anzahl der auf die Staaten entfallenden Mandate neu zu verteilen. Das Oberste Bundesgericht erlegt den Staaten die Verpflichtung auf, das Prinzip des „one man, one vote" zu beachten. Kein Kongresswahlkreis darf wesentlich größer sein als der andere. Nur bei den allerkleinsten Staaten ist die Mindestvertretung mit einem Mandat vorgeschrieben. Die Abgeordneten leben mit einem politischen Risiko, das kein Senator kennt: die Gefahr, einen angestammten Wahlkreis zu verlieren und sich in einem veränderten Wahlkreis auf eine andere Wählerschaft einstellen zu müssen. Die Abgeordneten stehen mit ihrer Mandatszeit von zwei Jahren praktisch im Dauerwahlkampf. Im Senat steht alle zwei Jahre lediglich ein Drittel der Senatoren zur Wahl an.

Im Senat variieren die Wahlkreise als Bezugsgrößen der gewählten Repräsentanten erheblich. Die beiden Senatoren des Staates New York und die des Staates Kalifornien vertreten große Staaten mit 19 bzw. 36 Millionen Einwohnern, die Senatoren von Nevada aber einen Staat, dessen Einwohnerzahl mit 2,5 Millionen kleiner ist als Großstädte wie New York, Chicago oder Los Angeles. Kleinere Staaten wie Alaska, Vermont oder Wyoming erreichen nicht mehr als 500-600.000 Einwohner (Stand 2006).

Beide Kammern des Kongresses sind im Gesetzgebungsverfahren vollständig gleichberechtigt. Jeder Senator und Abgeordnete (Repräsentant) darf Gesetzesvorlagen zur Beratung in die betreffende Kammer einbringen. Das Plenum des Senats und das Plenum des Repräsentantenhauses müssen Vorlagen im gleichen Wortlaut verabschieden, bevor sie dem Präsidenten zur Unterzeichnung vorgelegt werden. Verabschieden die Kammern abweichende Fassungen der Vorlage, so greift ein von den Geschäftsordnungen des Senats und des Repräsentantenhauses vorgeschriebenes Vermittlungsverfahren. Als Vermittler wird eine Konferenz (conference committee) tätig. Sie setzt sich ad hoc aus Vertretern der zuständigen Fachausschüsse des Repräsentantenhauses und des Senats zusammen. Kommt keine Einigung auf einen gemeinsamen Text zustande, ist die Vorlage gescheitert. | Zweikammersystem

Jedes Haus besitzt einige Sonderrechte: Allein der Senat hat das Recht, mit Zweidrittelmehrheit völkerrechtliche Verträge zu ratifizieren. Er muss den Vorschlägen des Präsidenten für die Ernennung hoher Beamter und für die Berufung Oberster Bundesrichter mit Mehrheit seiner Mitglieder zustimmen. Ausschließlich das Repräsentantenhaus darf Steuern und Ausgaben vorschlagen. Steuer- und Ausgabengesetze müssen wie andere Gesetze von beiden Kammern beschlossen werden, so dass der Senat in dieser Hinsicht dem Repräsentantenhaus praktisch doch wieder gleichgestellt ist.

3.4.2 Arbeitsweise des Kongresses

Ausschussparlament

Der Kongress ist als Ausschussparlament organisiert. Im Repräsentantenhaus gibt es 25 und im Senat 21 Ständige Fachausschüsse. Mit den Unterausschüssen und Gemeinsamen Ausschüssen beider Kammern beläuft sich die Gesamtzahl der Ausschussgremien auf über 200 (Stand 2010). Jede Gesetzesvorlage, die in einer Kammer eingebracht wird, muss zunächst von einem Ausschuss beraten werden. Bestimmt ein Ausschuss oder ein von diesem bestimmter Unterausschuss, dass die Vorlage keine weitere Beratung lohnt, so ist sie gescheitert. Nur dann, wenn der Ausschuss die Vorlage – zumeist nach langen Beratungen und erheblichen Änderungen – an das Plenum der betreffenden Kammer weiterleitet, entscheidet die Kammer abschließend über Annahme oder Ablehnung. Sämtliche Ausschüsse verfügen über große, qualifizierte Mitarbeiterapparate, und sie rekurrieren darüber hinaus auf die aufwändigen Hilfsdienste des Kongresses.

Jeder Abgeordnete oder Senator, der einen ernstgemeinten Gesetzgebungsvorschlag in den Kongress einbringt, muss sich zuvor eine grobe Vorstellung davon machen, wie dieser Vorschlag abzufassen ist, damit er zunächst vom zuständigen Ausschuss akzeptiert werden kann. Betreibt er seinen Vorschlag nicht nur symbolisch, wie es oft geschieht, um vor den Wählern ein gutes Bild zu machen, wird er vernünftigerweise den Kontakt zu einflussreichen Kollegen, zu wichtigen Ausschussmitgliedern und zu den Fraktionsführern suchen. Die Ausschüsse wahren ihre Reputation, indem sie aussichtslose Gesetzesvorschläge gar nicht erst aus dem Stadium der Ausschussberatungen hinausgelangen lassen. Die befürworteten Vorschläge haben in der Regel die reale Chance, im Plenum eine Mehrheit zu finden. Die Möglichkeiten der Ausschüsse, Mehrheiten für ihre Vorschlägen zustande zu bringen, sind allerdings begrenzt. Ausschüsse sind eben Fachgremien, in denen nach der Eigenart der zur Beratung anstehenden Sache entschieden wird. Allein die Ämter des Sprechers, des Mehrheitsführers und des Minderheitsführers im Repräsentantenhaus und die des Mehrheits- und Minderheitsführers im Senat existieren eigens zu dem Zweck, die parlamentarische Mehrheitsbildung zu managen.

Parlamentarisches Verfahren im Repräsentantenhaus

In der Arbeit des Repräsentantenhauses spielt der Geschäftsordnungsausschuss (Rules Committee) eine besondere Rolle. Würde im Plenum des Repräsentantenhauses jede Vorlage nach den komplizierten, zeitraubenden Regeln der Geschäftsordnung beraten, so wäre es außerstande, sein Gesetzgebungspensum in einem überschaubaren Zeitraum zu bewältigen. Deshalb weicht das Haus regelmäßig von seiner Geschäftsordnung ab, um Gesetzesvorlagen nach vereinfachten Regeln zu beraten. Diese maßgeschneiderten ad-hoc-Verfahren, die stets für nur eine bestimmte Vorlage gelten, erarbeitet der Geschäftsordnungsausschuss. Nicht selten empfiehlt dieser Ausschuss dem Plenum, sich mit einer Vorlage, die ein Fachausschuss ins Plenum bringen will, gar nicht erst zu befassen. Die Mehrheitsbank des Geschäftsordnungsausschusses wird mit Abgeordneten der Mehrheitsfraktion beschickt, deren Loyalität zum wichtigsten Repräsentanten der Mehrheitsfraktion, dem Repräsentantenhaussprecher, keinem Zweifel unterliegt. Abweichend von den Nominierungsregeln für die übrigen Fachausschüsse werden die Kandidaten der Mehrheitspartei für diesen Ausschuss vom Sprecher vorgeschlagen.

Die Detailberatungen über Gesetzesvorlagen führt das Haus – nach den Vorgaben des Geschäftsordnungsausschusses – als Committee of the Whole House (Hauptausschuss). In dieser Verfahrensform bleiben die Abgeordneten im Plenarsaal. Der Sprecher des Repräsentantenhauses überlässt die Verhandlungsführung vorübergehend einem Abgeordneten, in aller Regel dem Vorsitzenden des fachlich zuständigen Ausschusses.

Schaubild 5

Verfahrensgang einer Vorlage im Kongreß

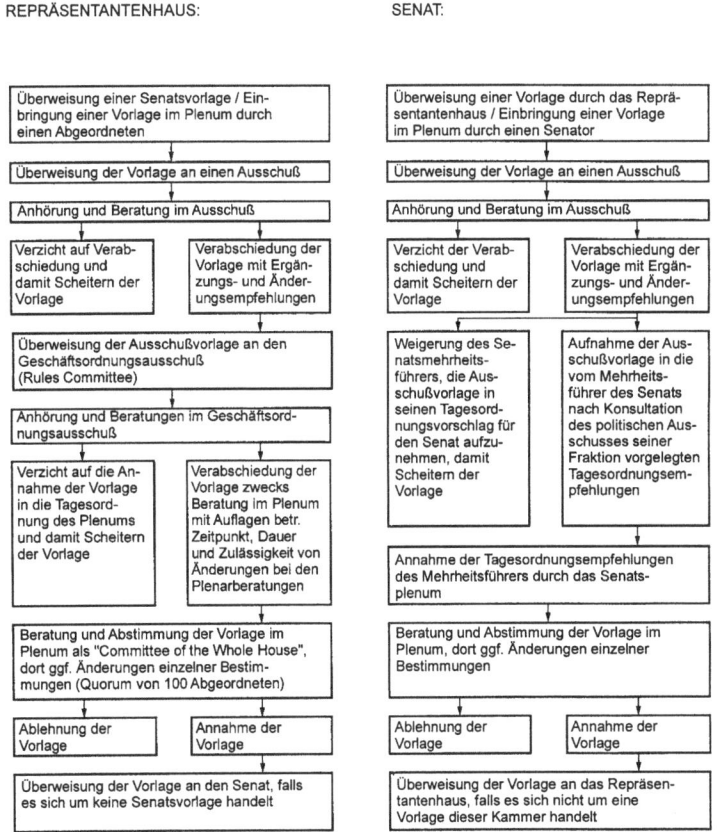

Als Committee of the Whole House darf das Repräsentantenhaus Änderungen einer Gesetzesvorlage schon bei Anwesenheit von lediglich 100 Abgeordneten beschließen. Das Plenum des Repräsentantenhauses behält allerdings sein Privileg, Gesetze endgültig zu beschließen. Es verliert seine Beschlussfähigkeit erst dann, wenn festgestellt wird, dass keine Mehrheit der gesetzlichen Mitglieder – 218 Abgeordnete – anwesend ist (siehe Schaubild 5).

Parlamentarisches Verfahren im Senat

Auch der Senat berät die Gesetzesvorlagen weitestgehend in Abweichung von einer komplizierten Geschäftsordnung. Anders als im Repräsentantenhaus wird das pragmatische Außerkraftsetzen der Geschäftsordnung nach dem Einstimmigkeitsprinzip beschlossen. Wäre nur ein Senator nicht einverstanden, verlöre der Senat seine Arbeitsfähigkeit. Deshalb waltet in Verfahrensfragen das Postulat enger Zusammenarbeit zwischen der Mehrheits- und der Minderheitsfraktion. Der Senat eröffnet jede Sitzung mit dem Vorschlag, die Geschäftsordnung zugunsten einer ad-hoc-Prozedur zu suspendieren, die zuvor mit der Minderheitsfraktion abgesprochen worden ist. Widerspricht nur ein einziger Senator, ist der Senat dazu verurteilt, nach den unhandlichen Geschäftsordnungsbestimmungen vorzugehen. Die erste Station des Gesetzgebungsprozesses ist – wie im Repräsentantenhaus – der zuständige Fachausschuss. Allerdings kennt der Senat kein dem Geschäftsordnungsausschuss des Repräsentantenhauses vergleichbares Gremium. Eine ähnliche Funktion hat jedoch der Führer der Mehrheitsfraktion des Senats. Er schlägt zu Beginn jeder Sitzung vor, die Geschäftsordnung zu suspendieren. Dem Fraktionsführer der Senatsmehrheit wird im weiteren Verfahren vom Sitzungsleiter unverzüglich das Wort erteilt – ältere Wortmeldungen stehen dann zurück. Auf diese Weise hat der Mehrheitsführer größeren Einfluss auf das Verfahren als gewöhnliche Senatoren. Dasselbe Privileg genießt auch der Minderheitsführer. Dies unterstreicht noch einmal die Bedeutung des Konsenses als Grundlage der Senatsprozeduren.

Eine weitere Besonderheit des Senats ist das verbürgte Recht jedes Senators auf unbegrenzte Redezeit. Lediglich Dreifünftel der gesetzlichen Mitglieder des Senats dürfen beschließen, einem Senator das Wort zu entziehen (bis 1975 galt noch ein Quorum von Zweidritteln). Das Privileg der unlimitierten Rede wurde in der Vergangenheit als sog. Filibuster von einzelnen Senatoren gebraucht, um Senatsbeschlüsse zu verzögern oder zu verhindern. Es bietet sich vor allem als Waffe einer Minderheit von Senatoren an, die einen sich abzeichnenden Mehrheitsbeschluss vereiteln wollen. Eine Dreifünftelmehrheit, die das Wort entzieht, kommt selten zustande: zum einen wegen der Stärke der Minderheitsfraktion, zum anderen auch deshalb, weil die meisten Senatoren das Recht der unbegrenzten Rede nicht entwertet wissen wollen. In aller Regel erzielt schon die Androhung des Filibusters die beabsichtigte Wirkung. Sie intensiviert die Suche nach Kompromisslösungen.

3.4.3 Kongressführer und Kongressmitglieder

Der Sprecher des Repräsentantenhauses als politischer Führer

Der Sprecher des Repräsentantenhauses ist Präsident dieser größeren Kammer des Kongresses. Auch in dieser Eigenschaft ist er der erste und wichtigste Repräsentant seiner Fraktion. Ihm steht der Mehrheitsführer des Repräsentantenhauses zur Seite, der – wie der Sprecher selbst – von der Mehrheitsfraktion gewählt wird. Beide zusammen bilden das Führungsteam des Repräsentantenhauses. Der Mehrheitsführer dirigiert die sog. Whips. Hier handelt es sich um Abgeordnete, die den Auftrag haben, die Stimmung unter den Fraktionskollegen zu erkunden und vor wichtigen Abstimmungen abzuzählen oder zu schätzen, welche Abgeordneten den Standpunkt der Fraktionsführung unterstützen.

Die Aufgaben dieses Führungsteams im Repräsentantenhaus haben sich in den letzten 25 Jahren stark verändert. Früher genügte es, wenn der Sprecher des Repräsentantenhauses ein Einvernehmen mit den Ausschussvorsitzenden und mit den informellen Meinungsführern unter den Abgeordneten erzielen konnte. Heute treten die Abgeordneten noch unabhängiger auf als in der Vergangenheit. Der Abgeordnetentypus, der gegenwärtig das Bild bestimmt, bietet schon Neulingen die Chance, sich zu profilieren. Viele Abgeordnete nehmen einen Unterausschuss als Startbasis für die Spezialisierung auf Politikfelder. Sie gestalten die Arbeit der Vollausschüsse merklich mit. Die vormals so überaus mächtigen Ausschussvorsitzenden haben seit der Abkehr vom Senioritätsprinzip ihre Macht verloren (siehe oben 3.2.7). Die Ausschussvorsitzenden achten seither stark auf die Meinung der Ausschussmitglieder, um das Risiko zu vermeiden, dass sie bei den nächsten Fraktionswahlen nicht erneut für den Ausschussvorsitz nominiert werden (Davidson 1994).

Dem Senat präsidiert offiziell der Vizepräsident der Vereinigten Staaten als Präsident des Senats. Allerdings nimmt der Vizepräsident diese Pflicht selten, meist bei zeremoniellen Anlässen, wahr. Seine Stelle nimmt in der Regel ein Senate President pro tempore ein: ein gewählter Senator, der formell die Verhandlungen des Senats leitet. Das Amt des Senate President pro tempore ist unbedeutend. Umso wichtiger ist der Mehrheitsführer des Senats, d.h. der Vorsitzende der Mehrheitsfraktion. Der Mehrheitsführer konzipiert mit seinem Stellvertreter, dem Majority Whip, und mit einem von seiner Fraktion gewählten Policy Committee die Gesetzgebungsstrategie der Senatsmehrheit. Doch der Senatsmehrheitsführer muss sich, ähnlich wie das Führungs-Team des Repräsentantenhauses, vielfach arrangieren. Die Senatoren sind von jeher unabhängige Gestalten.

Der Mehrheitsführer des Senats

Wenn hier von Senatoren und Abgeordneten die Rede ist, handelt es sich um eine Vereinfachung. Kein Kongressmitglied wäre in der Lage, seinen Verpflichtungen nachzukommen, wenn es keine erfahrenen, sachkundigen und motivierten Mitarbeiter hätte (Davidson/Oleszek 2000). Jeder Abgeordnete des Repräsentantenhauses und erst recht jeder Senator steht im Mittelpunkt einer kleinen Organisation (Prätorius 1997, 57). Die Vielfalt der Verpflichtungen – Termine, Zusammenkünfte mit Wählern, Lobbyisten und Beamten – zwingt jedem Kongressmitglied einen dichtgedrängten Zeitplan auf, der sorgfältiger Planung und Feinabstimmung bedarf. Derlei besorgen spezielle Mitarbeiter. Weitere Mitarbeiter sind für die Organisation des Kongressbüros verantwortlich, andere wieder für politische Themen (man denke an die Ausschüsse). Etliche andere pflegen hauptsächlich den Kontakt zum Wahlkreis. Eine Anzahl dieser Mitarbeiter wird aus Mitteln des Kongresses bezahlt. Falls das Kongressmitglied über größere Einkünfte verfügt, stellt es auf eigene Rechnung weitere Mitarbeiter ein. Zu den zahlreichen persönlichen Mitarbeitern kommen noch die Mitarbeiter der Ausschüsse hinzu. Sie sind eigens dafür abgestellt, Ausschusssitzungen vorzubereiten, Anhörungen zu planen, Sachverständige vorzuladen, Fragen zu über-

Mitarbeiterstäbe

legen und Kontakte zu Regierungsbeamten und Lobbyisten zu pflegen. Sie arbeiten zum größeren Teil nach den Anweisungen des betreffenden Ausschussvorsitzenden. Ein kleines Ausschussmitarbeiterkontingent ist für Dienstleistungen zu Gunsten der Minderheitsfraktionsmitglieder reserviert. Große Mitarbeiterstäbe besitzen auch die Fraktionsführer beider Kammern des Kongresses. Mit den persönlichen Mitarbeitern der Kongressmitglieder und der Ausschüsse und den Mitarbeitern in den Ämtern und Informationsdiensten des Kongresses (Haushaltsamt, Technologieberatung, Auskunfts- und Recherchendienst) kommt der Kongress an 20.000 Mitarbeiter heran. Die Kongressbibliothek, eine der beiden größten weltweit, ist dabei nicht einmal mitgezählt. Der Kongress besitzt also eine komplette politische Bürokratie, die ihn in die Lage versetzt, sich aus eigenen Quellen zu informieren und die Regierungsbehörden zu kontrollieren.

> Kongressgebäude: Das Kapitol beherbergt die Tagungsstätte des Kongresses in einem historischen Kuppelbau. In seinem Südflügel sind der Plenarsaal des Repräsentantenhauses und Büroräume für die wichtigsten Amtsträger dieser Kammer untergebracht. Im Nordflügel befinden sich Plenarsaal und Büroräume des Senats. Das Kapitol liegt auf einem Hügel. Deshalb wird der Kongress auch gern mit Capitol Hill umschrieben. Das Kapitolsgebäude wurde nach dem Ersten Weltkrieg zu klein, um den Büros für die Abgeordneten und Senatoren Platz zu bieten. Heute ist der Kapitolshügel mit zahlreichen Bürokomplexen für das Repräsentantenhaus und den Senat bebaut, die teilweise sogar durch Untergrundverkehrsmittel mit dem Kapitolsgebäude verbunden sind. Die Verwaltungshoheit auf dem Capitol Hill hat allein der Kongress, der zum Beispiel über eine eigene Polizei, ein Architektenbüro, einen Fuhrpark und eine Landschaftsgärtnerei verfügt.

Wahlkreispflege Die politische Existenz der Kongressmitglieder wurzelt in beinahe jeder Hinsicht in den Wahlkreisen. Senatoren und Abgeordnete werden nach dem Prinzip der relativen Mehrheitswahl in Einperson-Wahlkreisen gewählt (siehe Tabelle 7). Intensive Wahlkreispflege, und das heißt: gründliche Kenntnis und Einschätzung tragender gesellschaftlicher Interessen im Wahlkreis, sind entscheidende Voraussetzungen, um das Mandat zu behalten (Borchert/Copeland 1999). Die Wahlkreispflege kulminiert alle zwei Jahre (für Abgeordnete) und alle sechs Jahre (für Senatoren) in den Wahlkämpfen. Hier bedienen sich die länger amtierenden Kongressmitglieder eines informellen Netzes von Anhängern, Sympathisanten und einflussreichen Meinungsführern, um die Wählerschaft für sich zu mobilisieren und die erforderlichen Geldmittel für den Wahlkampf einzutreiben (Beispiele: Smith 1988). Die Chancen für die Wiederwahl dieser Mandatsträger stehen gemeinhin gut. Veränderungen in den Mehrheitsverhältnissen bewegen sich meist in einer Spanne weniger Mandate. In Abständen kommt es im Repräsentantenhaus zu größeren Verschiebungen im Umfang zwischen 40-60 Mandate, so etwa 1958, 1964, 1974 und 1994 (siehe Tabelle 8). Sie zeigen einen Stimmungswechsel in der Wählerschaft an und gehen zumeist mit einem Generationswechsel einher. Größere Schwankungen schlagen sich für gewisse Zeit in einer deutlich liberaleren oder konservativeren Politik nieder. Die Erfahrung zeigt indes, dass sich auffallende Zugewinne bald wieder abbauen.

Die im Allgemeinen recht große Stabilität der Mehrheitsverhältnisse ist zu einem beträchtlichen Teil das Ergebnis einer intensiven Wahlkreispflege (King

1998). Dabei gehen den Kongressmitgliedern einschlägige Mitarbeiter zur Hand. Sie beantworten die zahlreich eingehende Post der Wähler und sind den Wählern im Rahmen ihrer Möglichkeiten bei der Bewältigung persönlicher Probleme mit den Bundesbehörden behilflich. Diese Briefkasten- oder Sozialarbeiter-Rolle der Kongressmitglieder wird sehr ernst genommen. Ein Abgeordneter oder Senator erwirbt damit Reputation als ein sorgsam um die Nöte seiner Mitbürger bemühter Volksvertreter (Fiorina/Rohde 1994). Meinungsumfragen zeigen immer wieder, dass das Ansehen des Kongresses als Institution in der Öffentlichkeit nicht mehr sonderlich groß ist, dass die Wähler ihren eigenen Senator und Abgeordneten als Person aber durchaus schätzen.

Diese Differenz schlägt sich im Rollenverhalten der Kongressmitglieder nieder. Es lässt sich in Home style und Hill style unterscheiden (Fenno 2003, 1996). Der Home style entscheidet über die Wiederwahl. Er verlangt Volkstümlichkeit und engen Kontakt mit den Wählern. Der Hill style beinhaltet die kleinen und großen Kompromisse des politischen Alltags, aus denen parlamentarische Mehrheiten entstehen. Dazu gehört auch Expertise, die neben der Kunst des Verhandelns, Forderns und Nachgebens vonnöten ist, um von Lobbyisten und Regierungsbeamten nicht über den Tisch gezogen zu werden. Der Hill style, der für Laien undurchschaubare und unpopuläre Rollenaspekt des Kongressgeschehens erwirtschaftet überhaupt erst die politikinhaltlichen Ergebnisse, mit denen ein Abgeordneter für seine Wiederwahl werben kann. *(Home style und Hill style)*

Neben dem wahlkreisbezogenen Stab der Kongressmitglieder steht ein innerer Apparat, der für die Arbeit des Kongressmitglieds im Kongress bestimmt ist. Hier handelt es sich um Mitarbeiter, die es dem Kongressmitglied überhaupt erst ermöglichen, seinen Teil an der Arbeitslast des Kongresses zu übernehmen. Jedes Mitglied des Repräsentantenhauses ist Mitglied mehrerer Ausschüsse. Auf einen Senator entfallen wegen der kleineren Mitgliedschaft des Senats noch mehr Ausschussmitgliedschaften. *(Kongressmitglieder als Politikspezialisten)*

Das Renommee des Kongressmitglieds als Spezialist für einen Politikbereich bestimmt seinen Status unter den Kollegen. Es gibt ihm die Chance, an der Meinungsführerschaft auf diesem Gebiet zu partizipieren. Dies eröffnet ihm auf Gegenseitigkeitsbasis die Chance, ein Entgegenkommen anderer Kollegen einzufordern, deren Wahlkreise den Nutzen günstiger Entscheidungen kassieren (Fenno 1991).

Die Kongressmitglieder sind extrem von der Anzahl und der Qualität ihrer Mitarbeiter abhängig, die für sie Recherchen erledigen, Reden schreiben, Kontakte zu anderen Abgeordneten pflegen und sie bei verschiedenen Anlässen vertreten. Die Mitarbeiterstäbe variieren zwischen zehn und 70 Mitarbeitern. Die Ausstattung mit einem tüchtigen Stab ersetzt den Kongressmitgliedern selten eigene Fähigkeiten, obgleich gute Mitarbeiter viele Schwächen ihres Chefs ausgleichen können. Letztlich kommt es darauf an, wie ein Kongressmitglied seine Handlungsmöglichkeiten und die Interessen seines Wahlkreises abschätzt.

Tabelle 7: Mehrheitsverhältnisse im Kongress 1951-2002
(Anzahl der Mandate)

Kongresswahl	Repräsentantenhaus*		Senat*+	
	Demokraten	Republikaner	Demokraten	Republikaner
1950	235	199	49	47
1952	213	221	47	48
1954	232	203	48	47
1956	233	200	49	47
1958	282	154	64	34
1960	263	174	65	35
1962	258	176	67	33
1964	295	140	68	32
1966	247	187	64	36
1968	243	192	57	43
1970	255	180	55	45
1972	245	190	57	43
1974	290	145	62	38
1976	291	134	62	38
1978	292	143	61	38
1980	276	159	58	41
1982	269	166	54	46
1984	253	182	47	53
1986	257	177	55	45
1988	261	174	56	44
1990	267	167	56	44
1992	261	173	56	44
1994	204	230	47	53
1996	206	228	45	55
1998	210	223	45	55
2000	211	220	50	50
2002	205	229	48	51
2004	201	232	44	55
2006	202	232	44	55
2008	233	202	49	49

* Differenz zu 435 Unabhängige.   *** Differenz zu 100 Unabhängige.*

Außenbeobachtung des Abstimmungsverhaltens

Die Wähler und Parteianhänger verfolgen genau, wie sich ihr Kongressmitglied bei Abstimmungen verhält, insbesondere in Fragen, die den örtlichen Wählern unter den Nägeln brennen. Alle Gesetze von einiger Bedeutung werden von beiden Kammern in namentlicher Abstimmung verabschiedet. Die Interessengruppen und die lokale Presse registrieren sorgsam, wie sich ihr Abgeordneter oder Senator zu einer Frage äußert. Verfehlt ein Kongressmitglied mit seinem Votum häufiger die Wünsche seines Wahlkreises, so riskiert es, von einem Opponenten der Gegenpartei bei der nächsten Wahl abgelöst zu werden. Verfehlt der Abgeordnete/Senator insbesondere die Erwartungen seiner engeren Anhänger, so muss er gewärtigen, dass ihm in den nächsten Vorwahlen ein Gegenkandidat aus den Reihen der eigenen Partei entgegentritt. Der Wahlkreis ist die entscheidende Größe im Kalkül der Kongressmitglieder (Mayhew/Arnold 2004). Die Parteien in den Staaten und Kongresswahlkreisen bestehen lediglich aus einem lockeren Kreis von Anhängern, die im Wahlkampf freiwillig Leistungen für den Kandidaten erbringen. (Zum Verhältnis von Partei und Kongressmitgliedern: Helms 1997b, Herrnson 1995.) Organisierte Wahlkreisparteien existieren nicht.

Tabelle 8: Veränderung der Mehrheitsverhältnisse im Kongress
(in Mandatsgewinn oder -verlust für die Demokraten)

Kongresswahl	Repräsentantenhaus	Senat
1950	-28	-5
1952	-22	-2
1954	+19	+1
1956	+1	+1
1958	+49	+15
1960	-19	+1
1962	-5	+2
1964	+37	+1
1966	-48	-4
1968	-4	-7
1970	+12	-2
1972	-10	+2
1974	+45	+5
1976	+1	0
1978	+1	0
1980	-16	-3
1982	-7	-4
1984	-16	-7
1986	-6	+8
1988	+4	+1
1990	+6	0
1992	-6	0
1994	-57	-9
1996	+2	-2
1998	+4	0
2000	+1	-5
2002	-6	-2
2004	-4	-4
2006	+1	0
2008	+31	+5

Das Image des guten Wahlkreisvertreters in Washington verschafft dem Abgeordneten soviel Freiraum, dass er bei einer Abstimmung auch einmal anders votieren kann, als es der Stimmung im Wahlkreis entspricht. Gute Wahlkreisarbeit und -präsenz bauen einen Vertrauensvorschuss auf, von dem langjährige Kongressmitglieder zehren. Als geschätzten Lokalmatadoren wird ihnen einiges nachgesehen. Sie müssen nicht gleich um ihre Wiederwahl fürchten, wenn sie einige Wähler verprellen. Abgeordnete, die mit lediglich knappen Mehrheiten gewählt worden sind, können es sich nicht leisten, sich von den Erwartungen ihrer Wähler zu entfernen.

Wie die Kongressmitglieder votieren, hängt auch davon ab, bei wem sie sich informieren, d.h. wer ihnen Anhaltspunkte für ihr Votum bietet. Hier liegt die Bedeutung der Fraktionen und der Meinungsgruppen in den Fraktionen. Liberale und konservativere Demokraten sowie Hardliner und Gemäßigte bei den Republikanern diskutieren in solchen Gruppierungen. Daneben gibt es Vereinigungen der weiblichen Kongressabgeordneten, der afroamerikanischen Abgeordneten und der Abgeordneten aus bestimmten Regionen (Schreyer 1998).

Abstimmungsdiszi-plin in Personalfragen

Bei vielen kontroversen Abstimmungen finden sich Vertreter beider Parteien auf der Seite der Befürworter und Gegner. Wenn dennoch die Mehrheit der Demokraten und die Mehrheit der Republikaner meist unterschiedliche Positionen vertreten, liegt dies weniger in gemeinsamer Weltanschauung begründet als vielmehr in der Tatsache, dass die meisten Demokraten und Republikaner mehr Kontakt untereinander halten als jeweils mit Vertretern der anderen Fraktion. Die Demokratische Repräsentantenhausfraktion heißt traditionell Caucus. Die Republikaner im Repräsentantenhaus und beide Parteien im Senat nennen sich Conference. Beim Zusammentreten eines neu gewählten Kongresses entscheiden die Fraktionen über die Nominierung für Ausschussmitgliedschaften und Fraktionsämter. Die Nominierung wird anschließend von der Mehrheitspartei im Plenum bestätigt. Lediglich bei diesen Personalabstimmungen votieren die Fraktionen in strikter Disziplin.

3.4.4   Rahmen der Kongressarbeit: Regierung und Lobbyisten

Haushalts-abhängigkeit der Regierungsarbeit

Zu den wichtigsten Akteuren im Umfeld des Kongresses gehören der Präsident der Vereinigten Staaten und die politischen Chefs der Bundesverwaltung in Washington. Die Verwaltungsbehörden inspirieren Gesetzentwürfe, die den Großteil der Beratungstätigkeit des Kongresses beanspruchen. Die Organisationsgewalt für die amerikanische Bundesregierung liegt nicht beim Präsidenten, sondern beim Kongress. Zwar hat der Kongress diese Befugnis mit zeitlich begrenztem Mandat an den Präsidenten delegiert. Aber er behält sich das Recht vor, diese Delegation rückgängig zu machen. Faktisch ist jede Verwaltungsbehörde vom riesigen Department (etwa bedeutungsgleich mit einem Ministerium in Europa) bis hin zur kleinen Abteilung innerhalb eines Departments vom Wohlwollen des Kongresses abhängig.

Der Kongress genehmigt den Haushalt für sämtliche Zweige der Bundesexekutive. Die Fachausschüsse des Kongresses haben es daher in der Hand, den Stellenbestand einer Behörde oder einer Abteilung innerhalb der Behörde herauf- oder herabzusetzen und die Bewilligung des Fachbudgets von Auflagen abhängig zu machen. Jede Behörde ist gut beraten, wenn sie den Kontakt zum Kongress, insbesondere zu den für sie zuständigen Kongressausschüssen pflegt (Chubb/ Peterson 1989).

Die vom Präsidenten ernannten Behördenchefs kommen und gehen, der Kongress bleibt (Fiorina 1989). Es liegt daher im wohlverstandenen Interesse vieler Karrierebeamter, die unabhängig von den Mehrheitsverhältnissen in den Behörden verweilen, dass sie ein gutes Verhältnis zum Kongress pflegen. Das Motiv der Bestandswahrung liegt dabei auf der Hand. Die Behörden in ihrer Gesamtheit arbeiten gelegentlich in eine andere Richtung als die einigen Tausend lediglich auf Zeit amtierenden Beamten, die ihre Position dem amtierenden Präsidenten verdanken.

Schaubild 6

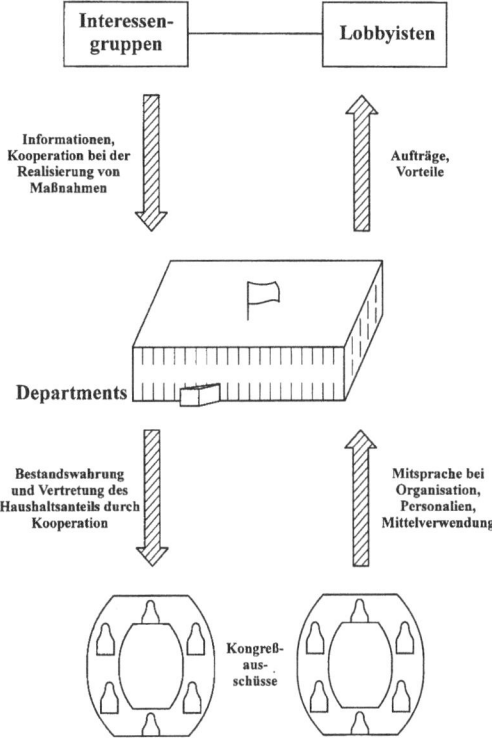

In der politischen Szene Washingtons agieren einige Tausend (im Jahr 2007 geschätzte 17.000) sog. Lobbyisten. Die offizielle Berufsbezeichnung dieser Leute lautet in der Regel „Washington representative" des Verbandes X oder der Firma Y oder des Bürgervereins Z. Wichtiger als die Bezeichnung ist die Tätigkeit, die ein Lobbyist ausübt. Lobbyisten sind in Washington Vertreter eines akzeptierten Berufsstandes. Sie sind nicht etwa, wie es früher enthüllungsjournalistisch aufgezogene Werke behaupteten, eine politische Plage, sondern eine politische Notwendigkeit. Die Lobbyisten sind ebenso auf den Kongress angewiesen, wie der Kongress auf die Lobbyisten. Zweifellos werden alle Lobbyisten dafür bezahlt, dass sie die Interessen ihres Verbandes und ihrer Firma möglichst vorteilhaft zur Geltung bringen. Daraus wird allgemein kein Hehl gemacht. Neben ihrer Tätigkeit als Anwälte für Interessen sind die Lobbyisten unverzichtbare Informationsquellen für den Kongress, insbesondere für die Kongressausschüsse (siehe Schaubild 6). Die Kenntnisse und Erfahrungen, die in Unternehmen, Organisationen und Vereinigungen beheimatet sind, übertreffen alles, was dem Kongress und der Administration an kompetentem Rat zur Verfügung steht. Ein Kongressausschuss, der sich ein Bild von den wahrscheinlichen Folgen seiner

Doppelrolle der Lobbyisten als Interessenanwälte und Informationsquelle

Entscheidungen verschaffen muss, tut gut daran, die Einschätzung der Betroffenen kennenzulernen.

> Die Geographie des Regierungsbetriebs: Die Wege in der amerikanischen Bundeshauptstadt sind für die Betreiber des Regierungsgeschäfts recht kurz. Regierungsbehörden, Anwaltskanzleien und Lobbyisten-Büros ballen sich auf dichtem Raum. Die K-Street in der kleinen Washingtoner Innenstadt ist die wichtigste Meile für Firmendependancen und professionelle Mittler zwischen privaten Interessenten und Regierungsdienststellen. Auf beiden Seiten der Pennsylvania Avenue, die sich zwischen Weißem Haus und Kapitol erstreckt, und südlich davon liegen die meisten Departments. Die Entfernung zwischen Innenstadt und Regierungsareal beträgt einige Minuten mit dem Taxi. Nachgelagerte Regierungsbehörden erstrecken sich bis ins Grenzgebiet der benachbarten Staaten Maryland und vor allem Virginia, wo sich mit dem Verteidigungsministerium (Pentagon) und dem Nachrichtendienst (CIA) auch bedeutsame und personalstarke Einrichtungen der Bundesregierung mit ihrem Hauptsitz befinden.

> Für die Masse der Bundesbediensteten wie auch die Vertreter des Einflussgewerbes ist Washington, D.C. lediglich der Arbeitsplatz. Sie wohnen in den Vororten Washingtons auf dem Staatsgebiet von Virginia und Maryland, ein Teil auch im nordwestlichen Stadtbezirk der Hauptstadt, wo es noch gutsituierte Wohnviertel gibt. Die übrigen Hauptstadtbezirke, beginnend gleich hinter dem Capitol Hill, beherbergen Slums mit verfallender Bausubstanz, hoher Kriminalität und einer exorbitanten Arbeitslosenpopulation, wie man sie auch in unmittelbarer Nachbarschaft zu den Geschäfts- und Bürozentren anderer amerikanischer Metropolen, z.B. Chicago oder Philadelphia, antrifft.

Das Dilemma des Lobbyismus steckt ganz allgemein, nicht nur in den USA, in der Verquickung von Vorteilssuche und objektiver Informationsgebung. Nicht nur der Kongress, auch die Bürokratie pflegt intensiven Umgang mit Lobbyisten. Nur ist der Kongress für die Lobbyisten vermutlich der wichtigere Adressat. Die Legislative besitzt im politischen System der USA wirkliche Autonomie. Sie greift die Gesetzgebungsvorschläge der Administration nicht selbstverständlich und schon gar nicht in der vorgeschlagenen Weise auf. Schließlich bringt sie eigene Vorstellungen ein. Im „eisernen Dreieck" von Kongressausschüssen, Interessengruppen und Bürokratie spielt sich ein Großteil des Alltagsregierens ab, das vom Präsidenten und den politischen Beamten nur schwer beeinflusst werden kann.

3.4.5 Präsident als Inhaber der Exekutive

Der Präsident im
Gesetzgebungs-
verfahren

Der Präsident vereinigt in seiner Person die Ämter des Regierungschefs und des Staatsoberhauptes (Hartmann/Kempf 2011). Er darf kein anderes politisches Amt bekleiden. Er hat für die Ausführung der Gesetze Sorge zu tragen und übt den Oberbefehl über die Streitkräfte aus. Er ernennt die Beamten des Bundes und die Obersten Richter vorbehaltlich der Zustimmung des Senats. Jedes vom Kongress verabschiedete Gesetz bedarf der förmlichen Zustimmung des Präsidenten (siehe Schaubild 7). Die Zustimmung kann der Präsident ausdrücklich durch seine Unterschrift bekunden. Widerspricht der Präsident dem Gesetzesbeschluss des

Kongresses, kann dieser Beschluss nicht in Kraft treten. Sein Veto lässt sich nur durch die förmliche Bestätigung des Gesetzesbeschlusses mit einer Zweidrittel-mehrheit beider Häuser des Kongresses außer Kraft setzen. Das gelingt selten. Für das Veto hat der Präsident eine Frist von zehn Tagen (ohne Sonn- und Feier-tage). Vertagt sich der Kongress innerhalb dieser Frist, ist er also als Adressat des Vetos nicht mehr erreichbar, dann greift das Veto auch ohne schriftliche Ablehnung (Pocket veto). Der Präsident kann mit den Händen in den Hosenta-schen zusehen, wie der Beschluss erlischt.

US-Verfassung, Artikel 2, 2. Abschnitt: „Der Präsident ist Oberbefehlshaber der Armee und der Flotte der Vereinigten Staaten und der Miliz der Staaten, wenn diese zur aktiven Dienstleistung für die Vereinigten Staaten aufgerufen wird; er kann von den Leitern der Departments der Bundesregierung schriftliche Stellungnahmen zu Angelegenheiten aus dem betreffenden Bereich verlangen, und er hat, außer in Fäl-len der Amtsanklage (Impeachment), das Recht, Strafaufschub und Begnadigung für Straftaten gegen die Vereinigten Staaten zu gewähren. Er hat das Recht, auf Anraten und mit Zustimmung des Senats Botschafter, Gesandte und Konsuln, die Richter des Obersten Bundesgerichts und alle sonstigen Beamten der Vereinigten Staaten zu er-nennen; aber der Kongress kann nach Ermessen die Ernennung der Beamten durch ein Gesetz allein dem Präsidenten, den Gerichten oder den Leitern der Bundesbe-hörden übertragen".

Schaubild 7

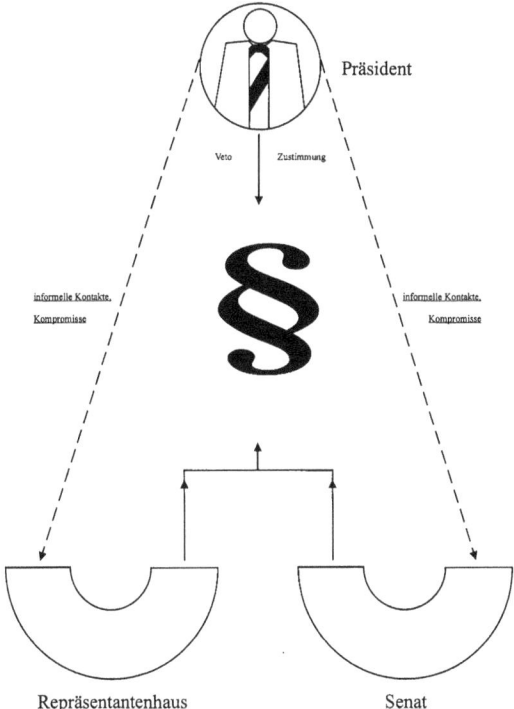

Impeachment Der Präsident ist dem Kongress für sein Handeln nicht verantwortlich. Begeht er eine Straftat oder missbraucht er sein Mandat, darf er im Wege der Amtsklage (Impeachment) aus dem Amt entfernt werden:

Das Repräsentantenhaus erhebt in diesem Fall mit der Mehrheit seiner Mitglieder Anklage. Der Senat entscheidet darüber unter Vorsitz des Obersten Bundesrichters. Ein Schuldspruch verlangt die Zweidrittelmehrheit und hat lediglich die Amtsentfernung zur Folge. Die Amtsanklage gegen einen Präsidenten wurde erst zweimal angestrengt. Dies geschah zum ersten Mal im Jahr 1867 gegen Präsident Andrew Johnson. Sie blieb im Senat erfolglos, allerdings knapp, mit lediglich einer fehlenden Stimme. Präsident Richard Nixon kam 1974 einer drohenden Amtsanklage mit seinem Rücktritt zuvor. Gegen Präsident Bill Clinton kam im Dezember 1998 ein Impeachment in Gang. Es scheiterte im Februar 1999 deutlich unterhalb des erforderlichen Quorums.

3.4.6 Wahl und Nominierung des Präsidenten

Amtszeitbegrenzung Seit einer erstmals für die Präsidentschaftswahl von 1952 geltenden Verfassungsänderung darf der Präsident nur einmal in Folge wiedergewählt werden. Alle vorausgehenden Präsidenten bis auf Franklin D. Roosevelt (Präsident seit 1933) waren dem Vorbild des ersten Präsidenten, George Washington, gefolgt. Sie verzichteten auf eine dritte Kandidatur. Unter den belastenden Umständen des drohenden Hineingezogenwerdens in den Zweiten Weltkrieg und in den Jahren der amerikanischen Kriegsbeteiligung kandidierte der überaus populäre F.D. Roosevelt historisch beispiellos mit Erfolg für eine dritte und noch einmal für eine vierte Amtszeit (1940, 1944). Einer Wiederholung dieses Beispiels wollte eine konservative Kongressmehrheit mit der Verfassungsänderung ein für allemal den Riegel vorschieben.

Wahlverfahren Das Wahlverfahren für den Präsidenten ist kompliziert. Der Präsident wird – technisch betrachtet – nicht direkt von den wahlberechtigten amerikanischen Bürgern gewählt, sondern indirekt von einer Delegiertenversammlung: dem Wahlmännerkollegium. Dieses besteht aus 538 Delegierten aus allen 50 Staaten der Union und aus drei Delegierten für die Bundeshauptstadt. Das Delegiertenkontingent der einzelnen Staaten berechnet sich gemäß Artikel 2 der Verfassung nach der Gesamtzahl der Senatoren und Abgeordneten des betreffenden Staates (siehe Tabellen 9 und 10). Zur Erinnerung: Jeder Staat ist im Senat mit zwei Senatoren vertreten, auch den Staaten mit sehr geringer Bevölkerung steht mindestens ein Abgeordneter im Repräsentantenhaus zu. Diese Verfassungsregularien steigern das relative Gewicht der kleineren Staaten im Kongress und damit auch im Wahlmännerkollegium. Daraus kann sich die Situation ergeben, dass ein Präsidentschaftskandidat zwar die Mehrheit im Wahlmännerkollegium gewinnt, aber die Mehrheit in der Wählerschaft verfehlt. Genau diese Situation trat in den Präsidentschaftswahlen des Jahres 2000 ein: Der Republikaner George W. Bush gewann knapp im Wahlmännerkollegium, sein unterlegener Konkurrent, der Demokrat Al Gore, hingegen eine hauchdünne Mehrheit im Elektorat.

Die Institution des Wahlmännerkollegiums erklärt sich aus dem Novum, das die Verfassungsväter des Philadelphia-Konvents 1787 berieten: die Wahl eines auf Zeit amtierenden Staatsoberhauptes. Demokratische Verfassungen, wie wir sie heute kennen, gab es damals nicht. Auch die amerikanische Verfassung sollte noch nicht demokratisch sein. Sie wollte die Bürger zwar an der Wahl des Präsidenten beteiligen. Gleichzeitig wollte sie aber verhindern, dass dem amerikanischen Volk im Präsidenten ein cäsaristischer Volkstribun erwuchs, der möglicherweise – gestützt auf seine Popularität bei den Wählern – das Machtgleichgewicht zwischen Legislative und Exekutive zu seinen Gunsten hätte verändern können. Die von den Bürgern gewählten Elektoren (Wahlmänner) waren als Filterstation gedacht, um die zur Wahl stehenden Kandidaten darauf zu prüfen, ob sie eine Amtsführung im Geiste der Verfassung erwarten ließen.

Die schrittweise Demokratisierung der amerikanischen Union minderte den Stellenwert des Wahlmännerkollegiums bereits in der ersten Hälfte des 19. Jahrhunderts herab. Mit dem Aufkommen politischer Parteien wurden die von den Bürgern der Staaten gewählten Wahlmänner gesetzlich verpflichtet, ihre Stimmen für denjenigen Kandidaten abzugeben, auf den die Mehrheit der Wählerstimmen ihres Staates entfällt. Dies ist auch heute noch die Rechtslage. Faktisch wurden die Wahlmänner damit zu blinden Werkzeugen der relativen Wählermehrheit im betreffenden Staat. Deshalb entspricht der Wahlvorgang seit langem tatsächlich einer direkten Volkswahl (Wasser 1998).

Nur in einer Hinsicht steht das Wahlmännerkollegium der Volkswahl im Wege. Falls ein Präsidentschaftskandidat durch das Auftreten populärer dritter Kandidaten die absolute Mehrheit im Wahlmännerkollegium verfehlt, wird die Wahl des Präsidenten im Repräsentantenhaus erforderlich. Dort hat dann jeder Staat – ungeachtet der Anzahl seiner Abgeordneten – nur noch eine Stimme. Diese Verfassungsbestimmung wurde seit 1824 schon nicht mehr in Anspruch genommen. Sie hinterlässt aber bis heute Spuren. Die beiden großen Parteien bemühen sich, ein breites Spektrum von Interessen und Wählergruppen zu integrieren. Nur so lässt sich verhindern, dass sich die Wähler dem Präsidentschaftskandidaten einer neu auftretenden dritten Partei zuwenden. Unter ungünstigen Umständen könnte ein zugkräftiger dritter Kandidat die Wahl auch heute noch ins Repräsentantenhaus verlagern. Dieser Vorgang würde von der überwiegenden Mehrheit aller Amerikaner nicht mehr verstanden.

Die Kandidaten dritter Parteien verfolgen mit ihrer Kandidatur meist nicht die Absicht, die eingefahrenen Gewohnheiten der Präsidentschaftswahl aus den Angeln zu heben (Abramson 1995). Sie wollen die größeren Parteien zwingen, stärker auf die Sorgen von Wählern Rücksicht zu nehmen, die ihre Interessen in der Politik nicht vertreten sehen. Das jüngste Beispiel eines erfolgreichen dritten Kandidaten bot 1992 der Milliardär Ross Perot. Die Eventualität des Versagens der üblichen Wahlmethode hat in der jüngeren Vergangenheit verschiedentlich dazu geführt, über eine Reform des Präsidentenwahlverfahrens nachzudenken. Über Diskussionen kam diese Idee nie hinaus. Sie erschien auch nie sehr dringend, weil stets eine bequeme absolute Mehrheit im Wahlmännerkollegium zustande gekommen ist.

Tabelle 9: Wählerstimmenanteile der Präsidentschaftskandidaten 1948-2010
(Urwählerstimmen in v.H.)

	Demokraten	Republikaner	Unabhängige/ Kandidaten Dritter Parteien
1948	49,6 (Truman)	45,1 (Dewey)	5 (Thurmond u. H. Wallace)
1952	44,4 (Stevenson)	55,1 (Eisenhower)	
1956	42,0 (Stevenson)	57,4 (Eisenhower)	
1960	49,7 (Kennedy)	49,5 (Nixon)	
1964	61,1 (Johnson)	38,5 (Goldwater)	
1968	42,7 (Humphrey)	43,4 (Nixon)	14 (G. Wallace)
1972	37,5 (McGovern)	60,7 (Nixon)	
1976	50,1 (Carter)	48,0 (Ford)	
1980	41,0 (Carter)	50,7 (Reagan)	6,0 (Anderson)
1984	41,6 (Carter)	58,8 (Reagan)	
1988	45,6 (Dukakis)	53,4 (Bush)	
1992	43,0 (Clinton)	37,4 (Bush)	18,9 (Perot)
1996	49,9 (Clinton)	41,5 (Dole)	8,6 (Perot)
2000	48,4 (Gore)	47,9 (Bush)	2,7 (Nader)
2004	48,0 (Kerry)	51,0 (Bush)	
2008	52,9 (Obama)	45,7 (McCain)	

Vizepräsident   Der Vizepräsident der Vereinigten Staaten wird vom Wahlmännerkollegium nach dem gleichen Verfahren gewählt wie der Präsident selbst. Er steht ohne Aufgaben im Schatten des Präsidenten, solange dem Präsidenten nichts zustößt. Dennoch war die Person des Vizepräsidenten oft von großer Bedeutung. Einige Präsidenten fielen Attentaten zum Opfer, andere litten unter schweren, lebensbedrohenden Krankheiten. Der Kandidat für das Amt des Vizepräsidenten wird vom Präsidentschaftskandidaten auf dem Nominierungskonvent (Parteitag) vorgeschlagen. Mit diesem Personalvorschlag werden hin und wieder die Verlierer der innerparteilichen Vorentscheidungen (Vorwahlen) entschädigt. Sie sollen auf diesem Wege motiviert werden, sich im Hauptwahlkampf für den Präsidentschaftskandidaten zu engagieren. Dieses Kalkül brachte in der Vergangenheit des Öfteren Teams hervor, die von den Persönlichkeiten her nicht sonderlich harmonierten.

Ein Vizepräsident erlangt durch sein Amt im günstigen Fall größere Bekanntheit und damit einen möglichen Vorteil bei einer späteren Präsidentschaftskandidatur. Im Übrigen kann das Amt bislang renommierte Politiker allein durch die erzwungene Untätigkeit verschleißen. Politische Entscheidungen treffen ausschließlich der Präsident und seine Mitarbeiter. Die Unpopularität einer Administration verschont auch den Vizepräsidenten nicht.

Tabelle 10: Differenz zwischen Wählerstimmen und Wahlmännerstimmen im
Wahlmännerkollegium 1984-2010

	Wahlmännerstimmen in v.H. (in Klammern Anzahl)		Differenz zu den Urwählerstimmen in v.H.	
	Demokrat	Republikaner	Demokrat	Republikaner
1984	Mondale 13,3 (72)	Reagan 86,6 (466)	Mondale 27,3	Reagan +27,8
1988	Dukakis 20,8 (112)	Bush 79,1 (426)	Dukakis −24,8	Bush +25,7
1992	Clinton 68,7 (370)	Bush 31,2 (168)	Clinton +25,7	Bush -3,5
1996	Clinton 70,4 (379)	Dole 29,5 (159)	Clinton +20,5	Dole -12,0
2000	Gore 49,5 (266)	Bush Jr. 50,5 (271)	Gore -1,1	Bush Jr. +2,6
2004	Kerry 48,0 (252)	Bush Jr. 51,0 (286)	Kerry -1,4	Bush Jr. +2,1
2008	Obama 52,9 (365)	McCain 45,7 (173)	Obama +14,9	McCain -13,5

Eine seit 1967 geltende Verfassungsänderung sieht vor, dass beide Häuser des Kongresses den Vizepräsidenten wählen müssen, wenn dieser vorzeitig aus dem Amt scheidet. Bereits 1973 wurde diese Verfassungsergänzung aktuell, als der durch Skandale kompromittierte Vizepräsident Spiro Agnew freiwillig zurücktrat. Als der vom Kongress gewählte Vizepräsident Gerald R. Ford nach dem Rücktritt Präsident Richard Nixons 1974 auch noch Präsident wurde, wurde Nelson A. Rockefeller als Vizepräsident nachgewählt. Der damals in beiden Kammern von den Demokraten kontrollierte Kongress bewies mit seiner Wahl Republikanischer Politiker, dass er die Parteientscheidung der Wähler im Jahr 1972 respektierte. Trotz der ungewöhnlichen Umstände erlitt das Präsidentenamt keine Schwächung. Hätte es dazu noch eines Beweises bedurft, so lieferte ihn Präsident Ford (1974-77). Er focht die Konflikte mit dem Kongress um nichts weniger entschieden aus als sein Vorgänger und fuhr dabei häufig das grobe Geschütz des Vetos auf.

Nachwahl des Vizepräsidenten

Die Präsidentschaftskandidaten werden von den Delegierten der National-konvente beider Parteien gewählt. Bevor ein Präsidentschaftskandidat überhaupt so weit kommt, muss er einen mühsamen Ausleseprozess durchstehen. Heute entscheidet sich die Nominierung der Präsidentschaftskandidaten in den Vorwahlen und Konventsentscheidungen auf einzelstaatlicher Ebene. Alle bevölke-rungsreicheren Staaten praktizieren Präsidentschaftsvorwahlen. An diesen Vorwahlen dürfen sich alle Wahlberechtigten beteiligen, die sich eidesstattlich als Anhänger bzw. Wähler einer Partei bekennen. Die Erklärung berechtigt dazu, eine Auswahl zwischen den Bewerbern dieser Partei zu treffen. Bereits 1972 waren über die Hälfte der Delegierten des Demokratischen Nationalkonvents auf der Grundlage der Vorwahlen-Ergebnisse ausgewählt worden, 1980 waren es über 80 Prozent. Die Republikanische Partei hielt Anschluss an diese Entwicklung. Später wandten sich einige Staaten wieder von der Vorwahl ab. Die wichtigen, trendsetzenden Staaten behielten die Vorwahlen jedoch bei. In der Vor-

Vorwahlen für die Präsidentschafts-kandidaten

wahl tun die Anhänger einer Partei durch das Votum für einen Kandidaten kund, wen die Delegierten ihres Staates nominieren sollen. Auf die unterschiedlichen Regeln soll hier nicht näher eingegangen werden. Die Angabe der Kandidatenpräferenz bindet in einigen Staaten die Delegierten rechtsverbindlich, in anderen Staaten dient sie lediglich dazu, die Delegierten zu „informieren". In der Praxis dürfte beides keinen Unterschied machen. Ob und wie Vorwahlen durchgeführt werden, bestimmt sich nach dem Recht der Staaten und der Parteien in den Staaten. Die organisatorisch schwachen Bundesparteien haben dabei keine Mitsprache (Beck/Hershley 2001).

Einige Zentralereignisse strukturieren den Nominierungsprozess. Zunächst handelt es sich um die Vorwahlen im winzigen Neuengland-Staat New Hampshire, wo ganz zu Beginn des Präsidentenwahljahres traditionell die ersten Vorwahlen stattfinden. Sie werden von den Medien als erster bedeutender Stimmungstest gehandelt. Dann folgen kurz darauf die Delegiertenwahlen im mittelwestlichen Staat Iowa. Da dieser Staat auf Vorwahlen verzichtet, gilt hier das Votum als Fingerzeig für die Stimmung unter den Parteimitgliedern.

Super Tuesday — Seit 1984 sind viele Staaten dazu übergegangen, die Präsidentenwahlen auf denselben Termin zu legen. Das Resultat ist der Super Tuesday. An ihm haben immer mehr Staaten Gefallen gefunden. Der letzte Super Tuesday im Wahljahr 2008 beteiligte 24 Staaten. Seine Ergebnisse prädestinierten bereits die künftigen Kandidaten. Mit der ersten Märzhälfte bürgerte sich nach 1988 ein früher Termin dafür ein. Im Wahljahr 2008 wurde der Termin sogar auf Anfang Februar vorgezogen. Der frühere Termin hat den Vorteil, dass die aussichtsreichen Kandidaten nach diesem Großereignis bereits feststehen. Sie können sich damit bereits auf die eigentliche Wahl konzentrieren, während die förmliche Nominierung durch die Parteikonvente, die auf den Spätsommer terminiert ist, noch aussteht.

Offiziell treten die Parteien im Wahlkampf auf, sobald ein gemeinsamer Präsidentschaftskandidat feststeht. Die Vorwahlen haben den Auswahlprozess praktisch privatisiert. Kandidaten treten mit ihren eigenen Organisationen in die Vorwahlkämpfe ein. Werden sie nominiert, so behalten sie ihr bewährtes Vorwahlen-Management und die für die Vorwahlen aufgebaute Organisation bei, um damit auch den offiziellen Wahlkampf ihrer Partei zu führen. Der offizielle Parteiapparat erscheint nach der Nominierung eines Kandidaten zwar auf der Bildfläche, vor allem mit finanziellen und geldwerten Ressourcen. Aber er wird zum Appendix der persönlichen Wahlkampforganisation des Präsidentschaftskandidaten (Pierce 1995). Die Reform der Wahlkampffinanzierung verstärkte diese Entwicklung. Seit den 1970er Jahren gibt es eine öffentliche Wahlkampffinanzierung. Sie begünstigt hauptsächlich die Kandidaten. Für jede – nach oben limitierte – Privatspende an die Kandidaten in den Vorwahlen wird ein öffentlicher Zuschuss gezahlt. Den Hauptwahlkampf der Präsidentschaftskandidaten finanziert die Bundeskasse. Die Kandidaten müssen ein bestimmtes Kleinspendenaufkommen im Vorwahlkampf als Indiz für ihren Rückhalt im Elektorat nachweisen. Das erlaubte Spendenvolumen für die Parteien unterliegt in allen Stadien des Wahlkampfes strengen Restriktionen. Die Wahlbeteiligung bei den Präsidentschaftswahlen liegt im Vergleich mit europäischen Beteiligungsquoten traditionell niedrig und ist heute im Rückblick auf frühere amerikanische Präsidentschaftswahlen sogar rückläufig. Sie überschreitet selten die 50 Prozent-Marke. In den Jahren, in denen die Wahlen zum Repräsentantenhaus und die Teilwahlen zum Senat gleichzeitig mit den Präsidentschaftswahlen stattfinden, liegt die Wahlbeteiligung dennoch regelmäßig höher als bei den dazwischen stattfindenden reinen Kongresswahlen.

3.4.7 Präsident als Impulsgeber für den Kongress

Der Präsident kommuniziert mit dem Kongress offiziell in der alljährlich fälligen Vorlage seiner Botschaft zur Lage der Nation, in seiner Haushaltsbotschaft und in Sonderbotschaften, mit denen der Präsident Gesetzgebungsinitiativen anregt. Letztere treffen nicht mehr den Sinn dieser im späten 18. Jahrhundert konzipierten Mitteilungsform. Sie werden heute als Behelfe gewählt, um die Rollenerwartung an den Präsidenten als Initiator eines politischen Programms einzulösen. *(Botschaften an den Kongress)*

> Artikel 2 der Verfassung: „3. Abschnitt: Er (der Präsident, J.H.) hat von Zeit zu Zeit dem Kongress über die Lage der Union Bericht zu geben und Maßnahmen zur Beratung zu empfehlen, die er für notwendig und nützlich erachtet."

Sonst hat der Präsident noch die Möglichkeit, einen Gesetzesbeschluss des Kongresses gutzuheißen oder abzulehnen. Legt der Präsident sein Veto gegen ein Gesetz ein, so scheitert das ganze Gesetz, nicht etwa nur jene Passagen, mit denen der Präsident nicht einverstanden ist. Seit Jahren gibt es eine Debatte, auch einige politische Vorstöße, dem Präsidenten ein Item veto zu geben. Dieses punktuelle Veto würde ihn der Entscheidung entheben, wegen einiger Passagen, die nicht seine Zustimmung finden, ein komplettes Gesetz zum Scheitern zu bringen. Die Erfolgsaussichten einer entsprechenden Verfassungsänderung werden als gering eingeschätzt. Der Versuch, dieses Teilveto durch einfaches Gesetz einzuführen, war zunächst erfolgreich. Er fand sogar die Billigung Präsident Clintons. Letztlich scheiterte das Item veto 1998 – wenig überraschend – am Obersten Bundesgericht. Ein Kläger hatte das Unterlaufen des Verfassungstextes beanstandet. *(Vetorecht)*

In den 1970er Jahren stärkte der Kongress mit verschiedenen Reformen seine Position gegenüber dem Präsidenten. Das galt zunächst für den Bereich der Außen- und Sicherheitspolitik. Als Folge des Vietnamkrieges, in den die USA 1964 allein durch Maßnahmen der Exekutive hineingezogen worden waren, beschloss der Kongress, die Handlungsfreiheit des Präsidenten bei Auslandseinsätzen der amerikanischen Streitkräfte einzuengen. So darf der Präsident seit 1973 (War Powers Act) Truppen nur noch mit Zustimmung des Kongresses im Ausland einsetzen. Der Einsatz selbst ist zeitlich limitiert, sofern der Kongress nicht anders beschließt. Wenn die vorherige Beteiligung des Kongresses bei einem Einsatz nicht möglich ist, kann der Präsident dennoch einen Einsatzbefehl geben. Er muss aber binnen 48 Stunden den Kongress informieren, der den Einsatz dann zu bestätigen hat. Lehnt der Kongress ab, so ist der Einsatz binnen sechzig, maximal neunzig Tagen zu beenden. In der Vergangenheit hat es immer wieder Versuche der Exekutive gegeben, die Zustimmungsrechte des Kongresses zu unterlaufen. Häufig geschah dies durch verdeckte geheimdienstliche Operationen oder Waffenlieferungen, die unterhalb der Qualitätsstufe eines Militärein- *(Kongress und Außenpolitik)* satzes blieben. Jedes Bekanntwerden solcher Aktionen führte aber dazu, dass der Kongress weitere Informations- und Zustimmungslücken stopfte.

Durch seine Haushaltsrechte ist der Kongress regulär an der Außen- und Verteidigungspolitik beteiligt. Die meisten außenpolitischen Entscheidungen kosten Geld. Die Streitkräftepolitik berührt in nahezu jeder Hinsicht das Budget. In diesen Politikbereichen kommt den außenpolitischen und den Streitkräfteausschüssen des Kongresses ihre besondere Bedeutung zu. Nach der Verfassung hat der Senat nicht nur das Recht, völkerrechtliche Verträge mit Zweidrittelmehrheit zu ratifizieren. Er gestaltet immer selbstbewusster die Außenpolitik mit (exemplarisch Wilzewski 1999). Die Verfassung verpflichtet den Präsidenten sogar, den Senat über die Grundzüge der Außenpolitik auf dem Laufenden zu halten. Von diesem Privileg profitiert insbesondere der außenpolitische Senatsausschuss.

Kongress und Innenpolitik   In der Innenpolitik hat der Präsiden im Allgemeinen größere Schwierigkeiten, politische Großprojekte zu realisieren, als in der Außenpolitik (Cronin/ Genovese 2004). Als jüngstes Beispiel sei das Vorhaben genannt, eine Krankenversicherung einzuführen, die jedem Amerikaner unabhängig von Status und Einkommen bezahlbare Behandlungskosten gewähren würde. Die Idee einer allgemeinen Krankenversicherung trug erstmals Präsident Truman (1944-1953) vor. Von Befürwortern in der Demokratischen Partei wurde sie immer wieder aufgewärmt. Sie konnte aber nicht einmal in der sozialpolitisch reformfreudigen Ära der 1960er Jahre verwirklicht werden. Schließlich gelang es Präsident Obama (seit 2009) in einem politischen Kraftakt, der etliche Abstriche vom Ursprungsvorhaben kostete, diese historische Reform Anfang 2010 durchzusetzen.

Umgekehrt nickten viele Kritiker dieses Projekts fast zur gleichen Zeit im Rekordtempo eine gigantische Regierungsbürgschaft mit großen Risiken für den Staatshaushalt ab. Es ging um nichts weniger als die Verhinderung eines Totalzusammenbruchs der Bankindustrie, die nicht nur die US-amerikanische Volkswirtschaft, sondern darüber hinaus auch die Weltwirtschaft in Mitleidenschaft zu ziehen drohte. Obama agierte hier weithin sichtbar auf internationaler Bühne. Von der amerikanischen Politik wurde in der übrigen Welt ein Signal erwartet, dessen Bedeutung für das eigene Land sich auch eingefleischten Gegnern des Präsidenten erschloss.

Haushaltsprozess   Der Haushaltsprozess ist kompliziert. Zunächst unterscheidet der Kongress bei ausgabenwirksamen Gesetzesbeschlüssen zwischen der Ermächtigung und der Bewilligung. Beschließen Senat oder Repräsentantenhaus ein Gesetz, so sprechen sie auf der Grundlage der Empfehlungen eines Fachausschusses eine Ermächtigung (authorization) an den Präsidenten aus, für dieses Gesetz eine Summe auszugeben. In einem zweiten Schritt müssen die beiden Kammern noch eine parallele Bewilligung (appropriation) beschließen. Sie setzt die Summe fest, die der Präsident im Rahmen dieser Ermächtigung tatsächlich ausgeben darf. Die Bewilligung liegt erfahrungsgemäß unter der Ermächtigungsgrenze. Bei der Bewilligung verlassen sich die Kongressmitglieder auf Empfehlungen ihrer Bewilligungsausschüsse. Diese mächtigen Ausschussgremien haben jeweils Unterausschüsse eingerichtet, die parallel zum Aufgabenbereich eines Fachausschusses arbeiten. Meist entscheidet sich bereits in diesen fachbezogenen Untergremi en der Bewilligungsausschüsse, mit welchem Finanzvolumen ein Gesetzesbeschluss ausgestattet wird.

Bis 1974 entstand der amerikanische Bundeshaushalt durch die Addition einer Vielzahl von Bewilligungsgesetzen. Dieses Verfahren erwies sich im Zeichen knapper werdender Finanzmittel als kostspielig, weil schwer kontrollierbar. In einer verfassungsrechtlichen Grauzone hatte Präsident Nixon zu Beginn der 1970er Jahre damit begonnen, Bewilligungsaufträge des Gesetzgebers nicht auszuführen (impoundment), wenn sie ihm zu kostspielig erschienen oder wenn ihre politische Absicht nicht behagte.

Im Jahr 1921 wurde im Budgetbüro eine Institution geschaffen, von der die Mittelanforderungen der Regierungsbehörden koordiniert wurden. Im Jahr 1971 wurde es in Office of Management and Budget (OMB) umbenannt. Das OMB erarbeitet einen Gesamtplan für das Finanzgebaren der Bundesbehörden. Dennoch gab es noch kein einheitliches Haushaltsgesetz, sondern eine Vielzahl von Haushaltsgesetzen für jedes Department der Bundesregierung.

Der Kongress zog 1974 die Konsequenz aus dieser unbefriedigenden Situation, die es dem Präsidenten leicht machte, die Haushaltsprobleme dem Kongress anzulasten. Seit 1975 sind die Ausgabenbeschlüsse einem verbindlichen Haushaltsplan des Kongresses unterworfen. Durch Gesetz hat sich der Kongress verpflichtet, vom Frühjahr bis zum Herbst jeden Jahres nach strikten Terminvorgaben ein Haushaltsgesetz für das kommende Jahr vorzulegen. Mit dem neuen Haushaltsverfahren richteten beide Kammern Haushaltsausschüsse ein. Ferner etablierten sie im Congressional Budget Office (CBO) ein eigenes Haushaltsamt. Es versetzt den Kongress in die Lage, komplizierte Haushaltsfragen mit genauso qualifiziertem Personal vorzubereiten, wie es dem Präsidenten im OMB zur Verfügung steht (Wildavsky 2001).

Die Fachausschüsse sind gehalten, dem Haushaltsausschuss ihrer Kammer das Ermächtigungsvolumen ihrer Gesetzesbeschlüsse zu melden. In gleicher Weise teilen die Bewilligungsausschüsse den Gesamtumfang ihrer Bewilligungen mit. Im Haushaltsausschuss werden als Ergebnis der Beratungen verbindliche Ausgabengrenzen festgelegt. Falls Senat und Repräsentantenhaus unterschiedliche Rahmengrößen beschließen, greift ein komplizierter Vermittlungsprozess, der solange dauert, bis die Haushaltsbeschlüsse zur Deckung kommen. Schließlich muss der Präsident dem gemeinsamen Haushaltsbeschluss des Kongresses noch zustimmen (exemplarisch dazu Klages 1998). Falls dies nicht geschieht, tritt ein haushaltsloser Zustand ein: Die Regierungsmaschinerie droht dann zum Stillstand zu kommen, Behörden stellen ihre Arbeit ein und Beschäftigte werden vorübergehend beurlaubt, weil die Basis für die Gehaltsauszahlungen fehlt. So geschehen 1995 für den Haushalt 1996! Es handelte sich um den ersten Fall dieser Art seit Anwendung des reformierten Haushaltsverfahrens.

Spätestens seit der Amtszeit F.D. Roosevelts wird vom Präsidenten erwartet, dass er gesetzgeberische Initiativen ergreift, um aus einer wirtschaftlichen Misere herauszuführen und anderen gesellschaftlichen Übelständen abzuhelfen. Moderne Präsidenten haben keine andere Möglichkeit, als die offiziell fehlenden Initiativ-, Eingriffs- und Führungserwartungen im Verhältnis zum Kongress informell einzulösen. Dem Kongress geht es bei allen unübersehbaren Unter-

Haushaltsreform stärkt den Kongress

Präsident als Kongresslobbyist in eigener Sache

schieden zu anderen Parlamenten nicht anders als diesen. Er befasst sich vorwiegend mit Angelegenheiten, die ihren Ursprung irgendwo in einer Initiative der Regierung haben. Im Allgemeinen gilt also die Devise: The President proposes, the Congress disposes (dazu und im Folgenden: Jones 2005, Foley/Owen 1996). Auf der Ebene der Departments und anderer Fachbehörden findet eine sehr viel häufigere und meist auch reibungslosere Kooperation zwischen dem Kongress und der Exekutive statt als im Verhältnis des Kongresses zum Präsidenten selbst und zu seinen Mitarbeitern (Mayhew 1991).

Das Kongressverbindungsbüro des Weißen Hauses berät den Präsidenten, was er unternehmen muss, um seine Projekte vom Kongress genehmigt zu bekommen: Für welchen sonst unbedeutenden Kongresspolitiker muss sich der Präsident persönlich Zeit nehmen? Bei welchen Kongressmitgliedern ist ein freundlicher Anruf angebracht, um sie zu einem erwünschten Votum zu bewegen? Zu welchen Gegenleistungen soll sich der Präsident bereit finden, um einer Gruppe von Senatoren oder Abgeordneten ihr Votum zu erleichtern? Unerfahrene Präsidenten haben in dieser Hinsicht häufig versagt, weil ihnen die Regeln fremd waren, nach denen Sympathien im Kongress gepflegt werden (Lösche 1993).

Gute Kongressberater nützen einem Präsidenten wenig, wenn er nicht auf sie hört. Selbst wenn er auf sie hört, ist ihm der gesetzgeberische Erfolg noch nicht sicher (Cox/Kernell 1994, Davidson 1988). Eines der großen Gegenwartsprobleme des Präsidentenamtes liegt darin begründet, dass der Nominierungsprozess für die Präsidentschaft, der seit langem die TV-Gängigkeit und Medieneignung der Kandidaten belohnt, auch Kongressamateuren unter den Präsidentschaftskandidaten beste Chancen eröffnet. Die Regierungsaufgaben verlangen aber die Kenntnis des Kongresses und des Washingtoner Behördenbetriebs. Die letzten Kongress-Profis im Weißen Haus waren John F. Kennedy und Lyndon B. Johnson. George H. W. Bush kannte beides, Regierung und Kongress, stand aber anders als insbesondere Johnson nie im Ruf eines Kongressvirtuosen. Carter, Reagan, Clinton und George W. Bush. kamen als Washington-Amateure ins Weiße Haus. Mit Barack Obama gelangte wieder ein Ex-Senator ins Oval Office (ein Porträt der Beziehungen zwischen Präsident und Kongress bietet Helms 1999).

3.4.8 Die Regierungszentrale

Executive Office und White House Office

Im Jahr 1939 kam es mit einem Reorganisationsgesetz für die Exekutive zur Bildung des Executive Office of the President, einer eigens dem Präsidenten unterstellten Präsidialbehörde. Dort sind die persönlichen Berater des Präsidenten sowie das Haushaltsamt etatisiert. Das Executive Office wurde in den folgenden Jahren kontinuierlich ausgebaut. Heute ist es eine große, differenzierte Behörde. Mit seiner Fülle von Fachabteilungen ist es mit dem Bundeskanzleramt in der Bundesrepublik Deutschland vergleichbar. Im Zeitpunkt seiner größten Ausdehnung unter Präsident Nixon (1969-1974), als die Zentralisierung der Regierungspolitik im Weißen Haus einen historischen Höhepunkt erreichte und die Publizistik besorgt die Frage nach einer imperialen Präsidentschaft stellte, waren im Executive Office gerade etwa 2.000 Mitarbeiter beschäftigt. Die Beschäftigtenzahl schwankt seit Jahren um 1.500 Mitarbeiter. Das White House Office beherbergt die engsten Mitarbeiter. Dazu gehört an erster Stelle der Terminverwalter, der auch als Stabschef des Präsidenten bezeichnet wird. Einige Stabschefs hatten erheblichen Einfluss auf den Präsidenten – nicht zuletzt deshalb, weil sie es verstanden, nach außen als glaubwürdiges Alter ego aufzutreten (Patterson 2001). Neben diesem engeren Büro des Präsidenten besteht das White House Office aus mehreren kleinen, aber wichtigen Unterabteilungen. Hier ist zunächst das Congressional Relations Office zu erwähnen, das Kongressverbindungsbüro des Präsidenten. Eine weitere bedeutende Dienststelle kümmert sich um die Beziehungen des Präsidenten zur Presse. Geleitet wird sie vom Pressesprecher des Weißen Hauses.

> Weißes Haus: Amtssitz des Präsidenten, gelegen an der Pennsylvania Avenue in Washington, D.C. „1600 Pennsylvania Ave." dient im politischen Journalismus auch als Umschreibung für das Weiße Haus. Im Weißen Haus selbst findet nur ein Teil der Präsidentenmitarbeiter Platz. Viele residieren im Old Executive Office Building, einem Gebäude, das vor über hundert Jahren für das Kriegsministerium errichtet worden ist und mit seinen vielen Säulen und Säulchen den Geschmack des Betrachters stark herausfordert. Dieser Bau liegt an einer kleinen Straße gleich neben dem vom Präsidenten und engsten Mitarbeitern genutzten Westflügel des Weißen Hauses (im Ostflügel sind hauptsächlich Repräsentationsräume untergebracht). Die Bedeutung der präsidialen Mitarbeiter lässt sich daran erkennen, wo sie untergebracht sind. Die wenigen Auserwählten mit Büros im Weißen Haus selbst gehören zum engsten Beraterkreis, die immer noch bedeutenderen residieren im Old Executive Office Building, die unbedeutenderen in weiter entfernten Bürogebäuden.

Das Executive Office als Ganzes besteht aus kleinen Apparaten, von denen die Arbeit der weitverzweigten Regierungsbehörden koordiniert wird. Nur einige seien hier kurz erläutert: Der Nationale Sicherheitsrat (National Security Council [NSC]) im Executive Office ist das zentrale Koordinierungsorgan für die Außenpolitik der USA. Dem NSC gehören neben dem Vizepräsidenten die Sekretäre des Schatzdepartments, des Verteidigungsdepartments, des State Departments und der Leiter des Geheimdienstes CIA an. Wichtiger als diese illustre Ministerrunde ist aber der ständige Mitarbeiterstab des Nationalen Sicherheitsrates. Er arbeitet nach den Weisungen des Präsidenten. Er hat seinen Sitz im Weißen Haus. Besondere Bedeutung für die außen- und sicherheitspolitische Beratung des Präsidenten hat der Leiter des Mitarbeiterapparats des NSC – der sog. Sicherheitsberater. Er ist der engste Ratgeber des Präsidenten in Fragen der Außen- und Verteidigungspolitik. Meist ist er durch einschlägige außenpolitische Erfahrung oder durch eine akademische Beschäftigung mit Fragen der internationalen Politik für diese Aufgabe qualifiziert. Der Apparat des NSC hat die amerikanische Außenpolitik in der Ära des Kalten Krieges immer stärker aus dem State Department (Department für Auswärtige Angelegenheiten) in das Weiße Haus verlagert. Seit dem Ende des Kalten Krieges tritt das NSC nicht mehr so stark hervor. Auf seine Kosten hat das State Department wieder an Bedeutung gewonnen.

Nationaler Sicherheitsrat

> Executive Office: Die Dienststellen des Executive Office sind im Old Executive Building – gleich neben dem Weißen Haus – und in einem Neubau – New Executive

Office Building – sowie in anderen Bürokomplexen untergebracht. Auch für die Dienststellen im Executive Office gilt die räumliche Nähe zum Weißen Haus als Anzeichen für einen hohen politischen Stellenwert.

Office of Management and Budget

Das Office of Management und Budget ist die maßgebliche Anlaufstelle aller Departments und sonstigen Bundesbehörden für die Mittelanforderungen im Bundeshaushalt. Nach den Maßgaben des Präsidenten ordnet das OMB die Ausgaben und die Mittelverteilung zwischen den Zweigen der Bundesbürokratie. Das OMB ist als Haushaltsbehörde der amerikanischen Regierung mit den mächtigen Finanzministerien in anderen Demokratien zu vergleichen. Es handelt sich um nichts weniger als die wichtigste innenpolitische Schaltstelle der amerikanischen Regierung. Im Zeichen eines jahrzehntelang wachsenden Haushaltsdefizits ist seine Rolle in der jüngeren Vergangenheit noch wichtiger geworden. Die Einbindung des OMB in die Präsidialbehörde verleiht seiner Tätigkeit ungleich größeres politisches Gewicht, als wenn die Haushaltsplanung außerhalb der direkten Verantwortung des Präsidenten angesiedelt wäre. Entsprechend geringer fällt im Vergleich mit anderen Demokratien die Statur des Finanz- oder Schatzdepartments aus, dem in der Haushaltsplanung just die Zuständigkeit fehlt, die z.B. in Deutschland, Frankreich und Großbritannien die politische Gestaltungsmacht der Finanzministerien charakterisiert.

Wie keine andere Regierung eines modernen Landes wird die Politik der amerikanischen Bundesregierung von der Persönlichkeit des amtierenden Präsidenten bestimmt. Die Institution der amerikanischen Präsidentschaft ist nur zu einem kleinen Teil Institution, und zwar im Wesentlichen als in der Verfassung festgelegter Aufgabenkatalog und in organisatorischer Hinsicht als das oben in seinen wichtigsten Bestandteilen skizzierte Executive Office. Zu einem größeren Teil ist die amerikanische Präsidentschaft ein sehr flexibles politisches Organ, das von verschiedenen Persönlichkeiten in sehr unterschiedlicher Weise ausgefüllt wird (Greenstein 2001). Analysen der amerikanischen Politik, die von der Persönlichkeit des Präsidenten absehen, laufen leicht Gefahr, einen, wenn nicht gelegentlich gar den wichtigsten Faktor zu ignorieren (Hartmann 2007, 175ff.).

3.4.9 Die Regierungsbürokratie

Secretaries in der Funktion eines Ministers

An der Spitze der amerikanischen Bundesverwaltung stehen derzeit 16 Sekretäre, die jeweils einem Department, also einer zentralen Verwaltungsbehörde, vorstehen. Jeder Sekretär leitet sein Department selbständig, er trägt dafür die rechtliche und politische Verantwortung. Es handelt sich freilich um keine politische Verantwortung im Sinne eines parlamentarischen Regierungssystems. Deshalb hat es seinen guten Grund, die Departments nicht als Ministerien zu bezeichnen. Ihr Status liegt darunter. Dies zeigt sich schon darin, dass es im amerikanischen Regierungssystem keine dem parlamentarischen Kabinett vergleichbare Institution gibt. Die Sekretäre sind nach Verfassung und Gesetz die höchsten Beamten der Bundesregierung nach dem Präsidenten selbst. Sie werden vom Präsidenten vorgeschlagen, und sie müssen vom Senat – mit Mehrheit – bestätigt werden. Sie können schließlich auch vom Präsidenten nach Gutdünken wieder entlassen werden. Jeder Sekretär bekleidet ein exponiertes politisches Amt. Von jeher wird die Position eines Department-Sekretärs nach parteipolitischen Kriterien besetzt. Meist spielen auch Sachkenntnis und fachliche Eignung eine Rolle.

Die wichtigsten Departments sind, wie auch in anderen Ländern, die klassischen Ressorts: das State Department (Auswärtige Angelegenheiten), das Treasury Department (Wirtschaft und Finanzen), das Department of Defense (Verteidigung) und das Department of Justice (Justiz). Letzteres ist eine Kombination von Justiz- und Innenministerium im Aufgabenkatalog europäischer Ministerialbehörden. In diesen Verwaltungen, den ältesten Ressorts der amerikanischen Bundesregierung, sind die Erwartungen an die Loyalität und fachliche Eignung der Secretaries besonders hoch gesteckt. Die übrigen Departments haben deutlich geringeres politisches Gewicht. Die nach Status wichtigsten Behörden sind die Departments. Sie entsprechen den Ministerien im parlamentarischen Regierungssystem. Daneben gibt es noch die Agencies. Sie werden von einem Direktor geleitet. So manche Agency ist gewichtiger als ein ehrwürdiges Department. Es sei nur an die CIA oder an die Raumfahrtbehörde NASA erinnert.

Auch die Sekretäre bedürfen der formellen Bestätigung durch den Senat. **Kabinett**
Hier hat es sich eingebürgert, diesen hochrangigsten Mitarbeitern des Präsidenten die Zustimmung nicht zu versagen. Alle Sekretäre zusammen bilden das Kabinett. Das Kabinett gleicht aber in keiner Weise der Institution des Kabinetts in einem parlamentarischen Regierungssystem. Bezeichnenderweise ist es nicht einmal in der Verfassung erwähnt. Auf die Gefahr einer allzu starken Vereinfachung hin lässt sich das amerikanische Kabinett in etwa mit einer Versammlung der Hauptabteilungsleiter in der Bundesregierung vergleichen. Beschlusskompetenzen hat es nicht. Seine wichtigste Funktion besteht darin, die Sekretäre im Rahmen einer breiteren Zusammenkunft mit den Überlegungen des Präsidenten vertraut zu machen. Weil Kontakte in der Regel bereits bilateral und auf informellen Wegen vonstatten gehen, hat das amerikanische Kabinett im Grunde genommen keine Bedeutung. Es ist ein Show-Teil des Regierungsgeschäfts, mit dem neue Präsidenten ostentativ ihr Image als Team-Spieler herauszustreichen pflegen. Je länger ein neuer Präsident regiert, desto seltener tritt das Kabinett zusammen. Die Fäden des Regierungsgeschäfts hält das Executive Office zusammen. Die Sekretäre der politisch weniger gewichtigen Departments sind seltene Gesprächspartner des Präsidenten.

Die Department-Sekretäre sind die höchsten politischen Beamten der ame- **Die Administration: das Presidential government**
rikanischen Bundesregierung, aber keineswegs die einzigen. Bis zu 3.000 Beamte in den Departments werden vom Präsidenten selbst und von den Sekretären nach politischem Ermessen ernannt. Es handelt sich um höhere Positionen, in denen politische Loyalität höher oder mindestens gleichwertig mit fachlicher Qualifikation bewertet wird. Das gleiche gilt auch für viele Beamtenstellen, die nach politischen Kriterien besetzt werden könnten, tatsächlich aber oft aus den Reihen der Karrierebeamten beschickt werden. Der einzige Unterschied zu den Karrierebeamten besteht in solchen Fällen nur noch darin, dass die entsprechenden Positionen unter Umgehung der üblichen Laufbahn- und Aufstiegsvorschriften erreicht werden. Im Sprachgebrauch handelt es sich um Stellen im Bereich präsidialer Patronage. Mit den Patronagepraktiken der Ära der Parteimaschinen

hat dies freilich nichts mehr gemeinsam. In der amerikanischen Bundesregierung ist das Prinzip des Fachbeamtentums fest etabliert. Die Qualifizierung einer Position als Karrierebeamtenstelle oder als politische Beamtenstelle ist einigermaßen beliebig. Mit dem Amtsantritt eines neuen Präsidenten oder in der laufenden Amtsperiode wird der Kreis der politischen Beamten laufend eingeengt oder erweitert. Die Gesamtheit dieser politischen Positionen bildet die Administration oder das Presidential government. Das Permanent government der Karrierebeamten ist eine andere Welt.

Diese Beschreibung darf nicht zu dem Fehlschluss führen, dass ein Präsidentenwechsel markante Unterschiede in der Politik der Departments mit sich brächte. Tatsächlich sitzt die amerikanische Bundesbürokratie so fest im Sattel wie jede Regierungsbürokratie – und vielleicht sogar noch fester. Politische Beamte, also die Mannschaft des Presidential government, benötigen eine gewisse, nicht gering zu veranschlagende Einarbeitungszeit. Hierin steckt ein Dilemma für die politische Kontrolle. Nicht selten kommt es vor, dass ein politischer Beamter, der sich mühsam in die verschlungenen Pfade seiner Behörde oder einer Behördenabteilung hineingefunden hat, gerade dann seine Position wieder verlässt, wenn er soviel von seinem Job verstanden hat, um in dieser Position etwas bewegen zu können. Deshalb wirken die politischen Beamten wie Fremde in einer routiniert arbeitenden Regierungsbürokratie. Heclo (1977) spricht von einem „government of strangers". Das Ende der Karriere eines politischen Beamten kann schon dann fällig werden, wenn der Department-Sekretär vorzeitig seinen Abschied nimmt, oder wenn ein lukratives Angebot aus einem Unternehmen lockt, das sich von regierungskundigen Managern einen Nutzen verspricht. Der Wechsel zwischen Business und politischer Verwaltung ist üblich. Den Nutzen von dieser personellen Fluktuation in leitenden Stellen haben die Karrierebeamten. Sie arbeiten bis zum Ende ihrer Dienstzeit in der betreffenden Behörde. Der Präsident amtiert höchstens acht Jahre, ein Department-Sekretär unter Umständen höchstens vier Jahre oder noch weniger.

Das Permanent government Die unterschwellige Selbständigkeit der Departments ist ein Dauerthema politischer Kampf- und Grundsatzreden, die den populären Tenor der Bürokratiefeindlichkeit anschlagen. Dieses Lamento darf nicht allzu ernst genommen werden. Die faktische Autonomie der Departments und einzelner Departments und Ämter ist zwar beträchtlich. Sie ist aber auch durch die Rolle des Kongresses im Regierungssystem bedingt. Die permanent amtierenden höheren Beamten arbeiten mit den häufig ebenso permanent amtierenden Senatoren und Abgeordneten in den Kongressausschüssen vertraulich und gedeihlich zusammen. In einer funktionierenden Symbiose wahren beide Gruppen ihre Interessen (siehe Schaubild 8).

Was immer ein politischer Behördenchef anordnen mag, seine Mitarbeiter können den Mitgliedern des zuständigen Kongressausschusses manchen nützlichen Wink geben. Dieser mag das Informationsbedürfnis des Kongresses befriedigen und gleichzeitig dafür sorgen, dass bürokratische Erbhöfe nicht wirklich angetastet werden, weil andernfalls mit einem geharnischten Protest vom Kapitolshügel zu rechnen ist.

Schaubild 8

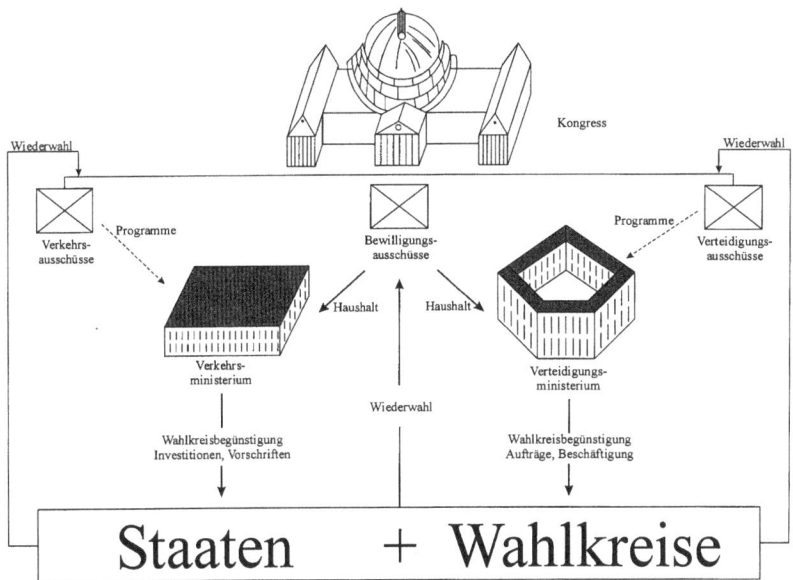

3.5 Gerichtsbarkeit

Die Bundesgerichtsbarkeit baut sich über drei Instanzen in 94 Distriktgerichte, zwölf Berufungsgerichte und ein Oberstes Bundesgericht auf. Für wenige von der Verfassung vorgesehene Bereiche existiert eine Spezialgerichtsbarkeit (z.B. Zoll, diplomatisches Personal). Sämtliche Richter werden vom Präsidenten vorgeschlagen, sie müssen vom Senat bestätigt werden und werden schließlich vom Präsidenten ernannt. Nur ein Impeachment kann sie in Analogie zum Amtsanklageverfahren gegen den Präsidenten aus dem Amt entfernen.

Das Oberste Bundesgericht, der Supreme Court, kombiniert die Aufgaben des höchsten Berufungsgerichts und die eines obersten Verfassungsgerichts. Bundesgerichte sind in allen Streitigkeiten zuständig, die das Bundesrecht, die Bundesverfassung und die Vereinbarkeit des Bundesrechts mit dem Recht der Staaten betreffen. Die unteren Instanzen der Bundesjustiz sind die Distriktgerichte. Gegen ihre Entscheidungen kann Berufung bei den Berufungsgerichten des Bundes eingelegt werden. Gegen Entscheidungen dieser Berufungsgerichte kann nur noch die Berufung zum Obersten Bundesgericht verlangt werden. Als letztinstanzliches Berufungsgericht muss der Supreme Court zwingend in ganz wenigen, von der Verfassung bezeichneten Fällen tätig werden.

Das Oberste Bundesgericht als Verfassungsgericht

Grundlagen der Verfassungsrechtsprechung:

US-Verfassung, Artikel 3, 2. Abschnitt: „Die richterliche Gewalt erstreckt sich auf alle Fälle nach dem Gesetzes- und Billigkeitsrecht, die sich aus dieser Verfassung, aus den Gesetzen der Vereinigten Staaten und den Verträgen ergeben, die in ihrem Namen geschlossen wurden oder künftig geschlossen werden; – auf alle Fälle, die Botschafter, Gesandte, oder Konsuln betreffen; – auf Streitigkeiten, in denen die Vereinigten Staaten Streitpartei sind; – auf Streitigkeiten zwischen zwei und mehreren Staaten; – zwischen einem Staat und den Bürgern eines anderen Staates; zwischen Bürgern verschiedener Staaten; (...) – und zwischen einem Staat oder dessen Bürgern und fremden Staaten, Bürgern und Untertanen. In allen Fällen, die Botschafter, Gesandte oder Konsuln betreffen, und in solchen, in denen ein Staat Partei ist, übt das Oberste Bundesgericht die ursprüngliche Gerichtsbarkeit aus. In allen zuvor erwähnten Fällen ist das Oberste Bundesgericht Berufungsinstanz sowohl hinsichtlich der rechtlichen als auch der Tatsachenbeurteilung (...)".

Begründung des Obersten Bundesgerichts im Fall Marbury v. Madison (1803), Auszug: „Die Befugnisse der Legislative werden definiert und in Schranken gewiesen; damit diese Schranken nicht missgedeutet werden oder in Vergessenheit geraten, wurde die Verfassung schriftlich niedergelegt. Warum aber sind diese Befugnisse beschränkt, warum sind sie schriftlich dokumentiert, wenn sie jederzeit von denen ignoriert werden dürfen, für die sie gemacht worden sind? Niemand wird der Behauptung widersprechen, dass die Verfassung jedem Gesetz vorausgeht, das zu ihr im Widerspruch steht. (...) Es ist die nachdrückliche Aufgabe und Pflicht der Gerichte zu sagen, was das Recht will. Diejenigen, die eine allgemeine Regel auf Einzelfälle anwenden, müssen notwendigerweise die Regel darlegen und interpretieren. Wenn zwei Rechtsnormen in Konflikt geraten, müssen die Gerichte über die Geltung beider befinden".

Größere Bedeutung hat das Certiorari-Verfahren. Hier zieht der Oberste Gerichtshof ein Verfahren an sich. Kommt ein unteres Bundesgericht zu dem Urteil, in einem von ihm verhandelten Fall verstoße das Gesetz gegen die Verfassung, und geht es daraufhin von der Nichtigkeit des Gesetzes aus, kann beim Obersten Bundesgericht die Prüfung der Verfassungswidrigkeit beantragt werden (Writ-of-certiorari). Das Gericht sieht sich in Fortführung einer seit 1925 etablierten Praxis nicht verpflichtet, jedes ihm vorgelegte Verfassungsurteil einer Vorinstanz auch tatsächlich zu prüfen. Wenn vier Oberste Richter zu der Auffassung gelangen, der vorgetragene Fall lohne es, in ein Prüfverfahren einzutreten (Grant-of-certiorari), wird das Richterkollegium eine Grundsatzentscheidung treffen. Die große Mehrzahl der Prüfbegehren wird ignoriert. Dieses weit gefasste Ermessen macht es überhaupt möglich, dass neun Richter mit der Unterstützung von nicht mehr als drei Dutzend hochqualifizierter Assistenten (drei bis vier Law clerks je Richter) arbeitsfähig sind. Zum Vergleich: Das aus 16 Richtern bestehende deutsche Bundesverfassungsgericht klagt mit guten Gründen trotz der Arbeitsteilung in zwei Senate und trotz üppiger Assistenz über eine kaum zu bewältigende Arbeitslast. Nach dem Grundgesetz muss es allerdings jede Verfassungsstreitigkeit verhandeln. Lediglich bei den Verfassungsbeschwerden darf es eine Auswahl treffen (Zum Folgenden: O'Brian 2003, Baum 2000).

Die Besonderheit des Obersten Bundesgerichts ist seine Eigenschaft als Or- Konkrete
gan der Verfassungsjudikatur. Die Vereinigten Staaten kennen nur eine allge- Normenkontrolle
meine Gerichtsbarkeit. Jedes Gericht, welcher Instanzenebene auch immer, entscheidet Zivil-, Strafrechts-, Verwaltungs- und Verfassungsstreitigkeiten gleichermaßen. Jedes Bundesdistriktgericht kann als Verfassungsgericht ein Kongress-
oder Staatsgesetz dadurch annullieren, dass es die Unvereinbarkeit mit der Verfassung feststellt. Nur kann es dies nicht endgültig, weil die Berufung zu einer
höheren Gerichtsinstanz oder ein Prüfbegehren beim Höchstgericht möglich ist.
So wird das Oberste Bundesgericht zum letztinstanzlichen Organ der Verfassungsrechtsprechung.

Die Verfassungsrechtsprechung kennt nur die konkrete Normenkontrolle.
Auf Verfassungswidrigkeit kann nur geklagt werden, wenn ein Bürger oder der
Prozessvertreter einer Regierung (Bund oder Staaten) behauptet, ein Gesetz dürfe
nicht angewendet werden, weil es von der Verfassung geschützte Rechte verletze. Stets muss die klagende Seite von einem als unrechtmäßig behaupteten Gesetz durch staatliches Handeln oder Unterlassen betroffen sein. Auf abstrakte
Widersprüche zwischen noch nicht angewandten oder bislang noch unangefoch-
tenen Gesetzen einerseits und der Bundesverfassung andererseits lässt sich kein
Bundesgericht ein. Zum Vergleich: Diese abstrakte Normenkontrolle spielt in
der deutschen Verfassungsrechtsprechung eine tragende Rolle.

Kläger für die Bundesregierung ist stets der Justiz-Sekretär als General-
staatsanwalt der USA. Umgekehrt richten sich Klagen gegen die Vereinigten
Staaten stets gegen eine Verwaltungsbehörde des Bundes, nie aber gegen den
Präsidenten oder gegen den Kongress. Der Präsident ist kein Verwaltungsbeam-
ter, und der Kongress ist ein Gesetzgeber ohne Vollstreckungsvollmacht. Genauso können die Bürger nur auf die Verfassungswidrigkeit eines Staatsgesetzes
klagen, indem sie eine Staatenbehörde verklagen, die Anordnungen auf der Basis
des Gesetzes trifft. Das Oberste Bundesgericht bestätigt im Erfolgsfall für die
Kläger, dass ein Gesetz nicht angewandt werden darf, weil es der Verfassung
widerspricht. Als Willensäußerung einer gesetzgeberischen Mehrheit bleibt das
Gesetz stehen. Es bewirkt nur nichts mehr. Rechtslogische Argumente, ob die
politische Willensäußerung selbst ungültig ist, interessieren nicht.

> Supreme Court: Wie zwischen Weißem Haus und Capitol Hill eine beachtliche Stei-
> gung und eine lange und breite Straße liegt, mit der die Trennung dieser Gewalten
> auch räumlich betont wird, befindet sich das Gebäude des Supreme Court, getrennt
> durch einen Park, auf der Rückseite des Kapitolsgebäudes, das seine Prachtfassade
> in Richtung Weißes Haus und Regierungsviertel zeigt. Auch bei der Gestaltung die-
> ses Gebäudes hat, wie überall in Washington, klassizistischer Geschmack gewirkt.
> Bei aller Macht und Pracht des Kongresses muss sich dieser stets des Gerichts in
> seinem Rücken gewärtig sein.

Das Oberste Bundesgericht reagiert auf rechtliche und politische Entwicklungen Politische Fragen
sehr flexibel. Zunächst nimmt es nicht jedes Prüfbegehren selbstverständlich an.
Es tut dies nur dann, wenn es dem betreffenden Fall wegweisende Bedeutung für
die Rechts- und Verfassungsentwicklung beimisst. Ähnlich zieht es auch nur
solche Verfahren in unterer Instanz an sich, die es für grundsätzlich rechtsbe-

deutsam hält. Nur so wird es als Richterkollegium von neun Richtern mit der großen Vielzahl von Fällen fertig, die im Gerichtswesen des Bundes anfallen. Das Oberste Bundesgericht nimmt politisch heikle Rechtsfälle zur Entscheidung an, wenn es zur Auffassung kommt, dass es einer mit gerichtlicher Autorität versehenen Klärung bedarf. Gelangt es hingegen zur Auffassung, dass es verfrüht sei, sich in einer politisch kontroversen Rechtsfrage zu engagieren, nimmt es den Fall gar nicht erst an, oder es weist ihn nach eingehender Prüfung mit der ausdrücklichen Begründung zurück, dass es sich dabei um eine politische Frage handele, die ein Gericht gar nicht entscheiden dürfe. Diese sog. richterliche Zurückhaltung (Judicial restrant) ist als Political-question-Doktrin bekannt geworden. Das Gericht schützt sich damit vor der Gefahr, Entscheidungen zu treffen, die es in unerwünschte politische Kontroversen hineinziehen könnte. Zum Vergleich: Das deutsche Bundesverfassungsgericht hat diese Möglichkeit nicht. Es muss jede Klage verhandeln, sofern sie hinreichend begründet ist.

Mit der Political-question-Doktrin hat sich das Gericht einen bequemen Ausweg geschaffen, den es je nach Situation wählt, wenn es sich aus politischen Kontroversen heraushalten möchte. Was freilich eine politische Frage ist, entscheidet das Gericht nicht schematisch. Zu verschiedenen Zeiten hat das Gericht einmal befunden, ein Streit involviere eine politische Frage und es sei deshalb nicht zuständig. Einige Jahre oder Jahrzehnte später hat es sich in ähnlichen Fällen dahingehend korrigiert, es handele sich doch um eine Rechtsfrage und deshalb sei es zuständig. Das Gericht qualifiziert einen Streit keinesfalls grundsätzlich als Rechtsfrage, wenn es sich in eine politische Kontroverse einzumischen droht. Vielmehr hat es gerade in den letzten 50 Jahren häufig politisch geladene Streitigkeiten für rechtsfähig erkannt. Dies trug ihm den Vorwurf einer Parteinahme in politischen Kontroversen ein (Walker/Epstein 1993).

Verfassungsrechtsprechung: Rassendiskriminierung

Betrachten wir kurz einige bekannte historische Entscheidungen, die das Typische der Verfassungsrechtsprechung illustrieren mögen: Im Fall Dred Scott v. Sandford (1857) hatte der Supreme Court in letzter Instanz zu entscheiden, ob ein Sklave, der mit seinem Herrn aus einem Südstaat mit Sklaverei in einen sklavenfreien Nordstaat verzogen war, im freien Staat die Rechte des freien Bürgers genieße. Der Supreme Court entschied dagegen. Der Sklave sei als abhanden gekommenes persönliches Eigentum seines Herren, eines Bürgers der Vereinigten Staaten in einem Sklavereistaat, zu bewerten und an den Eigentümer auszuhändigen. Der nach dem Bürgerkrieg beschlossene 14. Ergänzungsartikel zur Verfassung bestimmte, jeder in den USA geborene Mensch genieße alle Rechte, die in den ersten zehn Ergänzungsartikeln der Verfassung jedem amerikanischen Bürger zugebilligt seien. Im Fall Plessy v. Ferguson (1896) hatte der Supreme Court zu entscheiden, ob ein Gesetz des Staates Louisiana die Verfassung verletze. Dieses Gesetz verpflichtete Schwarze, im Eisenbahnverkehr ausschließlich die für Schwarze bestimmten Abteile zu benutzen. Das Gericht verneinte: Die Separierung nach Rasse sei verfassungsgemäß, wenn die für Schwarze reservierten Einrichtungen nicht schlechter seien als die für Weiße. Diese Haltung des Gerichts diente länger als ein halbes Jahrhundert als Basis für die staatliche Diskriminierung der Schwarzen in den vormaligen Sklavenstaaten (Südstaaten).

Erst 1954 befand der Supreme Court im Fall Brown v. Board of Education of Topeka, es sei nicht zulässig, schwarzen Schulkindern in einem Schulbezirk des Staates Kansas den Besuch einer Schule zu verweigern, die von weißen Kindern besucht werde. Als Folge dieser Entscheidung fiel in den folgenden Jahren die Trennung öffentlicher Einrichtungen nach Rassenzugehörigkeit fort.

Im Falle Regents of the University of California v. Bakke (1978) hatte der Supreme Court zu entscheiden, ob es im Einklang mit der Verfassung stehe, dass ein Medizinstudiumsbewerber von der Universität nicht zugelassen wurde. Die Universität hatte einen Teil der Studienplätze für rassische Minderheiten reserviert, um diese für historische Chancenverweigerung zu entschädigen. Der Student klagte, weil er den Bewerbertest mit besseren Ergebnissen absolviert hatte als die Bewerber für die quotierten Studienplätze. Der Supreme Court gab dem Studenten Recht. In den folgenden Jahren verlangsamten sich die Maßnahmen zum Chancenausgleich der vormals diskriminierten Minderheiten.

In den Fällen Baker v. Carr (1962) und Reynolds v. Sims (1964) verließ das Oberste Bundesgericht seine bisherige Linie, Fragen der Wahlkreisaufteilung in den Staaten als Political question anzusehen. Etliche Staatenparlamente hatten es versäumt, den Bevölkerungsverschiebungen in ihren Grenzen Rechnung zu tragen. Als Folge waren viele Bürger unterrepräsentiert. Mit einer Anpassung hätten viele Staatenparlamentarier ihre angestammten Wahlkreise verloren. Mit dem Verweis auf das Rechtsgleichheitspostulat der Bundesverfassung beendete der Gerichtshof diese Praxis. *[Randnotiz: Politische Willensbildung]*

In einer bis heute von heftigen politischen Kontroversen begleiteten Entscheidung konstruierte der Supreme Court 1973 aus dem Kontext der Persönlichkeitsrechte das Recht auf Selbstbestimmung. Hintergrund war der Fall Roe v. Wade: Eine schwangere Frau hatte gegen ein texanisches Gesetz geklagt, das den Schwangerschaftsabbruch nur dann erlaubte, wenn das Leben der Mutter gefährdet war. Das Gericht räumte der Klägerin die freie Entscheidung ein, bis zu einem bestimmten Zeitpunkt die Schwangerschaft zu beenden. Nach Ablauf dieser Frist gerate dieses Recht aber in Konkurrenz mit dem Schutz werdenden Lebens. Danach sollte der Schwangerschaftsabbruch als Regelfall nicht mehr möglich sein. Als Folge dieses Urteils mussten in beinahe allen Staaten die restriktiven Gesetze für die Schwangerschaftsunterbrechung außer Kraft gesetzt werden. Die Kirchen und die konservativ-christliche Rechte laufen bis heute Sturm gegen die seither liberalisierte Abtreibungspraxis. *[Randnotiz: Schwangerschaftsabbruch]*

Im Fall Youngstown Tube & Sheet v. Sawyer (1952) klagte ein Stahlproduzent gegen die vorübergehende Beschlagnahmung seiner Betriebe durch die Regierung. Präsident Truman hatte seinen Handels-Sekretär (etwa mit dem Wirtschaftsminister in Deutschland vergleichbar) angewiesen, die Stahlbetriebe, die sich in einem Arbeitskampf befanden und ihre Arbeiter ausgesperrt hatten, der Leitung ihrer privaten Eigentümer zu entziehen. Die USA waren zu dieser Zeit in den Koreakrieg verwickelt, und der Präsident machte den nationalen Notstand geltend, um die Versorgung der Truppen sicherzustellen. Das Oberste Bundesgericht wies die Begründung zurück, der Handelssekretär habe zu Unrecht im Auftrag des Präsidenten als Oberbefehlshaber der Streitkräfte gehandelt. Vielmehr sei die Regierung verpflichtet gewesen, bei der Beendigung des Arbeitskonflikts *[Randnotiz: Notstand]* den Vorschriften des Taft-Hartley-Gesetzes von 1948 Rechnung zu tragen. Dieses gegen den Widerstand Trumans und der Gewerkschaften durchgesetzte Gesetz räumte dem Präsidenten die Möglichkeit ein, einen Arbeitskampf aus Gründen des nationalen Interesses bis zu 80 Tagen auszusetzen. Weil der Kongress mit diesem Gesetz die Möglichkeit vorgegeben habe, die Produktion wieder aufzunehmen, so der Supreme Court, gebe es keinen Grund, für diesen Zweck das Ausnahmerecht des Oberbefehlshabers in Anspruch zu nehmen.

Geheimhaltungs-bedürfnis des Präsidenten

Im Fall United States v. Nixon (1974) musste der Supreme Court in letzter Instanz darüber befinden, ob Präsident Nixon dem Beschluss einer Vorinstanz Folge leisten sollte, Tonbänder herauszugeben, die seine Beteiligung an der Watergate-Affäre klären sollten. Im Jahr 1972 war in das Hauptquartier des Demokratischen Präsidentschaftskandidaten im Washingtoner Bürokomplex Watergate eingebrochen worden. Die Täter wurden mit Nixons Wahlkampfmanagement in Verbindung gebracht. Nixon wandte ein, der Vertraulichkeitsschutz für die Amtsführung des Präsidenten lasse das Gerichtsbegehren nicht zu. Das Gericht konterte mit der Feststellung, ob hier der Vertrauensschutz oder das Interesse an der Verfolgung einer Straftat schwerer wiege, müsse nach dem Gewaltenteilungsprinzip den Gerichten überlassen bleiben. Dieses Urteil läutete das Ende der Nixon-Präsidentschaft ein, weil das Beweismaterial die Mitwisserschaft des Präsidenten belegte.

Nominierung der obersten Bundesrichter

Das Oberste Bundesgericht ist denkbar einfach organisiert. Es besteht aus neun Richtern, die vom Präsidenten nach politischen Kriterien, aber stets unter Beachtung fachlicher Qualifikation vorgeschlagen werden. Jeder Richtervorschlag muss vom Senat mit absoluter Mehrheit bestätigt werden. Danach werden die Richter vom Präsidenten ernannt. Die Bundesrichter amtieren auf Lebenszeit. Angesichts der verfassungsrechtlichen Bedeutung des Obersten Bundesgerichts sind Richtervorschläge wichtige und stark beachtete politische Entscheidungen geworden. Der Kongress und die juristische Fachwelt achten streng darauf, dass es nicht zu Gefälligkeitsernennungen kommt, die juristische Maßstäbe völlig außer Acht lassen. Es ist wiederholt vorgekommen, dass der Senat dem vom Präsidenten vorgeschlagenen Kandidaten für das Oberste Bundesgericht seine Zustimmung verweigert hat. Die häufigsten Gründe dafür waren Zweifel an der Kompetenz für die richterliche Spitzenposition und frühere Äußerungen eines vorgeschlagenen Richters, die auf Voreingenommenheit deuteten. Wegen der in den Richterbestellungsprozess eingebauten parlamentarischen Hürden achten die meisten Präsidenten von vornherein darauf, nur solche Kandidaten in Erwägung zu ziehen, die voraussichtlich nicht an Befähigungsmängeln scheitern werden. Dass die Präsidenten Richterkandidaten bevorzugen, die ihrer Partei nahestehen, wird akzeptiert (Dorsen 2006).

Die Richter werden nicht ausschließlich und auch nicht vorwiegend aus der aktiven Richterschaft rekrutiert. Häufig werden ehemalige Politiker, Rechtsanwälte und hohe juristische Beamte ernannt. Ein Präsident, der in seiner Amtszeit Gelegenheit hat, mehrere Höchstrichter zu ernennen, kann die rechtspolitischen Akzente verschieben. Die Erfahrung zeigt, dass Wandlungen im politischen Klima mit einer gewissen Verzögerung auch in der Verfassungsrechtsprechung ihre Spuren hinterlassen. Im Vergleich zu den 1960er und 1970er Jahren ist die

Verfassungsjudikatur in der Tendenz konservativer geworden – nicht anders als auch der Kongress und das Elektorat.

Dank der Ernennungspolitik Präsident George W. Bushs kippte die knappe liberale Richtermehrheit im letzten Jahrzehnt in die Gegenrichtung. Dies machte sich bald in den Entscheidungen bemerkbar. Im Jahr 2009 hob das Oberste Bundesgericht die rechtlichen Schranken für Unternehmensspenden für Wahlkampfzwecke auf, weil sie nicht gleichzeitig auch für natürliche Personen galten. Ein Jahr später erklärte es eine Regulierung der Stadt Chicago für ungültig, die den privaten Waffenbesitz strengen Voraussetzungen unterworfen hatte. Das Gericht konterkarierte damit die Politik der amtierenden Obama-Administration. Der Präsident kann in dieser Situation nichts tun außer zu warten, bis ihm Krankheit, Rücktritt oder Tod eines konservativen Richters die Gelegenheit verschafft, einen liberalen Nachfolger zu nominieren.

Das Oberste Bundesgericht entscheidet häufig nicht einmütig. Die Mehrheit der Richter veröffentlicht ihr Votum mit einer Begründung (opinion), genauso tun es die Gegner des Urteils der Richtermehrheit (dissenting opinion). Gelegentlich legen einzelne Richter Sondervoten vor, die im Ergebnis zwar das Urteil unterstützen, aber mit einer anderen Begründung als die Mehrheit (concurring opinion). Für die Rechtsentwicklung hat sich die Transparenz der Argumente und Gegenargumente einzelner Richter als sehr nützlich erwiesen. Anhand der Voten lässt sich bei vielen Entscheidungen nachweisen, dass Auffassungen, die noch vor Jahren oder Jahrzehnten in der Minderheit geblieben waren, der Richtermehrheit nunmehr die tragenden Gründe lieferten.

Publizität der Gerichtsentscheidungen

3.6 Der Bundesstaat

Der amerikanische Bundesstaat umfasst 50 Staaten. Im Vergleich mit dem Föderalismus in der Bundesrepublik Deutschland besitzen die Staaten ein breites Spektrum an Kompetenzen. Grundsätzlich kennt die Verfassung nur zwei Zuständigkeitsbereiche, die ausschließliche Gesetzgebung des Bundes und die ausschließliche Gesetzgebung der Staaten. Im Zehnten Ergänzungsartikel zur Verfassung ist ausdrücklich niedergelegt, dass alle Zuständigkeiten, die nicht ausdrücklich dem Bund zugewiesen sind, bei den Staaten verbleiben. Damit stellt sich die verfassungsrechtliche Struktur des amerikanischen Bundesstaates sehr überschaubar und einfach dar. Jede Regierungsebene macht ihre eigenen Gesetze und führt diese vermittels eigener Verwaltungen aus. Die Bundesregierung verwaltet ihre eigenen Gesetze mit Hilfe eines weit verzweigten Netzes von Bundesdienststellen in den Staaten.

Verfassung

US-Verfassung: Auszüge aus den Verfassungsgrundlagen des amerikanischen Bundesstaates:

„Artikel 1, 1. Abschnitt: Der Kongress hat das Recht: Steuern, Zölle, Abgaben und Akzisen aufzuerlegen und einzuziehen, um für die Erfüllung der Zahlungsverpflichtungen, für die Landesverteidigung und das allgemeine Wohl der Vereinigten Staaten zu sorgen; alle Zölle, Abgaben und Akzisen sind aber für das ganze Gebiet der

Vereinigten Staaten einheitlich festzusetzen; auf Rechnung der Vereinigten Staaten
Kredite aufzunehmen; den Handel mit fremden Ländern, zwischen den Einzelstaaten
und mit den Indianerstämmen zu regeln; (...) Münzen zu prägen, ihren Wert und den
fremder Währungen zu bestimmen und Maße und Gewichte zu normen; (...) dem
Obersten Bundesgericht nachgeordnete Gerichte zu bilden; (...) Krieg zu erklären
(...); Armeen aufzustellen und zu unterhalten (...); (...) alle zur Ausübung der vorste-
henden Befugnisse und aller anderen Rechte, die der Regierung der Vereinigten
Staaten, einem ihrer Zweige oder einem einzelnen Beamten aufgrund dieser Verfassung übertragen sind, notwendigen und zweckdienlichen Gesetze zu erlassen".

US-Verfassung, 10. Zusatzartikel, 1791 in Kraft getreten: „Die Machtbefugnisse, die
von der Verfassung weder den Vereinigten Staaten übertragen noch den Staaten entzogen werden, bleiben den Staaten oder dem Volk vorbehalten".

Auszug aus der Entscheidung im Fall McCulloch v. Maryland (1819) betr. den letzten Satz des oben aufgeführten Art. 1: „(...) Diese Bestimmung wurde für eine Verfassung gemacht, die noch für spätere Generationen taugen sollte und die folglich
den verschiedenen Krisen menschlichen Handelns angepaßt werden musste. (...) Die
Klausel gehört zu den Befugnissen des Kongresses, nicht zu den Beschränkungen
für seine Kompetenzen. (...) Sie will eine zusätzliche Kompetenz begründen, aber
keine Einschränkungen bereits bestehender Kompetenzen. (...) Mag nur der Zweck
legitim, mag er im Rahmen der Verfassung, mögen nur alle Mittel dem Zweck angepasst und nicht verboten sein und in Übereinstimmung mit Geist und Buchstaben
der Verfassung stehen, so sind die Mittel verfassungsmäßig".

US-Verfassung, 16: Zusatzartikel, 1913 in Kraft getreten: „Der Kongress hat das
Recht, Steuern auf Einkommen beliebiger Herkunft zu erheben und einzuziehen,
ohne sie proportional auf die Staaten aufteilen zu müssen oder an eine Schätzung
oder Volkszählung gebunden zu sein".

Verfassungsrecht-
sprechung

Ganz ohne die formelle Erweiterung der im ersten Verfassungsartikel aufgezähl-
ten Bundeszuständigkeiten hat der Bund seine Zuständigkeiten auf Kosten der
Staaten erweitert. Das Oberste Bundesgericht bescheinigte dem Bund bereits
1819 im Rechtsstreit McCulloch v. Maryland das Recht, im Rahmen der Necessary-and-proper-Klausel (Erster Verfassungsartikel) Gesetze zu verabschieden,
die er im Rahmen eines in der Verfassung aufgeführten Gesetzgebungsauftrages
für notwendig hält, mochte es ihm dafür auch an einer im Verfassungstext ausdrücklich aufgeführten Zuständigkeit fehlen.

Ein weiteres Einfallstor für die Ausweitung der Bundeszuständigkeiten war
die zunehmend großzügigere Auslegung der Verfassungsbestimmung über den
zwischenstaatlichen Handel (Interstate-commerce-Klausel, Erster Verfassungsartikel). In einer historischen Auseinandersetzung verweigerte eine konservative
Richtermehrheit am Obersten Bundesgericht Präsident F.D. Roosevelt bis 1937
zahlreiche Reformgesetze, die Eingriffe des Staates in das Marktgeschehen er-
laubten. In einer Kraftprobe drohte Roosevelt mit der gesetzlichen Änderung der
Gerichtsverfassung, um weitere Richter ernennen zu können. Vor dieser Drohung gaben die konservativen Richter nach. In einem dramatischen Schwenk
billigte Gericht fortan eine Reihe von Wirtschaftsgesetzen, mit denen die Ge-
schäftsbedingungen und Arbeitsverhältnisse in den Staaten vereinheitlicht wur-

den. Heute hat sich der Standpunkt durchgesetzt, dass geschäftliche Transaktionen, die den Handel zwischen den Unionsstaaten berühren, mit nahezu allen wichtigen Wirtschaftsaktivitäten gleichgesetzt werden dürfen und der freien Gestaltung durch den Kongress unterliegen. Ein „verkappter Einheitsstaat" (Abromeit 1992) wie die Bundesrepublik Deutschland sind die USA aber keineswegs. Das Wirtschafts- und Sozialrecht der Staaten unterscheidet sich trotz der überall geltenden Bundesgesetze noch erheblich.

Ein fiskalischer Föderalismus überlagert den überschaubaren Dualismus der Bundes- und Staatenzuständigkeiten. Der Bund verfügt in den Einkommensteuern über die ertragreichsten Steuereinkünfte. Die größten Ausgaben des Bundes fallen im Verteidigungssektor an. In der Bildungs-, Sozial- und Verkehrspolitik hat der Bund keinerlei Kompetenzen. Dennoch gibt er für entsprechende Zwecke viel Geld aus. Die Staaten und Gemeinden besitzen zwar die Zuständigkeit für diese Politikbereiche, aber es fehlt ihnen an ausreichenden Steuereinkünften, um entsprechende Aufgaben aus eigener Kraft zu finanzieren. Hier liegt der Ansatzpunkt für den politischen Mitgestaltungsanspruch des Bundes (dazu und zum folgenden Sutton 2002, Walker 2000). Der Bund bietet Zuschüsse, sog. Federal-grants-in-aid, an, mit denen er sich an der Finanzierung beteiligt. Weil er die Zuschussgewährung mit Auflagen verknüpft, fließen seine Vorstellungen in die Politik der Staaten ein. Auf diese Weise hat sich infolge Jahrzehnte andauernder Praxis eine gewisse Einheitlichkeit der Aufgabenschwerpunkte und Verwaltungspraktiken in den Staaten ergeben.

Fiskalischer Föderalismus

Die ältesten und klassischen Zuschussprogramme, die sog. Categorical grants, funktionieren wie folgt: Der Bund bewilligt Gelder für einen Zweck. Er zahlt sie aber nur dann aus, wenn sich der betreffende Empfängerstaat mit einem vorgeschriebenen Eigenmittelanteil an der Abwicklung dieser Aufgabe beteiligt. Den Staaten steht es frei, sich an den Zuschussprogrammen des Bundes nicht zu beteiligen. Mit der Kalkulation der Eigenfinanzierungsquote der Staaten reguliert der Bund die Attraktivität solcher Programme. Wünscht er eine möglichst breite Beteiligung, so wird er den Eigenanteil knapp bemessen. So war es in den 1950er Jahren, als der Bund, um ein flächendeckendes Schnellstraßensystem zu etablieren, 90 Prozent der Kosten übernahm. In relativ kurzer Zeit entstand ein modernes Schnellstraßennetz. Andere Programme, so etwa zum Schutz der Bodenqualität, kommen mit einer kleineren Bundesquote aus. Sie sind ohnehin nur für solche Staaten interessant, in denen Dürre und Erosion die Ernten bedrohen.

Bundeszuschüsse als Lenkungsinstrument des Bundes

In der Vergangenheit praktizierte der Bund zeitweise die Vergabe projektbezogener Zuschüsse, die von den Empfängerstaaten nichts anderes verlangten als die Beachtung der vom Bund verlangten Regularien. Diese Zuschüsse gingen sehr stark ins Detail, so dass die betreffenden Staaten zu ausführenden Verwaltungsebenen der Bundesbürokratie herabzusinken drohten. Für das Autonomieempfinden der Staaten ging diese dichte Regulierung zu weit. Sie war zudem meist auf sozialpolitische Zwecke gerichtet, die in der Gesellschaft nie populär waren. In den späten 1970er Jahren kam es zu einer heftigen politischen Reaktion gegen die beklagte schleichende Zentralisierung des amerikanischen Bundesstaates. Zu keinem Zeitpunkt kam der Bundesanteil an den Staatenfinanzen nennenswert über 20 Prozent hinaus.

Im Gefolge einer Stimmung, die den Sozialstaat als zu groß dimensioniert empfand, setzten in den 1980er Jahren Bemühungen ein, den Staaten mehr Autonomie zu belassen. Der Bund zog sich aus etlichen Aufgabenbereichen gänzlich oder weitgehend zurück. Die Federal-grants-in-aid sind in den 1990er Jahren auf immerhin unter 20 Prozent im Gesamtvolumen der Staatenhaushalte gesunken. Dieser Prozess dauert noch an. Die finanziellen Verflechtungen blieben. Sie brachten den Staaten auch weiterhin Vorteile. Bevorzugt wurde jetzt das Instrument der Block grant. Diese Art von Zuschussprogramm definiert recht breite Verwendungszwecke. Ein Beispiel ist der Großbereich von Sicherheit und Ordnung. Hier dürfen die Staaten selbst entscheiden, wo sie die Akzente setzen, zum Beispiel bei der Polizei, beim Strafvollzug oder bei der Rechtsprechung.

Zeitweise gab es sogar Bemühungen, gänzlich zweckfreie Zuschüsse an die Staaten zu verteilen. Das General revenue sharing, mit dem zwischen 1972 und 1986 experimentiert wurde, bestimmte, dass der Bund einen Teil seiner Einkünfte an die Staaten abzutreten hatte, die dann nach Gutdünken damit umgehen durften. Größere Akzeptanz fand dieses Revenue sharing nicht. Der Grund lag hauptsächlich darin, dass der Kongress die Kontrolle darüber behalten wollte, was mit den Bundesgeldern geschah (Kincaid 2001).

Die Bundesstaatsproblematik verweist abermals auf den Kongress als die Schlüsselinstitution des Regierungssystems. Die Fixierung auf die Staaten und Wahlkreise zwingt die Kongressmitglieder, einer verbreiteten Stimmung Rechnung zu tragen, die von Washington aus betriebene Reglementierung der Staaten gehe zu weit. Aber sie wissen auch, dass sie nicht den Ast absägen dürfen, auf dem sie sitzen: Ein Kongress, der sich vollständig aus dem Geschehen in Staaten und Gemeinden zurückzöge, beraubte sich der Chance, mitzuwirken. Er brächte die Abgeordneten um die Chance, bei den Wählern mit ihren Verdiensten um Arbeitsplätze, Aufträge der Bundesregierung und Investitionen zu werben. Das Anhängen an populäre Anti-Washington-Ressentiments findet im Überlebensinteresse der Kongressmitglieder seine Grenzen.

Die finanzielle Angebotssteuerung ersetzt der amerikanischen Bundesregierung fehlende Zuständigkeiten in der Art der konkurrierenden oder der Rahmengesetzgebungskompetenz, wie sie das bundesstaatlichen System der Bundesrepublik Deutschland kennt. Sie erzielt aber bei weitem nicht soviel Vereinheitlichung wie dort. Nach wie vor gleicht die amerikanische Innenpolitik einem bunten Flickenteppich von staatlicher Aktivität, die unterschiedliche Kosten verursacht und sehr unterschiedliche Leistungen gewährt (Lösche 1989). Daran wird sich auf absehbare Zeit nichts ändern. Vielen Politikern geht bereits das bestehende Ausmaß an Vereinheitlichung und Bundeseinfluss zu weit.

Regierungssystem der Staaten
Bis auf den Staat Nebraska weisen alle Staaten eine Zweikammerlegislative nach dem Vorbild des nationalen Kongresses auf. An der Spitze der Exekutive steht überall ein direkt gewählter Gouverneur. Sämtliche Staaten praktizieren, wie auch der Bund, das System der relativen Mehrheitswahl. Hier erschöpfen sich die Gemeinsamkeiten. In vielen Staaten wird nicht nur der Gouverneur direkt gewählt, sondern auch dessen Stellvertreter (Lieutenant-Governor). Darüber hinaus werden zum Teil sogar die Leiter der einzelnen Exekutivbehörden direkt vom Volk gewählt. Vor allem größere Staaten beschicken ihre Verwaltungen mit

geschultem Beamtenpersonal. Das Verwaltungspersonal wird anderswo teilweise noch nach politischen und nicht nach fachlichen Kriterien ausgewählt. Selbst umfassende Verfassungsrevisionen sind in den Staaten – anders als im Bund – nicht ungewöhnlich. Darstellungen des amerikanischen Regierungssystems konzentrieren sich für gewöhnlich auf die Bundesebene – wie übrigens auch dieser Text!

Darüber darf nicht außer Acht gelassen werden, dass die Staaten und Gemeinden im schlichten politischen Alltag und auch im politischen Bewusstsein einen viel größeren Stellenwert haben als etwa die Länder in der Wahrnehmung der deutschen Bürger. Sind diese politisch in erster Linie und auch einigermaßen deutlich erkennbar hauptsächlich von der im Bund gemachten Politik betroffen, die schwerpunktmäßig von Ländern und Gemeinden verabreicht wird, so kehrt sich diese Rangfolge in den USA um. Die amerikanischen Staaten machen tatsächlich sehr vieles anders, und ihre Politik und politischen Institutionen differieren weithin sichtbar an den Staatengrenzen. Der Bund kommt erst dann, und es bleibt ihm noch genug, für das er verantwortlich gemacht wird. Deshalb ist er im Bewusstsein präsent. Der Lokalismus im Kongress zeigt aber, dass auch dort die Merklichkeit im örtlichen Rahmen letztlich stärker punktet als die abstraktere Gesamtverantwortung vor dem amerikanischen Volk.

Im Entscheidungsprozess des Bundes sind keine Mechanismen unmittelbarer Bürgermitwirkung vorgesehen. Allerdings sehen viele Staaten Volksbegehren (Initiative) und Volksabstimmung (Referendum) vor. Die Initiative zielt auf die Rechtswirksamkeit eines Gesetzgebungsvorschlags, der von einer bestimmten Anzahl von Bürgern unterstützt wird. Das Referendum wird demgegenüber initiiert, um ein vom Parlament eines Staates beschlossenes Gesetz zu kassieren. Vor allem in der Tradition der Staaten im Westen hat die Volksbeteiligung Tradition (Heußner 1992). Teilweise äußert das Volk in entsprechenden Abstimmungen lediglich seine Meinung zu bestimmten Fragen. Dabei geht es auch um Themen, bei denen die Staaten überhaupt keine Entscheidungskompetenz besitzen. So wurden in den 1980er Jahren die Bürger in Referenden nach ihrer Auffassung zur Abrüstung und zum Rüstungsprogramm der Regierung befragt. Häufig geht es bei diesen Abstimmungen aber auch um Fragen, die alle Bürger eines Staates empfindlich treffen. Besonders spektakulär war im Jahr 1978 der Ausgang eines Referendums im Staat Kalifornien, wo sich die Bürger dafür aussprachen, bestimmte Steuerarten abzuschaffen. Als Folge dieses Votums mussten der Staat und viele Gemeinden etliche Leistungen einstellen oder einschränken, weil sie mit dem verbleibenden Steueraufkommen nicht mehr bezahlt werden konnten.

Im November 2004 wurde in 34 Staaten über 162 Volksbegehren und Referenden abgestimmt. Abgestimmt wird meist über emotional und ideologisch geladene Themen. Beispiele aus den letzten Jahren: restriktivere gesetzliche Regelungen für den Schwangerschaftsabbruch, Einsatz von Drogen im Rahmen ärztlicher Therapien, gleichgeschlechtliche Ehen, Todesstrafe.

Volkspartizipation auf Staatenebene

3.7 Parteien

Die Parteien sind Stiefkinder des politischen Systems (Aldrich 1995). Das politische Leben der USA wird seit Mitte des 19. Jahrhunderts von den beiden Traditionsparteien der Demokraten und der Republikaner geprägt (Klumpjahn 1998). Beide Parteien sind mit europäischen Parteien nicht vergleichbar. Sie haben keine dauerhafte Organisation, und sie kennen keine profilierten Programme. Ihre Struktur ist föderalistisch. Bei den Bundesparteien handelt es sich um sehr locker organisierte, selbst in dieser Eigenschaft nur periodisch aktivierte Bündnisse einzelstaatlicher Parteiorganisationen, die im übrigen uneingeschränkte Autonomie gegenüber den Bundesparteiorganen beanspruchen.

Ursprünge der Demokratischen Partei Die Demokratische Partei führt ihre Ursprünge auf die von Thomas Jefferson 1793 begründete Gruppierung der Demokratischen Republikaner zurück. Ein weiterer Stammvater der Partei ist Präsident Andrew Jackson (1829-1837), unter dem sich der Parteiname Demokraten durchsetzte. Seit der Präsidentschaft Franklin D. Roosevelts (1933-1945) hat sich die Demokratische Partei den Ruf erworben, für die Rechte der wirtschaftlich Schwachen, der rassisch Diskriminierten und der Gewerkschaften einzutreten. Sie galt lange als Partei bescheidener sozialer Reformen und maßvoller Wirtschaftssteuerung. Die regionalen Wählerschwerpunkte der Demokratischen Partei befinden sich in den großstädtischen Ballungsräumen der Nordost- und Mittelweststaaten. Lange war die Partei auch in weiten Teilen der konservativen Südstaaten überaus stark. In den Südstaaten trat die Demokratische Partei mit einer sozialstaatsfeindlichen Tendenz auf. Hauptsächlich traditionelle Anhänglichkeiten der Südstaaten an die Demokratische Partei erklärten das Verbleiben zahlreicher südstaatlicher Wähler und Politiker bei den sonst überwiegend reformistischen Demokraten. Im Kongress paktierten die Demokraten aus den Südstaaten häufig mit den Republikanern in einer sogenannten konservativen Koalition gegen die übrigen Demokraten. Die konservative Koalition verschaffte Republikanischen Präsidenten, deren eigene Partei im Kongress zwischen 1933 und 1994 dauerhaft in der Minderheitsrolle steckte, die gewünschten Mehrheiten.

Ursprünge der republikanischen Partei Die Republikanische Partei führt ihre Gründung auf das Jahr 1854 zurück. Die Ablehnung der Sklaverei spielte bei der Gründungsinitiative eine Rolle. Präsident Abraham Lincoln (1861-1865), nach der Sezession der Südstaaten Präsident der nordstaatlichen Rumpfunion, wurde im 19. Jahrhundert zur Identifikationsfigur der Partei. Die Republikaner traten als Gegenspieler der Demokraten das Erbe der Föderalistischen Partei (1787-1814) und der Whig-Partei (1834-1855) an. Sie ist bis heute die wichtigste konservative Kraft in den USA. Konservativ ist dabei so zu verstehen, dass die Republikanische Partei mit den Demokraten in Grundfragen der politischen und wirtschaftlichen Ordnung übereinstimmt und sich von diesen hauptsächlich in Fragen der Sozialpolitik und des Umfangs staatlicher Eingriffe in den Wirtschaftsprozess unterscheidet. In diesen Fragen treten die Republikaner für eine noch stärker zurückhaltende Rolle der Regierung ein. Die Republikanische Wählerschaft hat mittlerweile in allen Landesteilen einen starken Wählerstamm.

Noch bis in die 1960er Jahre galten die Südstaaten als kaum einnehmbare Hochburg der Demokraten. Seither hat die Republikanische Partei dort fest Fuß gefasst und die Demokratische Partei als konservative Hegemonialpartei verdrängt. Damit repräsentieren die Republikaner erstmals nahezu konkurrenzlos das Spektrum konservativer Hochburgen. Die Demokraten kostete diese Verschiebung 1994 ihre seit 60 Jahren gehaltene Dauermehrheit im Kongress (Bond/Fleischer 2000).

Die Demokraten gelten in der politischen Sprache der USA als liberal, was etwa mit links gleichgesetzt wird, die Republikaner als konservativ, was im üblichen Sinne rechts bedeutet. Diese Unterscheidung täuscht den europäischen Betrachter leicht darüber hinweg, dass beide Parteien im europäischen Sinne liberales Gedankengut vertreten. Beide stehen für die marktwirtschaftliche Ordnung. Die Begriffe liberal und konservativ wurden in der Ära des New Deal (1933-1938) vom Demokratischen Präsidenten F.D. Roosevelt in Umlauf gebracht. Roosevelt suchte nach einem Etikett für eine sozialreformerische Politik, um das innenpolitisch unverkäufliche Attribut „sozialdemokratisch" zu vermeiden. Seinen Gegnern heftete er das zur damaligen Zeit nicht schmeichelhafte Attribut konservativ an. Konservativ sein ist heute freilich unbelastet, im Umfeld der Republikanischen Partei ist das Attribut sogar positiv besetzt.

Heute haben beide Begriffe einiges von ihrer ursprünglichen Bedeutung eingebüßt. Die Republikanischen Präsidenten der Nachkriegszeit respektierten lange die mit den Demokraten verbundenen sozialpolitischen Errungenschaften. Erst Präsident Ronald Reagan stellte sie sehr entschieden in Frage. Mit Unterstützung der konservativen Koalition im Kongress wurde ein Rückbau des bescheidenen Sozialstaates eingeleitet. Selbst die Demokraten sind auf diesen Kurs eingeschwenkt. Ihr großes sozialpolitisches Projekt blieb aber eine Krankenversicherung für alle Amerikaner. Fragen des Lebensstils und des Stellenwertes der Religion im öffentlichen Leben unterlegen heute die Etiketten liberal und konservativ.

Liberal und konservativ bezeichnen gegensätzliche Haltungen in Fragen der Bürgerrechte, der Legalität des Schwangerschaftsabbruchs, des Familienrechts, gleichgeschlechtlicher Ehen, des Strafvollzugs, der politischen Deutungshoheit konservativ-christlicher Religionsgemeinschaften, des Umgangs mit Einwanderern und gesetzlicher Schranken für eine unkontrollierbar gewordene Finanz- und Bankenindustrie.

Mit den beiden großen Parteien sind die Wähler von jeher vertraut. Sie kennen die Parteietiketten und ordnen sie den Kandidaten zu. Personen fesseln größeres Interesse als Parteizugehörigkeiten. Die große Bedeutung von Personen prägt auch die Vorgänge in den Parteien. Vorwahlen fachen stets auf Neue Popularitätswettläufe zwischen den Kandidaten an, wobei häufig nicht Vertreter verschiedener Richtungen, sondern eher verbrauchte und alte Kandidaten gegen junge und neue Gesichter antreten. Der sporadische Erfolg unabhängiger Kandidaten in den Präsidentschaftswahlen zeigt hin und wieder, dass es mit der Restbindung an die traditionellen Parteien nicht mehr allzu weit her ist. Das jüngste Beispiel war der texanische Multimilliardär Ross Perot. Ihm gelang es 1992 auf der Grundlage seines gewaltigen Vermögens und mit dem Rückenwind eifriger

(Randnotizen:)

Sonderstatus der Südstaaten als langjährige Hochburg der Demokraten

Liberal und konservativ in der politischen Sprache

Personen rangieren vor Parteien

Medienbeachtung, die übrigen Präsidentschaftsbewerber in Bedrängnis zu bringen. Letztlich scheiterte aber auch er.

Wahlkampf als
Zentralaufgabe der
Parteien

Die amerikanischen Parteien muten wie das Unding organisationsloser Parteien an (allgemein zu den Parteien das Standardwerk von Beck/Hershey 2001). Eine ausgebaute Parteibürokratie europäischen Stils mit hauptamtlichen Funktionären, Beitrag zahlenden Mitgliedern und öffentlichkeitspolitischen Aufgaben hat es in den USA nie gegeben (Cotter u.a. 1989). Im Zeitalter der kommerziellen TV-Kommunikation, in der Nachrichten und Sensationen Profil und Werbung transportieren, bringen sich die Kandidaten selbst für den Kongress, für die Präsidentschaft und für andere Ämter ins Spiel (Zelle 1996). Für die aussichtsreiche Kandidaturbewerbung benötigen sie Medienresonanz, Geld und freiwillige Mitarbeiter, mit denen sie sich bei Parteianhängern und Vorwählern bekannt machen. Die Parteien schalten sich erst dann in den Wahlkampf ein, wenn der offizielle Kandidat ermittelt worden ist. Ab diesem Zeitpunkt werden sie mit ihrer Organisationsleistung flankierend tätig. Die Gewinner der Vorwahl haben, wie oben dargelegt, in der Regel bereits eine persönliche Wahlkampforganisation aufgebaut. Die Wahlkampfführung ist kostspielig. Vor allem TV-Werbung kommt teuer.

Kandidaten-
finanzierung

Werbematerial, Beratung und Meinungsumfragen kosten die Kandidaten und Parteien große Summen (zum Folgenden Oldopp 2005: 167ff., 177ff.). Die Haupteinnahmequellen sind Spenden. Die wichtigste Spendenquelle sind die Political Action Committees (PACs). Seit Mitte der 1970er Jahre ist es Unternehmen, Gewerkschaften, Verbänden, Vereinen oder Bürgerinitiativen gestattet, Spendenvereine zu gründen, die bei ihren Angestellten und Mitgliedern um Spenden im gesetzlich bestimmten Maximalumfang werben dürfen. Der Vorstand des Spendenvereins bestimmt, wie das Spendenaufkommen auf die Vor- und die Hauptwahlen und auf die in Frage kommenden Kandidaten verteilt wird. In Firmen-PACs, bei denen die größten Summen auflaufen, beherrschen die Manager die Vorstände. Aus Rückversicherungsgründen lassen sie auch jenen Kandidaten gewisse Summen zukommen, die sie eigentlich nicht präferieren. Durch das Wirken der PACs geraten viele Kongresskandidaten in Abhängigkeiten, die zwar verdeckt auftreten, aber ihre Wirkung nicht verfehlen. Wahlkampffinanzierung dieser Art planiert das Vorfeld für das Lobbying im Kongress. Die PACs haben den Parteien einen Teil ihrer klassischen Aufgaben genommen. Allein der Präsidentschaftswahlkampf wird öffentlich bezuschusst, ebenso der Vorwahlkampf. Die Spendenhöhe und die Nachweispflicht für die Einnahmen sind für die Präsidentschaftswahl gesetzlich streng reglementiert.

Die Beschränkungen für die Finanzierung der Wahlkämpfe für den Kongress sind laxer gefasst. Was Wunder? Hier sind die Legislatoren aufgefordert, über den gesetzlichen Rahmen ihrer eigenen Wahlkampfbemühungen zu beschließen. Die staatliche Subventionierung und Regulierung der Präsidentschaftswahlkämpfe ist auf Personen ausgelegt. Es handelt sich um Kandidaten-, nicht um Parteienfinanzierung. Die nicht auf Kandidaten bezogene politische Werbung mit Slogans und Symbolen, ebenso die Zuwendungen an Parteiorganisationen unterliegen keiner öffentlichen Kontrolle, obgleich ihr Nutzeffekt für bestimmte Kandidaten offensichtlich ist. Solches „soft money" wird zunehmend als Problem der politischen Chancengleichheit empfunden.

Dank der Eigentümlichkeit des präsidentiellen Regierungssystems der USA, insbesondere der rigiden Gewaltentrennung zwischen Exekutive und Legislative können die Kongressmehrheiten und der Präsident derselben Partei angehören oder jeweils die eine oder die andere Partei repräsentieren. Bis auf drei kurze Ausnahmen (1947/48, 1953/54, 1981/82) beherrschten zwischen 1933 und 1994 die beiden Mehrheitskonstellationen des Party government der Demokratischen Partei, d.h. Demokratischer Präsident und Demokratische Kongressmehrheit, und das Divided oder Split government der Republikanischen Partei, d.h. Republikanischer Präsident und Demokratische Kongressmehrheit (1955-1960, 1968-1974, 1980-1992) die Parteienszenerie. Ein erstes Novum war das Divided government in der Konstellation eines Demokratischen Präsidenten und eines mehrheitlich Republikanischen Kongresses (1994-2000), das zweite das Party government in der Kombination eines Republikanischen Präsidenten und Republikanischer Kongressmehrheiten (2001-2009).

Parteien und Kongressmehrheiten"

3.8 Wirkungsgeschichte

Das präsidentielle Regierungssystem hat vor allem in Mittel- und Südamerika Nachahmung gefunden. Auch die Schweiz hat sich bei der Modernisierung ihrer politischen Verhältnisse im 19. Jahrhundert eng an das amerikanische Vorbild angelehnt. In jüngerer Zeit haben die Verfassungskonstrukteure dem US-amerikanischen Vorbild wenig abgewinnen können. Das zeigt sich unter anderem darin, dass bei den Verfassungsgebungen in Osteuropa und in den Nachfolgestaaten der Sowjetunion nicht das amerikanische Präsidialsystem als Vorbild gedient hat, sondern eher das semi-präsidentielle Regierungssystem Frankreichs. Spitzt man die Frage nach der Vorbildwirkung des US-amerikanischen Systems auf dessen Ausstrahlung in demokratischen Gesellschaften zu, so bleibt außer der Schweiz wenig übrig. Zwar haben die meisten lateinamerikanischen Länder am präsidentiellen Verfassungskonstrukt festgehalten. Aber keiner dieser Gesellschaften blieben in der jüngeren Geschichte Militärdiktaturen und autoritäre Herrscher in Zivil erspart.

Bevor wir näher auf die Verbreitung des präsidentiellen Regierungssystems eingehen, erscheint es angebracht, einen kurzen Blick auf die Gesellschaft zu werfen, die seit über 200 Jahren mit diesem System regiert wird. Die USA sind eine durch und durch liberale Gesellschaft, die den Staat so klein wie möglich zu halten trachtet. Das gesellschaftliche Kredo ist auf der politischen Ebene die Demokratie, auf der gesellschaftlichen Ebene der Markt. Das präsidentielle Regierungssystem passt vorzüglich zu einer Gesellschaft, die keinen Wert darauf legt, Staat und Gesellschaft groß zu verändern. Wie oben dargelegt, ist die politisch-parlamentarische Mehrheitsbildung in den USA eine höchst komplizierte Sache. Die Institutionen funktionieren besser bei der Verhinderung politischer Entscheidungen als bei der Realisierung von Plänen, die auf Veränderung abzielen.

USA: Das Regierungssystem einer starken Gesellschaft

Schweiz

Die Grundstimmung ist in der Schweiz nicht viel anders. Sie hielt sich stets viel darauf zugute, dass sie eine Republik war. Sie war bis 1919 mit Ausnahme Frankreichs noch vollständig von monarchisch verfassten Staaten umgeben. Sie repräsentierte – ähnlich wie die USA – das hohe Gut staatlicher Einheit in Kombination mit konfessioneller und kultureller Verschiedenheit in den Kantonen. Nun war die Schweiz zur damaligen Zeit, wie sie es auch heute noch ist, ein Unikum in der europäischen Staatenlandschaft. Sie hatte keinen Adel, sie betrat die moderne Geschichte als Kaufmanns- und Industriellenrepublik. Sie huldigte dem Kult des einfachen, tugendhaften Bürgers, der von seinem Fleiß und seiner Erfindungsgabe lebt, und sie erfreute sich ähnlich wie die USA einer politisch-militärisch relativ geschützten Lage.

Bis heute hat auch die Schweiz ein strikt gewaltenteiliges Regierungssystem. Die Legislative, die Bundesversammlung, gliedert sich in ein Staatenhaus, den Ständerat, und in eine Volkskammer, den Nationalrat. Die Konstruktion des Ständerates folgte dem Beispiel des Senats im amerikanischen Kongress. Abweichend vom US-Vorbild wird die Regierung, der Bundesrat, von der Bundesversammlung gewählt. Sie kann von der Bundesversammlung dann aber nicht mehr abgelöst werden. Die Schweiz hat keinen Präsidenten. Sie hat eine mehrköpfige – direktoriale – Exekutive beibehalten. Der Bundesrat besteht aus sieben Mitgliedern, die sämtlich die gleichen Rechte haben. Ein Mitglied des Bundesrates übernimmt im Jahresturnus die Rolle des Präsidenten bzw. des zeremoniellen Staatsoberhaupts (Linder 2009, 1999).

Die Schweiz liegt mitten in Europa. Im Laufe ihrer Geschichte war sie stets gesamteuropäischen Einflüssen ausgesetzt. Dies ist der Grund, warum es in der Schweiz Parteien gibt, denen alles in allem weit größere Bedeutung zukommt als in den USA, und warum schließlich das Parlament, die Bundesversammlung, im Vergleich zum amerikanischen Kongress ein recht geringes politisches Gewicht besitzt. Es konnte auch nicht ausbleiben, dass die schweizerischen Parteien das weltanschauliche Meinungsspektrum widerspiegeln, wie es aus den umliegenden europäischen Ländern geläufig ist.

Die Verpflanzung des präsidentiellen Regierungssystems nach Lateinamerika

Die Nachahmung des präsidentiellen Regierungssystems zeitigte in Lateinamerika ganz andere Ergebnisse. Zunächst ist festzuhalten, dass es seit 1812, zu dem Zeitpunkt, als die spanischen Kolonien in Amerika ihre Unabhängigkeit begehrten, kein anderes Beispiel für einen republikanischen Verfassungsstaat gab als eben die USA. Die USA hatten wenige Jahre zuvor scheinbar das Gleiche geschafft, was jetzt auf dem südlichen Kontinent stattfand. Tatsächlich waren die Verhältnisse in Lateinamerika aber nicht vergleichbar. Bei der Unabhängigkeit der britischen Kolonien in Nordamerika handelte es sich um die völkerrechtliche Verselbständigung von Kolonien, denen das britische Mutterland bereits ein für die damalige Zeit bemerkenswertes Höchstmaß an Selbstverwaltungsrechten zugestanden hatte. Durch die förmliche Unabhängigkeit wurden dort letztlich Institutionen und Praktiken sanktioniert, die es schon vor der Unabhängigkeit gegeben hatte. Südlich der damaligen USA war alles anders.

Spanien und Portugal hatten ihren Kolonien keine vergleichbaren Freiheiten gelassen. Die Vizekönigtümer und Territorien unter der spanischen und portugiesischen Krone wurden nicht anders verwaltet als die europäischen Besitzun-

gen der Madrider und Lissabonner Könige. Hinterließen britisches Verfassungs-
denken und frühkapitalistische Tugenden in den nordamerikanischen Kolonien
ihre Wirkung, wie in Großbritannien selbst, so waren die spanische und portu-
giesische Herrschaftspraxis in Europa und Amerika vom Absolutismus geprägt.
Die Mutterländer und die Kolonien befanden sich im Griff einer Staatsbürokra-
tie, die für die Entfaltung von Handel und Wandel wenig Sinn hatte und vielmehr darauf setzte, aus den Besitzungen soviel Gewinn und Steuern herauszu-
pressen, wie nur möglich. Damit fehlte der Nährboden, auf dem in Nordamerika
die Ideen der Bürgerfreiheit, der Selbstverwaltung und der Gewaltenteilung reif-
ten (Krakau 1992).

Bis zur Unabhängigkeit lautete die Parole in Süd- und Mittelamerika: alle
Macht dem König und seiner absolutistischen Bürokratie! Dieses Erbe sollte
über die Schwelle zur Unabhängigkeit hinweg den Ausschlag geben. Gesellschaften feudalen und absolutistischen Zuschnitts stülpten sich nach dem Vorbild
der USA eine liberale Verfassung über. So entstanden in groben Zügen Regierungssysteme, in denen sich unschwer das US-amerikanische Vorbild erkennen
lässt. Aber die politische Praxis zeigte vielfach noch die Spätfolgen der Diktatur
im Gewande militärischer oder oligarchisch-ziviler Herrschaft. Schon das für die
USA so wichtige Moment des Bundesstaates fehlte in den meisten lateinamerikanischen Verfassungen.

In Mexiko, Argentinien und Brasilien wurde der amerikanische Föderalismus zwar kopiert. Vergleicht man den US-amerikanischen Bundesstaat aber mit
den lateinamerikanischen Bundesstaaten, so wird bereits nach flüchtigem Hinsehen deutlich, dass die Autonomie der Einzelstaaten südlich des Rio Grande viel
geringer ausfällt und dass schließlich die zentrale Figur des Präsidenten auch die
bundesstaatliche Struktur überschattet. Formell halten sich die südamerikani-
schen Regierungssysteme an das aus der amerikanischen Verfassung bekannte
Gewaltenteilungsschema. Tatsächlich ist die Figur des Präsidenten mit weiterge-
henden Rechten ausgestattet als das US-amerikanische Vorbild (Mols 1985).

Aus der Perspektive des Jahres 2010 lässt sich nicht mehr leichthin über La- **Delegierte**
teinamerika sprechen, als handelte es sich wie noch vor 30 Jahren um ein hoff- **Demokratie**
nungsloses Jammertal unverbesserlicher Militärdiktaturen. Vielerorts haben sich
die Verhältnisse verbessert. So halten sich etwa in Argentinien und Brasilien
Demokratien, die inzwischen manche schwere Krise erfolgreich bewältigt haben
(Nohlen 1994). Betrachten wir die Verhältnisse etwas genauer, so stellt sich
abermals heraus, dass die realen Machtverteilungen nach wie vor stark vom
präsidentiellen Regierungssystem der USA abweichen. Im Mittelpunkt des politischen Prozesses steht dort nicht, wie in den USA, der Kongress als die Schlüsselinstitution des Regierungssystems, sondern der vom Volk gewählte Präsident.
Die Institution des demokratisch gewählten Präsidenten ragt so stark heraus, dass
sie die Parlamente in den Schatten stellt (Rinke/Stüwe 2008. 29ff.). In der politikwissenschaftlichen Literatur werden Systeme dieser Art als Delegative Demokratien charakterisiert (O'Donnell 1994). Die Wahl ist der Zentralakt demokratischer Partizipation. Sie delegiert die Programmhoheit an den gewählten Präsidenten. Die parlamentarische Partizipation, die mediale Öffentlichkeit, Vereine

und Verbände stehen im Schatten. Sie sind vorhanden und artikulieren sich. Sie entfalten nur dann Wirkung, wenn sie Zugang zum Präsidentenpalast finden.

Präsidialsystem als Verschleierung autoritärer Diktatur

Noch eine letzte Bemerkung: Das präsidentielle Regierungssystem der USA wird als Vorbild und Stichwortkatalog dazu missbraucht, Verhältnisse schönzufärben, die in der Sache von der Demokratie weit entfernt sind. Es sei an dieser Stelle auch an die flachere Publizistik erinnert, die den amerikanischen Präsidenten in vollständiger Verkennung der wirklichen Verhältnisse immer mal wieder als den mächtigsten Mann der Welt tituliert. Eine verfälschendere Darstellung der Charakteristika des präsidentiellen Regierungssystems lässt sich kaum vorstellen. Gemessen an einem britischen Premierminister, an einem deutschen Bundeskanzler und an einem französischen Staatspräsidenten ist der US-amerikanische Präsident ein bedauernswerter Halbinvalide. Die lauteste Musik in der amerikanischen Bundeshauptstadt spielt nicht im Weißen Haus, sondern auf dem Kapitolshügel

Das Präsidentenamt, wie es in Teilen Asiens, im Orient und in Afrika geschieht, mit gewaltigen Kompetenzen auszustatten, kommt der Umkehrung der Absichten und Realitäten des US-amerikanischen Vorbilds gleich. Im Kreise der westlichen Demokratien ist das US-amerikanische Regierungssystem die Ausnahme geblieben. Erstaunlich ist das nicht. Das Regierungssystem ist unter geschichtlichen Umständen gereift, die schon zur Gründerzeit der USA ein Unikum waren.

4 Frankreich

4.1 Entstehung des Regierungssystems

Das französische Regierungssystem hat sich in Schüben und Brüchen entwickelt. Es verkörpert insofern einen Gegensatz zu den bisher dargestellten Regierungssystemen. Das herausragende Kennzeichen des gegenwärtigen Regierungssystems ist der Primat der Regierung. Unter diesem Aspekt steht Frankreich in einer Reihe mit dem britischen Regierungssystem. Zwei Dinge sind jedoch grundlegend anders. Die gegenwärtige französische Republik kennt an der Spitze der Exekutive ein politisch gestaltungsmächtiges Staatsoberhaupt, den Präsidenten, und daneben die parlamentarisch verantwortliche Regierung. Die über 50-jährige Epoche der V. Republik steht für Stabilität. Davor galt Frankreich als Land mit notorisch instabilen Regierungen. Hier soll zunächst ein Rückblick auf frühere Epochen der französischen Verfassungsentwicklung gegeben werden.

4.1.1 Das vorrevolutionäre Regime

Die Französische Revolution steht am Anfang einer wechselhaften Geschichte von Regierungsformen und Verfassungen. Sie führte im Lauf der nächsten 160 Jahre nahezu alles vor, was es im vielgestaltigen Europa sonst an politischen Ordnungsformen gab (vgl. zum folgenden: P. C. Hartmann 1985). Frankreich hatte im 17. und im 18. Jahrhundert den zuerst in Spanien praktizierten Absolutismus zu hoher Perfektion geführt. Wie so viele europäische Reiche, war auch Frankreich im 16. und frühen 17. Jahrhundert noch ein buntes Gemisch von recht autonomen Territorialherrschern unter der Oberhoheit eines Monarchen. Ludwig XIV. gelang es, die Territorialfürsten zu entmachten, indem er seinen Hof zum Mittelpunkt des gesellschaftlichen Lebens und zum Ort des sozialen Aufstiegs in der zentral gelenkten Bürokratie aufbaute. Die Adelsfamilien aus der Provinz strebten in die neuerbaute Hauptstadt Versailles, wo sie am kostspieligen höfischen Leben teilhatten. Mit Hofämtern, Verwaltungsstellen und Offiziersrängen wurde der Adel an den König gebunden. Der Monarch bestimmte fortan mit Rang und Titel über Aufstieg und Einkünfte. Dieser Adel bildete den Grundstock der Verwaltung und des stehenden Heeres. Beide dienten den Bourbonen dazu, Kriege zu führen und Frankreich als europäische Großmacht zu festigen.

> Das absolutistische Regime der Bourbonen

Wie in anderen europäischen Monarchien hielten sich in Frankreich Überreste vorabsolutistischer Institutionen. Der König brauchte für seine Politik im Inneren und Äußeren viel Geld. Namentlich die Hofhaltung und die Streitkräfte kosteten große Summen. Für die Bewilligung der Steuern, mit denen dies alles bezahlt werden musste, war aber die Zustimmung der Generalstände erforderlich. Dort waren neben der Geistlichkeit und dem Adel auch Bürger und Bauern vertreten. Zur Erinnerung: Das Gegenstück zu den Generalständen war in England das Parlament.

Im Unterschied zu den englischen Königen gelang es den Bourbonenherrschern, die Generalstände auszuschalten. Beraten von den Kardinälen Richelieu und Mazarin, den Mächten hinter dem Thron, von denen wegen ihres geistlichen Standes keine usurpatorische Gefahr für die Dynastie drohte, wurden neue Einkunftsquellen erfunden: Abgaben wie Binnen- und Außenzölle, für die es der Zustimmung der Generalstände nicht bedurfte. Auf diese Weise bekam die Krone die Mittel in die Hand, um ihre Macht auszubauen. Aus eigenem Recht durften die Generalstände nicht zusammentreten. Die Bourbonen verzichteten einfach darauf, sie einzuberufen. So gerieten die Generalstände als herrschaftsbeschränkendes Instrument in Vergessenheit. Die Bourbonen regierten einfach ohne die Stände weiter. Dies war der Kern der absolutistischen Herrschaft in Frankreich. Als Rechtsfiktion blieben die Stände. Sie traten nach 1614 nur nicht mehr zusammen.

4.1.2 Die Revolution *

Eine Finanzkrise erzwingt die Einberufung der Stände

Die Ausschaltung der Stände gelangte im späteren 18. Jahrhundert an ihr Ende. Die Finanzbedürfnisse des Staates konnten mit den üblichen Mitteln nicht mehr gedeckt werden. Frankreichs Beteiligung an den zahlreichen kontinentaleuropäischen Kriegen, ferner seine kostspielige maritime Rivalität mit Großbritannien und schließlich seine aufwändige, zur Schwächung Großbritanniens betriebene Unterstützung der nordamerikanischen Unabhängigkeitsbewegung kulminierten in einer Krise der Staatsfinanzen. Ohne die Rückbesinnung auf das Steuerbeschließungsrecht der Stände gab es keinen Ausweg mehr. Die Stände wurden 1789 zum ersten Mal nach nahezu 180 Jahren wieder einberufen. Sie hatten ihr Erscheinungsbild inzwischen dramatisch verändert. Durch die Entfaltung von Handel und Gewerbe war ein wohlhabendes Bürgertum entstanden. Es spielte im politischen Leben allerdings keine Rolle. Just die modernsten Klassen Frankreichs, Vertreter der intellektuellen Berufe, wohlhabende Kaufleute, die sich Adelstitel käuflich erworben hatten, und der kleine, seinerseits in den Kommerz hinüberwachsende Adel waren die Basis des Dritten Standes. Vor gut 200 Jahren noch der geringste unter den Ständen, war er nach seiner gesellschaftlichen Bedeutung an die erste Stelle gerückt.

Die gleiche Schicht beherrschte zu dieser Zeit das britische Parlament. Während dort Bürgertum und Kleinadel bereits seit über 150 Jahren im Parlament vertreten waren und wachsenden Einfluss auf die Regierung übten, fehlte es den Vertretern des Dritten Standes an politischer Erfahrung. Das Bourbonenregime fußte auf der Herrschaft von Beamten und Offizieren. Ein Beamtentum wie in Frankreich, das mehrere Generationen lang die Gesellschaft aus dem Staat ausgesperrt hatte, gab es in Großbritannien nicht. Sein Militär war dank der beschützten Lage klein bemessen.

---

*   Es empfiehlt sich, hierzu noch einmal die Ausführungen im Teil 1 über Montesquieu und Rousseau zu lesen.

Die politisch interessierten Vertreter des französischen Bürgertums waren unter der Bourbonenherrschaft dazu verurteilt, über Politik allein polemisch und literarisch und in einer oppositionellen Grundhaltung zu diskutieren. In diesem Zusammenhang entstand eine bis heute fruchtbare staatstheoretische Literatur. Während die politische Klasse Großbritanniens an Politik und Verfassung teilhatte und sie als Angelegenheit einer schrittweisen Veränderung erlebte, die für alle Beteiligten lediglich ein begrenztes Risiko barg, fehlten in Frankreich alle Voraussetzungen für ein in der Praxis gereiftes Augenmaß. Der Dritte Stand machte sich 1789 Gedanken über eine ideale Politik. In vielen Köpfen wirkte die Ideenwelt des in großer Mode befindlichen Salonphilosophen Rousseau. Für Kompromisse mit dem legitimistischen Prinzip der Bourbonen war darin kein Platz. *(Randnotiz: Das Bürgertum und der Dritte Stand)*

Rousseau hatte seine Staatstheorie auf ein kleines, überschaubares Staatswesen vom Format einer Stadtrepublik ausgelegt. Die unmittelbare Selbstregierung der Bürger war im großflächigen Frankreich eine Illusion. Der Dritte Stand konstituierte sich 1789 als verfassungsgebende Versammlung (Konstituante). Mit dem Anspruch, die französische Nation zu verkörpern, sprengte der Dritte Stand seine ständische Hülse. Dieser Schritt löste eine Ereignisfolge aus, die als Französische Revolution in die Geschichte eingegangen ist. Die anderen Stände verschwanden sang- und klanglos. Ludwig XVI. wurde nur mehr als konstitutioneller Monarch geduldet, der nach den Maßgaben der Konstituante regieren durfte. *(Randnotiz: Vom Dritten Stand zur Nationalversammlung)*

Es kam, was unter diesen Umständen unvermeidlich war: Die Konstituante debattierte und debattierte. Auf die Probleme, welche die Bourbonenherrschaft hinterlassen hatte, hatte sie keine Antwort. Das Volk murrte, die Unzufriedenheit wuchs, dazu mochte sich der König nicht in die ungewohnte Rolle der konstitutionellen Galionsfigur hineinfinden. Unkluge Obstruktionsversuche des Königs, vor allem eine misslungene Flucht aus Frankreich, das von den Monarchen der Nachbarländer angefeindet wurde, veranlassten die Konstituante zunächst zur Beseitigung der Monarchie (1792).

Die darauf folgende Erste Republik basierte auf der Herrschaft einer in allgemeinen Wahlen ermittelten Nationalversammlung. Ein von ihr bestimmter Wohlfahrtsausschuss übte die Funktion der Regierung aus. In der Nationalversammlung wurde heftig gestritten. Faktionen als Vorform parlamentarischer Parteien bildeten sich heraus. Unter der Flagge der richtigen Deutung des Volkswillens wurden radikale Debatten geführt. Mit den Jakobinern setzte sich bald die radikalste Faktion durch. Ihre mit Verratsvorwürfen und Todesurteilen gesäumte Schreckensherrschaft (terreur) glich einer blutigen Selbstbeschäftigung der Revolutionäre. Ein Regieren, das den inneren und äußeren Herausforderungen hätte gerecht werden können, fand nicht statt. *(Randnotiz: Erste Republik)*

4.1.3 Die Ära Bonaparte

Die politischen Umwälzungen im nachbourbonischen Frankreich erschütterten ganz Europa. Der Sturz der Dynastie, damals eine noch völlig ungewohnte Erfahrung, rief die übrigen europäischen Mächte auf den Plan. Sie wollten mit der Revolution auch einen Ansteckungsherd ersticken. Die revolutionären Ideen hatten längst Anhänger jenseits der französischen Grenzen gefunden. Die mächtigen Monarchen Europas rangen sich zu einer militärischen Lektion durch. Es gab Krieg. Der Versuch einer Strafaktion gegen die revolutionären Störenfriede erwies sich jedoch als stümperhaft, er blieb erfolglos. Dessen ungeachtet geriet die Erste Republik durch diese Vorgänge in ernste Gefahr.

Direktorialverfassung und Konsulatsverfassung

In einem komplizierten Prozess, dessen Einzelheiten hier nicht interessieren sollen, übertrug die Nationalversammlung, die sich dabei an römische Verfassungsvorbilder hielt, die Regierungsgewalt im Jahr 1794 zunächst einem Direktorat. Die Gesetzgebende Gewalt wurde einer Legislative übertragen. Diese Verfassung wich bereits 1799 der Konsulatsverfassung. Der Übergang zu dieser Verfassung kam einem Staatsstreich gleich. Er wurde maßgeblich von Napoléon Bonaparte inszeniert, der mit Erfolg die Heere des revolutionären Frankreich führte. Zentrales Organ dieser Verfassung war ein Senat. Erst einmal gewählt, sollte er sich durch Kooptation ergänzen. Die Regierungsgewalt wurde drei Konsuln übertragen. Erster Konsul wurde Napoléon Bonaparte.

Das Kaiserreich Napoléon Bonapartes

Bonaparte entledigte sich bald der Verfassung, die seine Herrschaft mit der Fiktion republikanischer Legitimation verkleidete. Im Jahr 1804 krönte er sich zum französischen Kaiser. Das Empire trat an die Stelle der Republik. Diese Monarchie war allerdings anders beschaffen als die der Bourbonen. Sie schuf einen neuen Adel, der nicht mehr auf Geburt, sondern vor allem auf militärischer Leistung basierte. Die Trikolore als Flaggensymbol für die Revolution wurde beibehalten, ebenfalls einiges von den Phrasen des Volkswillens und des Allgemeinwohls. Diese neue Autokratie effektivierte Bürokratie und Militär in höchstem Maße. Zahlreiche Institutionen der gegenwärtigen Staatsverwaltung und die erst vor gut einem Vierteljahrhundert gelockerte zentralistische Verwaltungseinteilung Frankreichs gehen auf diese Epoche zurück.

4.1.4 Bürgerkönigtum, Zweite Republik und Zweites Kaiserreich

Restauration

Nach dem Scheitern Bonapartes, eine französische Suprematie über Europa herzustellen, kam es zur Restauration. Im Jahre 1815 kehrte der nächste Verwandte des letzten Bourbonenkönigs, Ludwig XVIII., auf den Königsthron zurück. Dieser Bourbone musste sich damit arrangieren, dass in der Ära Bonaparte mächtige neue Klassen entstanden waren. Die Restauration der Königsherrschaft erwies sich bald als Fehlschlag.

Juli-Revolution: Übergang zur konstitutionellen Monarchie

Unzufriedenheit im Bürgertum führte zur Juli-Revolution von 1830. Sie war keine große Revolution. Bankiers und Fabrikanten waren zu der Erkenntnis gelangt, dass es für die Geschäfte besser war, die Bourbonen endgültig in die historische Kulisse zu entsorgen. Eine konstitutionelle Monarchie schien besser geeignet. Hier könnten die Wohlhabenden durch ihre Vertreter in einem Parlament am Regierungsgeschehen mitwirken. Chef dieser neuen Monarchie wurde ein entfernter Verwandter des Bourbonenhauses, der sog. Bürgerkönig Louis Philippe. Sein bis heute erinnerungswürdiges Regierungsmotto hieß: Bereichern Sie sich, meine Herren (enrichissez-vous, messieurs)! Und so geschah es denn auch. Es kam zu einer hemmungslosen Gewinn- und Ausbeutungswirtschaft – kein französisches Unikum, das Gleiche spielte sich in den Nachbarländern ab. Die vom Land in die Stadt verpflanzten, verelendeten Arbeiter erwiesen sich als Sprengsatz.

Die Juli-Monarchie ging im Februar 1848 in einem Aufstand des Pariser Proletariats unter. Nach dieser Revolution wechselte Frankreich erneut zur republikanischen Regierungsform. Die beherrschende Figur dieser Zweiten Republik war ein Verwandter des großen Kaisers, sein Neffe Louis Bonaparte. Es handelte sich um einen politischen Abenteurer, der mit viel Geschick seine schillernde Biographie auszuspielen verstand, um die Massen zu begeistern. Bereits 1848 ließ er sich zum Staatspräsidenten wählen.

Februar-Revolution: Der Übergang zur Zweiten Republik

Mit ihrer strikten Gewaltenteilung zwischen Nationalversammlung und Präsident erinnerte die Zweite Republik stark an die amerikanische Verfassung. In Anknüpfung an die revolutionäre Tradition führte sie das allgemeine Männerwahlrecht ein. Es gehört seither zu den politischen Glaubensartikeln der französischen Verfassungskultur (obgleich das Bekenntnis erst mit der im europäischen Vergleich überaus späten Einführung des Frauenwahlrechts 1946 Substanz erlangte). Louis Bonaparte setzte nicht allein auf das reiche Bürgertum. Eine weitere Stütze seiner Herrschaft war das bettelarme Proletariat. Bereits 1851 neigte auch diese Republik dem Ende zu. Bonaparte inszenierte einen Staatsstreich, revidierte die Verfassung, ließ sich diesen Schritt in einem Plebiszit bestätigen und sich anschließend zum Präsidenten auf zehn Jahre wählen.

Schon ein Jahr später (1852) rief er in Anknüpfung an den großen Verwandten und gestützt auf ein Referendum das Kaiserreich aus und gab sich den Titel eines Napoléon III. Auch dafür organisierte er ein Plebiszit, das diesem Schritt die Weihen des Volkswillens gab. Wahlrecht und Volksbeteiligung wurden anschließend beschnitten. Das Parlament sank zur bedeutungslosen Versammlung herab.

Das Kaiserreich Louis Bonapartes

Weiterhin veränderte die industrielle Entwicklung Frankreich in großem Tempo. Ihre typischen sozialen Begleitkonflikte belasteten das Zweite Kaiserreich kaum weniger als die kurzlebigen Regime, die ihm vorausgingen Für sie hatte auch der jüngere Bonaparte keine Lösung. Er verlegte sich darauf, mit außenpolitischen Aktionen, von denen er sich Popularität versprach, sein Regime zu festigen. Militärische Abenteuer in Italien (1859) und selbst im fernen Mexiko (1864-1867) brachten nicht die erhofften Erfolge. Ungeschickte Diplomatie lieferte Preußen 1870 den Vorwand für einen Krieg, der zum Geburtshelfer der deutschen Reichsgründung werden sollte. Die Gefangennahme des Kaisers besiegelte das Ende des Zweiten Kaiserreichs.

4.1.5 Die parlamentarische Dritte Republik

Der deutsch-französische Krieg ging mit schweren sozialen Erschütterungen einher. In der Nachfolge der erloschenen kaiserlichen Autorität bildete sich eine Konstituante. Die von ihr gewählte Provisorische Regierung führte den Krieg weiter. Während die Öffentlichkeit noch unter den Schock der militärischen Niederlagen stand, kam es in Paris zu einem Volksaufstand. Verkleistert mit sozialistischer Ideologie, erhob sich ein Teil des einfachen Pariser Volkes und rief 1871 nach der Vorlage des Kommunistischen Manifestes die Kommune aus: die Selbstregierung des arbeitenden Volkes. Die Kommune wurde von der Provisorischen Regierung Frankreichs unterdrückt. Bald darauf kam es zum Friedensschluss mit Deutschland.

Regierungssystem der III. Republik

Mit der Verabschiedung einschlägiger Verfassungsgesetze rief die Konstituante 1875 die Dritte Republik ins Leben. Diese Republik wurde als parlamentarisches Regierungssystem ausgestaltet. Der Versammlung steckte die monarchische Entgleisung der präsidialen Zweiten Republik noch in den Knochen. Mit Blick auf Louis Bonapartes Manipulation der Volksstimmung verzichteten die Verfassungsgesetze vollständig auf plebiszitäre Elemente.

Die gesetzgebende Gewalt wurde dem Parlament anvertraut. Es bestand aus zwei Kammern, Abgeordnetenhaus und Senat. Zum Träger der Exekutivgewalt wurde der Präsident bestimmt. Er wurde nicht vom Volk, sondern in gemeinsamer Sitzung beider Parlamentskammern auf sieben Jahre gewählt. Die Regierungsverantwortung wurde dem Kabinett zugewiesen. Regierungsbeschlüsse fielen im Staatsrat, d.h. auf gemeinsamen Sitzungen der Minister mit dem Präsidenten. Dem Präsidenten stand es frei, die Regierung zu entlassen, eine neue Regierung zu berufen, das Parlament aufzulösen und einen Gesetzesbeschluss, mit dem er nicht einverstanden war, zur erneuten Beratung an das Parlament zurückzuverweisen. Sprach eine der beiden Kammern der Regierung das Misstrauen aus, musste der Präsident die Regierung allerdings entlassen.

Der Präsident verzichtet auf die Ausschöpfung seiner Rechte

Der Präsident hatte in dieser Konstruktion eine sehr starke Position. In der politischen Praxis machten die Präsidenten von ihren weitgesteckten Rechten kaum Gebrauch. Lediglich der erste Präsident unter dem Verfassungsgesetz der III. Republik, Patrice de MacMahon, wagte es 1877, das Parlament aufzulösen, weil ihm die Regierungspolitik nicht behagte. Das empörte Echo in der Öffentlichkeit veranlasste ihn, sein Amt fortan nur noch als repräsentatives Staatsoberhaupt auszuüben. Alle Nachfolger taten es ihm gleich.

Das Wahlsystem und die Wahlkreise wurden so zugeschnitten, dass die ländlichen Regionen im Parlament weit besser repräsentiert waren als die wenigen Industriemetropolen mit ihrer für sozialistische Ideen empfänglichen Arbeiterschaft. Kleinbürger, Landwirte und die dörflich-kleinstädtische Welt der französischen Provinz waren das Rückgrat dieser Republik.

Das Traum des Bonapartismus

In ihren Anfangsjahren lebte die junge Republik in der Befürchtung, aus den Reihen der Armee, die schwer an der Niederlage im deutsch-französischen Krieg trug, könne abermals eine Art Bonaparte erwachsen. Die Hoffnungen der Antirepublikaner ruhten auf General Georges Boulanger. Im Jahr 1889 putschte der General tatsächlich, der Versuch schlug aber fehl. Die Furcht vor dem Bonapartismus blieb in der politischen Elite und in der kritischen Öffentlichkeit als historisches Erinnerungsmoment lebendig. Wie sich in den Ereignissen am Ende der III. Republik und am Ende der IV. Republik zeigen sollte, trat in kritischen Momenten auch später ein politisch ambitionierter Militär auf den Plan.

4.1.6　Das Ende der Dritten Republik und Vichy

Die Dritte Republik zeichnete sich insgesamt durch große politische Stabilität aus. Die Stabilität ihrer Regierungen war allerdings sehr gering. Es spielte sich ein reger Wechsel zwischen parlamentarischen Führungspositionen und Ministerämtern ein. Differenzen in den Regierungsbündnissen wurden in aller Regel mit Rücktritt quittiert. Eine neue Parteienkombination löste die bisherige in den Regierungsämtern ab. Eines blieb gleich: Spielmacher waren die beiden Parlamentskammern. Die Parlamentarier bedienten sich munter des Misstrauensvotums, um Regierungen zu Fall zu bringen. Eine vorzeitige Auflösung des Parlaments hatten sie nicht zu befürchten, weil der Präsident seine Rechte nicht ausübte. Für diese Praxis bürgerte sich die Redensart des Régime d'assemblé ein (Duverger 1986; Grosser/Goguel 1980).

Régime d'assemblé

Die politischen Parteien bewegten sich mit Ausnahme der Sozialisten und später der Kommunisten trotz ihrer Vielfalt und ihrer verbalradikalen Programme auf demselben politischen Boden. Die Dritte Republik entsprach exakt ihren Interessen. Parteien- und Fraktionsdisziplin waren zu vernachlässigen. Die Abgeordneten – in der Regel aus den freien Berufen, darunter viele Anwälte, Ärzte, Professoren – verdankten ihr Mandat nicht so sehr den Parteien als vielmehr der Tatsache, dass sie in ihren zumeist überschaubaren Provinzwahlkreisen Ansehen genossen und im Ruf standen, ihre Wähler wirksam in Paris zu vertreten (Hoffmann 1976). Große Erwartungen an den Staat gab es nicht. Es reichte, den Staat möglichst weit auf Abstand zu halten.

Im Ersten Weltkrieg gelang es dann allerdings mit einer gewaltigen Kraftanstrengung, die nationalen Ressourcen zu mobilisieren. Unter dem Druck der existentiellen Bedrohung von 1914 bis 1918 fand sich das Parlament sogar dazu bereit, der Regierung wirkliche Handlungsfähigkeit einzuräumen. Nach dem Ende der Kriegshandlungen glitt das Regierungssystem wieder in die gewohnten Bahnen zurück. Nur waren die Verhältnisse nach dem Krieg keineswegs einfacher geworden.

Die Linke und die sozialistischen Gewerkschaften erstarkten. Infolge der Weltwirtschaftskrise (1929) geriet die III. Republik in große Probleme. Für Arbeitslosigkeit und soziales Elend hatte das beherrschende bürgerliche Lager keine Lösung. Im Jahr 1936 bildeten Sozialisten und Linksliberale (Volksrepublikaner) mit Unterstützung, aber ohne Regierungsbeteiligung der Kommunisten eine sog. Volksfront. Sie stellten die erste und zugleich auch die letzte linke Regierung der III. Republik. Die Volksfront beschloss sozialpolitische Neuerungen. Schon 1938 war die Volksfront wieder am Ende, ihre sozialpolitischen Errungenschaften blieben.

Auch die Linke regiert in der parlamentarischen Republik

Die III. Republik erlosch, als Frankreich im Juni 1940 vor den deutschen Armeen kapitulierte. Die letzte Regierung der III. Republik legte die Geschicke des Landes in die Hände des greisen Marschalls Philippe Pétain. Der Norden Frankreichs wurde deutsches Besatzungsgebiet, der Süden stand unter der förmlichen Hoheit eines französischen Reststaates. Im Badeort Vichy nahm eine Regierung unter Leitung des Marschalls Pétain ihren Sitz. Sie stand dort einem faschistischen Marionettenregime vor. Vor dem Hintergrund der kontinuierli-

Vichy

chen Verschlechterung der militärischen Lage für das Dritte Reich wurde später auch das südliche Frankreich besetzt.

Der Widerstand um
de Gaulle

Teile der französischen Armee akzeptierten die Kapitulation nicht. Viele Offiziere, darunter der General Charles de Gaulle, und in ihrem Gefolge etliche Politiker und Beamte setzten sich im Juni 1940 nach London ab, von wo aus sie den bewaffneten Widerstand organisierten. Die Widerstandsbewegung in Frankreich selbst wurde allerdings in hohem Maße auch von Kommunisten getragen. De Gaulle empfahl sich bei den Alliierten als Partner in der gemeinsamen Abwehr der deutschen Aggression. Dazu führte er die im Kolonialimperium Frankreichs vorhandenen militärischen Potenziale zusammen. De Gaulle wurde von Briten und Amerikanern aber lediglich als nützlicher Juniorpartner akzeptiert.

De Gaulle war ein begabter, jedoch keineswegs ranghoher General. Er hatte nie eine politische Funktion bekleidet. Als Repräsentant Frankreichs im Exil berief er sich letztlich auf die Idee, dass es mit der Größe und Würde Frankreichs nicht vereinbar sei, dass seine Heimat auf Dauer widerstandslos Niederlage und Besatzung hinnehme. Mit den französischen Truppenkontingenten, die sich an der Wiedereroberung Frankreichs im Sommer 1944 beteiligten, zog de Gaulle als Chef des freien Frankreich in Paris ein. Dort bildete er mit seinen engsten Vertrauten eine Provisorische Regierung (dazu, und im Folgenden Loth 1987).

4.1.7 Die Vierte Republik und der Übergang zur Fünften Republik

Für die Ausarbeitung einer Verfassung wurde 1945 eine Verfassunggebende Versammlung gewählt. De Gaulles Vorstellungen entsprach bereits das Wahlergebnis nicht. Wie in der vergangenen Dritten Republik beherrschten die Parteien, teils unter neuen Bezeichnungen, die Konstitutante. Sie erteilten de Gaulles Vorstellungen von der starken Exekutive eine Absage. Als auch noch der Verteidigungsetat gekürzt wurde, nahm de Gaulle als Provisorischer Regierungschef seinen Abschied. Er zog sich vollständig aus der Politik zurück.

Das Regierungssys-
tem der IV. Republik

Das Verfassungsdokument, auf das sich die Verfassunggebende Versammlung 1946 einigte, lag recht nahe an der Verfassung der III. Republik. Im Stile der Zeit enthielt die Verfassung dieser IV. Republik viele programmatische Bekundungen für die soziale Gerechtigkeit. Auch gerieten die Institutionen etwas anders als in der Vorgängerrepublik: Allein die Nachfolgeinstitution des Abgeordnetenhauses, die Nationalversammlung, konnte jetzt die Regierung zum Rücktritt zwingen. In die Funktion der Zweiten Kammer trat der Rat der Republik. Im Gesetzgebungsverfahren hatte der Rat geringeres Gewicht als die Nationalversammlung. Im Unterschied zum Senat der III. Republik konnte er auch nicht die Regierung stürzen. Die parlamentarischen Rechte konzentrierten sich bei der Nationalversammlung. Der Präsident sollte unverändert nicht in direkter Volkswahl, sondern durch Wahl beider Parlamentskammern bestimmt werden und für sieben Jahre amtieren.

Im Parteiensystem ergaben sich Veränderungen, zu denen auch ein repräsentativeres Wahlsystem beitrug: Die Kommunisten waren deshalb stärker im Parlament vertreten als zuvor. In Gestalt der Republikanischen Volksbewegung

(MRP) fasste eine Partei Fuß, die christlich-demokratisches Gedankengut vertrat. Im Übrigen fanden sich in der Mitte des Parteienspektrums ungefähr die gleichen politischen Kräfte wieder, die bereits das Schicksal der III. Republik bestimmt hatten. Zu den tragenden Parteien der IV. Republik gehörten auf der Linken die Sozialisten.

Das Parlament machte wie in der Vorgängerrepublik lebhaft von der Möglichkeit Gebrauch, Regierungen zu stürzen und neue Regierungen einzusetzen. Ebenso scheuten aber die Regierungen davor zurück, mit der Auflösung des Parlaments zu drohen, um die Abgeordneten zu disziplinieren. Auch der Staatspräsident hielt sich in gewohnter Weise zurück.

Galt schon die III. Republik im Vergleich mit den europäischen Demokratien als Rekordhalterin in der Amtsdauer der Regierungen, kaum eine Regierung amtierte länger als durchschnittlich zwei Jahre, drückte die IV. Republik die durchschnittliche Kabinettsdauer auf etwa sechs Monate. Die meisten Kabinette setzten sich im Kern aus denselben drei Parteien zusammen: Sozialisten, Christdemokraten und Linksliberale. Mächtige Parlamentarier pendelten zwischen den Ministerien und dem Vorsitz der mächtigen Fachausschüsse der Nationalversammlung hin und her. Der einzige ruhende Pol im politischen Geschehen war die Ministerialverwaltung. Sie fing die Effizienzmängel der Politik in gewissem Umfang auf (Williams 1964).

Von Anbeginn war die IV. Republik mit schweren politischen Herausforderungen konfrontiert. Die Kriegsfolgen und die Verwerfungen der Nachkriegszeit brachten viele soziale Härten mit sich. Die Staatsfinanzen waren zerrüttet. Ausgerechnet unter diesen Voraussetzungen musste sich Frankreich noch der Tatsache stellen, dass die Zeiten für europäische Kolonien unwiderruflich dem Ende zuneigten. Mit Hilfe britischer Truppen hatte Frankreich seine Kolonien in Indochina wieder in Besitz genommen. Gegen das Wiederaufleben der Kolonialverhältnisse gab es dort von vornherein massiven Widerstand. Frankreich erlitt 1954 im heutigen Vietnam eine vernichtende militärische Niederlage. Es zog sich aus Südostasien zurück. Das nächste und für das Schicksal der IV. Republik tödliche Kolonialproblem stellte sich in den nordafrikanischen Besitzungen, insbesondere in Algerien. In staatsrechtlicher Hinsicht waren die algerischen Gebiete integrale Bestandteile des französischen Mutterlandes. Dort lebten seit Generationen Franzosen inmitten einer Mehrheit muslimischer Menschen, denen die französischen Bürgerrechte vorenthalten wurden. In Algerien bildete sich eine Unabhängigkeitsbewegung, die den Sicherheitsbehörden und der Armee schwer zu schaffen machte. Versuche, den Widerstand zu brechen, verschlangen immer größere Ressourcen. Ihre Brutalität sorgte irritierte die Verbündeten.

Belastungen durch die Kolonialkriege

Aufsehenerregende Attentate in Algerien setzten die Regierung massiv unter Druck. 1958 wussten die Regierungen der IV. Republik keinen Ausweg mehr. Der Krieg war nicht zu gewinnen. Um Algerien verloren zu geben, war die Republik aber zu schwach. Im Jahr 1958 putschte in Algier die Armee. Der Aufstand drohte auf das Mutterland überzugreifen. Bürgerkriegserwartungen machten sich breit. In diesen dramatischen Umständen kollabierte die IV. Republik. Die letzte Regierung dieser Republik rang sich in einem Kraftakt dazu durch, ihren geschworenen Gegner, den General de Gaulle, um die Übernahme der

Algerienkrise und Zusammenbruch der IV. Republik

Regierungsgeschäfte zu bitten. In dieser Eigenschaft gab de Gaulle die Ausarbeitung einer neuen Verfassung in Auftrag. Es handelte sich hier um nichts weniger als eine politische Kapitulation vor dem starken Mann, der den algerischen Krieg zu Ende bringen sollte. Dafür bekam er das Angebot, das Regierungssystem nach seinen Vorstellungen umzubauen (Weisenfels 1980).

Übergang zur V. Republik

Das Verfassungsproblem löste de Gaulle ebenso rasch wie effizient. Ein von der amtierenden Nationalversammlung einberufener Verfassungskonvent beschäftigte sich mit verschiedenen Vorbildern. Er berücksichtigte die bekannten Verfassungsideen de Gaulles und legte nach kurzen Beratungen einen Verfassungsentwurf vor. Ein Plebiszit setzte die neue Verfassung in Kraft. Die Fünfte Republik löste die krisengeschüttelte Vorgängerrepublik ab. Die Armee, besonders die Truppen in Algerien, hatten die Berufung de Gaulles anfänglich begrüßt. Der General enttäuschte die Erwartungen. In realistischer Einschätzung der Situation gab er das französische Algerien zunächst noch stillschweigend, nach einiger Zeit dann auch öffentlich auf. Die Enttäuschung darüber gipfelte 1961 in einem weiteren Putschversuch der Algerienarmee. Zu dieser Zeit war das Verfassungsgefüge der V. Republik bereits einigermaßen stabil. Die entschlossene Reaktion de Gaulles ließ den Putsch scheitern.

Die V. Republik unterscheidet sich maßgeblich von ihren Vorgängerinnen. Der Präsident wurde gestärkt, das Parlament aber der große Verlierer. Es ist nicht mehr zentraler Spieler im Regierungssystem, sondern lediglich dritter Mitspieler mit dem Staatspräsidenten an erster und dem Regierungschef an zweiter Stelle.

Verfassung, Politik und Nation

Bis hier wurde die Vorgeschichte des Regierungssystems der V. Republik nach ähnlichen Kriterien geschildert wie die des britischen oder des amerikanischen. Eine Ergänzung ist aber unverzichtbar. Bei der Diskussion der französischen Verfassungsinstitutionen muss bedacht werden, dass die Idee der Nation mit dem Verpflichtungswert der Verfassung konkurriert. Die französische Nation steht dabei für Sprache, Kultur und historische Größe (Ehrmann 1977, 11ff.). Wie es in der Verfassung heißt, bildet das französische Volk eine „nation une et indivisible". Die Begriffe der Einheit und Unteilbarkeit lassen sich in verschiedener Weise auslegen und treffen zumeist doch alle das Richtige. Da geht es einmal um die territoriale Einheit. Dazu kommt die Erwartung, dass die Franzosen durch Ideologien und Glaubensbekenntnisse nicht groß gespalten sein dürfen.

> Verfassung Frankreichs von 1958 i.d.F. von 2008: „Art. 2: Frankreich ist eine unteilbare, laizistische, demokratische und soziale Republik. Die Organisation der Republik ist dezentral. Sie gewährleistet die Gleichheit aller Bürger vor dem Gesetz ohne Unterschied der Herkunft, Rasse oder Religion. Sie achtet jeden Glauben".

Nimmt man nur diese beiden Akzente des Nationenverständnisses, so dürfte deutlich werden, dass die Legitimität der Verfassung und des Regierungssystems in der Historie auch daran gemessen wurde, ob die Politik die Nation zu repräsentieren vermochte. Fasst man die Verfassungsproblematik einmal so, dann wird deutlich, dass die Nationenerwartung häufig enttäuscht wurde. Im Jahr 1848 war es der Bürgerkrieg, 1871 war es die Schande der Niederlage gegen Preußen-Deutschland und die erzwungene Abtretung Elsaß-Lothringens. Die Niederlage von 1940 mit der erniedrigenden Besatzung und der Spaltung der

Gesellschaft in Passive, Widerständler und Kollaborateure hatte noch ungleich dramatischere Traumata zur Folge. Nicht anders verhielt es sich in der IV. Republik mit dem drohenden Bürgerkrieg, dem unabwendbaren Verlust Algeriens und dem unerquicklichen Schauspiel, wie schlecht sich Frankreich von seinem Überseereich zu trennen vermochte. In dieses Bild passt es, dass man sich 1958 Abhilfe just von jenem General de Gaulle versprach, dem es in schon fast mythischer Verklärung 1940 gelungen war, im Exil die Ehre Frankreichs zu retten.

4.2 Verfassung

Im Mittelpunkt der Verfassungsideen der III. und IV. Republik stand das Parlament als Manifestation des Volkswillens. Kein Gericht durfte über dem Gesetzgeber stehen. Im Zweifel hatten die Gerichte die Willensäußerung des Parlaments, d.h. aktuelle Gesetzesentscheidung, den älteren Bestimmungen des Verfassungsdokuments vorzuziehen. Dem entsprach auch die Scheu, die Volksvertreter vor Ablauf der Legislaturperiode in den Wahlkampf zu schicken. De Gaulle setzte dem Parlament die Präsidentschaft als konkurrierende Ausdrucksform des Volkswillens entgegen. Die Verfassung der V. Republik war auch als technischer Behelf gedacht, um das Parlament in die Schranken zu weisen. Ein Verfassungsrat sollte darüber wachen, dass diese Grenzen gewahrt blieben. Er wuchs jedoch unerwartet über diese Rolle hinaus und setzte die Verfassung als Schranke für den Mehrheitswillen durch. Dieser weitgehend stille Verfassungswandel hat große Wirkung entfaltet. Heute hat sich dieser Verfassungsrat zu einem Organ von verfassungspolitischer Bedeutung entwickelt, das den Vergleich mit modernen Verfassungsgerichten zulässt. Die Erklärung der Menschenrechte von 1789 und die sozialstaatlich gestimmte Präambel der Verfassung der IV. Republik sind in die geltende Verfassung integriert. Sie stellen eine Art Grundrechtekatalog dar. Unter Berufung auf die Menschen- und Bürgerrechte tritt der Verfassungsrat seit einem Vierteljahrhundert in eine für die Regierung häufig unbequeme Verfassungsauslegung ein.

Das Parlament wird in enge Schranken gewiesen

Die Verfassung trägt in starkem Maße die Handschrift de Gaulles. Seine Verfassungsidee entwickelte er bereits frühzeitig in einer programmatischen Rede im normannischen Städtchen Bayeux (1946). Dort verlangte er, die Sicherheit der Nation brauche einen starken Präsidenten, der über den Parteien stehe und der sich, wenn die Situation es verlange, über das Gezänk der Parlamentarier hinwegsetzen könne. Der Präsident sollte ein Mandat des Volkes haben, also dieselbe Legitimationsqualität für sich in Anspruch nehmen können wie die Parlamentarier. Deshalb müsse er auch auf das Instrument der Volksbefragung zurückgreifen können.

Der Präsident als überparteilicher Hüter nationaler Interessen

Die starke Stellung des Präsidenten wird auch in den Bestimmungen zur Verfassungsänderung deutlich. Die Verfassungsänderung kann vom Parlament, vom Premierminister oder vom Präsidenten beantragt werden. Beschließen beide Kammern mit Zweidrittelmehrheit, so muss die Verfassungsänderung in einem Plebiszit bestätigt werden. Wenn der Präsident es aber wünscht, findet die

Verfassungsänderung

Volksabstimmung nicht statt. Die Mitglieder beider Parlamentskammern beschließen die Änderung dann mit Dreifünftelmehrheit in gemeinsamer Sitzung.

Maßgeblichen Einfluss auf den Verfassungsentwurf hatte de Gaulles Mitstreiter im Widerstand, Michel Debré. Ihm wird großer Einfluss auf die Details des rationalisierten Parlamentarismus zugeschrieben, der die V. Republik charakterisiert. Dieser Begriff eines rationalisierten Parlamentarismus hebt den Gegensatz zum Régime d'assemblé früherer Republiken hervor.

Jüngste Verfassungsänderungen ziehen Lehren aus der Verfassungspraxis

Fortschreibungen der Verfassung, die das Regierungssystem betreffen, sind durchweg jüngeren Datums. Sie tragen einer Situation Rechnung, die 1958 auch der klügste Verfassungsexperte nicht voraussehen konnte. Vor fünfzig Jahren war die Parteienlandschaft so fragmentiert wie je. Die Verfassung war deshalb auf die komplizierten und labilen Koalitionsregierungen ausgelegt, welche die Krux der III. und IV. Republik waren. Dass sich dann wider Erwarten ein bipolares Parteiensystem herausbildete, in dem Präsident und Regierung verschiedene Mehrheiten repräsentierten, trug Schärfen und Reibungen in den Regierungsprozess, die auf der Rechten wie auf der Linken als misslich empfunden wurden. Die Eliten verständigten sich darauf, die Verfassung und ihre Handhabung darauf einzustellen, dass künftig präsidiale Mehrheit und Parlamentsmehrheit mit größerer Wahrscheinlichkeit als in der Vergangenheit übereinstimmen.

4.3 Parlament, Regierung und Präsident

4.3.1 Parlament

Wahlsystem für die Nationalversammlung

Das Parlament besteht aus zwei Kammern, Nationalversammlung und Senat. Die Wahl der Nationalversammlung erfolgt nach dem Prinzip des absoluten Mehrheitswahlsystems. Die Parlamentarier werden in Einperson-Wahlkreisen gewählt. Gewählt ist derjenige Kandidat, der 50 und mehr Prozent der abgegebenen Stimmen auf sich vereinigt. Gelingt es keinem Kandidaten, eine absolute Mehrheit auf sich zu vereinigen, so findet zwei Wochen später ein zweiter Wahlgang statt, an dem sich nur noch die Kandidaten beteiligen dürfen, die im ersten Wahlgang mindestens 12,5 Prozent der Stimmen erhalten haben. Dieses Wahlsystem erleichtert das Zustandekommen klarer parlamentarischer Mehrheiten (dazu näher Nohlen 2004, 279ff.).

Das Wahlsystem fördert die Bildung politischer Lager

In einem Land mit Zweiparteientradition würde das absolute Mehrheitswahlsystem wenig Sinn machen. Frankreich aber hat ein stärker differenziertes Parteiensystem, dem dieses Wahlsystem Rechnung trägt. In Anbetracht der vielen Parteien bringt der erste Wahlgang nur in wenigen Wahlkreisen bereits die Entscheidung. In der Frist zwischen dem ersten und dem zweiten Wahlgang setzt in den unentschiedenen Wahlkreisen ein intensives Verhandeln zwischen den Parteien ein, um zweitbeste Lösungen zu finden. Es hat sich die Praxis eingespielt, dass sich die Parteien zwischen beiden Wahlgängen verständigen, einen Kandidaten zurückzuziehen, um die auf ihr Lager entfallenden Stimmen in der Stichwahl auf den aussichtsreicheren Kandidaten zu konzentrieren. Den Wählern der verzichtenden Partei wird empfohlen, für den nunmehr gemeinsamen Kandidaten zu stimmen.

Tabelle 11: Wahlen zur Nationalversammlung 1958-2007
                (in v.H., in Klammern Mandate)

	Kommunisten (PCF)	Sozialisten* (PS)	Gaullisten** (UMP)	Zentrum*** (UDF)	Sonstige
1958	18,9 (10)	20,6 (67)	17,5 (198)	11,7 (57)	31,3 (245)
1962	21,8 (41)	16,4 (105)	31,9 (269)	8,9 (55)	21,0 (107)
1967	22,5 (73)	19,0 (121)	37,7 (244)	12,6 (41)	8,2 (98)
1968	20,0 (34)	16,5 (57)	47,8 (354)	10,4 (33)	5,3 (99)
1973	21,6 (73)	18,9 (102)	34,5 (268)	12,5 (34)	12,5 (100)
1978	17,5 (86)	24,7 (104)	22,8 (153)	20,7 (114)	11,2 (110)
1981	16,1 (44)	37,8 (283)	20,9 (85)	19,1 (62)	6,1 (103)
1986****	9,7 (35)	31,9 (216)	26,6 (147)	15,5 (130)	16,3 (49)
1988	11,3 (27)	35,9 (282)	26,6 (127)	18,5 (129)	7,7 (12)
1993	9,1 (24)	19,2 (67)	19,8 (242)	18,6 (207)	33,3 (37)
1997	9,9 (38)	23,7 (241)	15,7 (134)	14,2 (108)	36,5 (56)
2002	4,8 (38)	23,9 (141)	33,7 (369)	4,9 (22)	24,3 (24)
2007	4,3 (15)	24,7 (185)	39,5 (314)		32,5 (64)

* mit verbündeten Parteien ** vor 1975 UNR/UDR/RPR) ***vor 1978 Unabhängige Republikaner
und nahestehende Parteien, 2002 Zusammenschluss mit RPR zur UMP ****Verhältniswahl

Das Wahlsystem bewirkt, dass die Parlamentswahlen zwischen den beiden Lagern entschieden werden (siehe Tabelle 11). Die Kommunistische Partei ist die notorische Leidtragende eines Wahlsystems, das ihre Wähler massiv unterrepräsentiert. Neue Parteien und kleinere Parteien werden noch stärker benachteiligt (siehe Tabelle 12). Dies liegt in der Logik des Mehrheitswahlsystems. Die in der V. Republik praktizierte Spielart hat darüber hinaus noch den Effekt, dass die Stärke auch der größeren Nationalversammlungsfraktionen von Wahl zu Wahl beträchtlich schwankt (siehe Tabelle 13). Für das parlamentarische Fußvolk entstehen damit kräftige Anreize, sich für den Fall des Mandatsverlustes mit lokalen oder regionalen Doppelmandaten rückzuversichern.

Verfassung Frankreichs von 1958 i.d.F. von 2008: „Art. 24: Das Parlament besteht aus der Nationalversammlung und dem Senat. Die Abgeordneten der Nationalversammlung werden in allgemeiner und unmittelbarer Wahl gewählt. Der Senat wird in mittelbarer Wahl gewählt. Er gewährleistet die Vertretung der Gebietskörperschaften der Republik. Die außerhalb Frankreichs wohnenden Franzosen werden im Senat vertreten".

Der 321 Mitglieder umfassende Senat ist wie seine Vorgängerinstitution die *Senat*
Vertretungskörperschaft der Departments und Gemeinden. Jedes der 89 französischen Departments wählt drei Senatoren, und zwar in Dreijahresintervallen jeweils ein Drittel der Senatoren. Wahlberechtigt sind aber lediglich die Bürgermeister, die Generalratspräsidenten und andere gemeindliche Funktionsträger, insgesamt eine durch Amt definierte Wählerschaft von etwa 240.000 Personen. Der Senat ist eine kuriose Parlamentskammer. Gebietsreformen haben die Départements als Verwaltungsgrößen schon lange entwertet. Der Senat überrepräsen-

tiert die agrarischen Landstriche und die Kleinstädte. Die Mehrheit der 38.000 französischen Gemeinden sind Miniaturgebilde. Trotz der demokratisch überaus schwachen Legitimation ist dem Senat durch die Verfassung ein gewichtiges Wort im Gesetzgebungsprozess zugewiesen.

Der rationalisierte Parlamentarismus

Die Nationalversammlung steckt in der Zwangsjacke des rationalisierten Parlamentarismus. Die Verfassung bestimmt exakt, wie lange die Nationalversammlung tagen darf, bis 1975 lediglich sechs Monate. Diese Frist ist 1976 auf neun Monate verlängert, wobei seit 1995 keine der beiden vorgeschriebenen Sitzungsperioden länger als 120 Tage dauern darf. Diese Regelung ist vom Negativbild der parlamentarischen Versammlungsregime in der III. und IV. Republik geleitet, als die Kammern praktisch in Permanenz tagten, mit parlamentarischen Störmanövern die Kontinuität der Regierungsarbeit beeinträchtigten und die Minister zwangen, viel Zeit im Parlament zu verbringen. Die Konzession einer längeren Sitzungsperiode kostete nicht viel. Gut 20 Jahre nach Gründung der V. Republik hatten sich die Parlamentarier längst an den durch andere Verfassungsbestimmungen immer noch gesicherten Primat der Regierung gewöhnt.

Art. 48 der Verfassung schreibt vor, dass von den zur Beratung vorliegenden Anträgen mit Vorrang die Regierungsvorlagen beraten werden müssen (zum Folgenden: Höhne 2008: 239ff). Das gleiche gilt für jene Vorlagen aus der Mitte der Nationalversammlung selbst, die von der Regierung ausdrücklich befürwortet werden. Auch darf die Regierung nach Art. 44, Abs. 3 der Verfassung verlangen, dass über ein Gesetz allein mit den Änderungswünschen der Regierung und in nur einer statt wie sonst üblich in drei Lesungen abgestimmt werden muss. Verbindet die Regierung eine Vorlage mit der Vertrauensfrage und spricht die Nationalversammlung der Regierung nicht binnen 24 Stunden das Misstrauen aus, ist die Vorlage auch ohne Abstimmung angenommen (Art. 49, Abs. 3 der Verfassung, sog. Vote bloquée). Eine Verfassungsänderung ergänzte im Jahr 2008, dass dieses Verfahren nur einmal im Jahr angewandt werden darf.

Im Kabinett ist ein Parlamentsminister für die Agenda von Nationalversammlung und Senat zuständig. Seine Rolle gleicht der des Leader of the House im britischen Kabinett. Für die Regierungsarbeit sind, wie in parlamentarischen System üblich, auch die Präsidenten der parlamentarischen Gruppen – die Fraktionsvorsitzenden – wichtige Partner.

Tabelle 12: Differenz zwischen Wählerstimmen und Mandatsverteilung
(zweiter Wahlgang) in v.H.

	Kommunisten	Sozialisten	Gaullisten	Zentrum*	Sonstige
1962	-10,5	-7,0	+23,2	+0,1	+9,5
1967	-7,5	+5,8	+12,3	+4,2	+11,1
1968	-13,0	-4,5	+27,7	+3,6	+15,0
1973	-6,7	+1,2	+20,2	-5,6	+7,9
1978	0	+3,2	+8,4	+2,6	+11.2
1981	-7,1	+19,8	-3,6	-6,5	+14,9
1986**	-3,7	+5,4	-1,0	+7,1	-7.8
1988	-6,6	+12,8	-4,5	+3,1	-5,6
1993	-5,0	-7,6	+22,2	+17,3	-26,9
1997	-3,3	+18,1	+7,5	+4,5	-26,8
2002	+1,8	+0,5	+30,3	+1,1	+20,1
2007	-1,7	+7,4	+24,9		+21,4

* *einschließlich Vorgängerparteien der heutigen PS bzw. der heutigen Parteien des Zentrums*
(UDF).

***Verhältniswahl.*

Bedenkt man angesichts der Eigenarten modernen Regierens, dass die Parlamente zumeist damit beschäftigt sind, Vorschläge der Regierungen zu bearbeiten, so
operiert die Nationalversammlung geradezu unter dem Diktat des Gesetzge-
bungsfahrplans der Regierung (Camby/Servant 1992). Auch dabei scheint die
Anschauung der Vergangenheit durch: Die Weigerung der Kammern, sich mit
den von der Regierung erwünschten Gesetzen überhaupt zu beschäftigen, war in
den Vorgängerrepubliken ein wichtiger Hebel gewesen, um die Prioritätenset-
zung der Regierung zu unterlaufen.

Tabelle 13: Veränderung der Mehrheitsverhältnisse in der Nationalversammlung
(in Mandatsgewinn oder -verlust der Linken (PCF und PS)

Wahljahr	
1962	+69
1967	+48
1968	-103
1973	+84
1978	+25
1981	+127
1986*	-76
1988	+58
1993	-228
1997	+188
2002	-100
2007	+21

* *1986 wurde nach dem Verhältniswahlprinzip gewählt.*

Die Verfassung bestimmt ferner, hier handelt es sich um ein Unikum unter den
Verfassungen der westlichen Welt, dass die Nationalversammlung und der Senat
lediglich je sechs Ständige Ausschüsse einrichten dürfen. Die Ausschüsse besitzen eine Mitgliederzahl zwischen 80 und 140 Abgeordneten. Ausschussgremien

dieser Größenordnung arbeiten nach aller Erfahrung nicht sonderlich effektiv. Auch diese Bestimmung erklärt sich aus der historischen Rückschau. In der III. und IV. Republik waren die zahlreichen Fachausschüsse überaus gewichtige Gremien, die Minister, Behörden und Beamte ihre Macht spüren ließen. Nicht selten verschmähten es Ausschussvorsitzende, ihre Position gegen die eines Ministers einzutauschen.

Vertrauensfrage   Der Premierminister kann nach seiner Ernennung der Nationalversammlung die Vertrauensfrage stellen, er kann aber auch darauf verzichten. Im Laufe der Legislaturperiode darf der Regierungschef beliebig oft um das Vertrauen nachsuchen. In der Regel geschieht dies, um bei kontroversen Maßnahmen im Regierungslager die Reihen zu schließen. Mit dem Vertrauensinstrument gehen die Regierungen vorsichtig um. Eine fehlende Mehrheit erzwingt den Rücktritt. Anders verhält es sich bei Misstrauensanträgen aus der Nationalversammlung. Sie werden von der Verfassung massiv erschwert. In der III. und IV. Republik war es gängige Praxis, dass Teile der Regierungsmehrheit dem eigenen Kabinett per Misstrauensvotum ein Bein stellten. Das Misstrauensinstrument ist in der V. Republik stumpf geblieben. Nur einmal, ganz am Anfang der V. Republik, im Jahr 1962 wurde eine Regierung durch das Misstrauensvotum des Parlaments aus dem Amt gehebelt. Wird eine Vertrauensabstimmung beantragt, darf erst zwei Tage später darüber abgestimmt werden. Gegen die Regierung werden lediglich die Nein-Stimmen gezählt. Enthaltungen gelten ebensowenig wie die Stimmen abwesender Abgeordneter (Art. 49 Verfassung).

Was auf den ersten Blick wie eine dramatische Disziplinierung der Nationalversammlung anmutet, wird plausibel, wenn man als Vergleichsmaßstab die Republiken der Vergangenheit wählt. Nimmt man auch das britische Regierungssystem noch zum Vergleich, so erscheint der rationalisierte Parlamentarismus bei weitem nicht sensationell. Das ist kein Zufall. Michel Debré, der 1958 bei den Verfassungsberatungen eine maßgebliche Rolle gespielt hatte, war mit den britischen Verhältnissen bestens vertraut. Doch selbst gemessen an den britischen Verhältnissen geht die Entwertung des Parlaments recht weit (Jun 2000). Die Suprematie der Regierung ist vollständig. Solange die Regierung fest im Sattel sitzt, d.h. solange sie über eine ausreichende Mehrheit im Parlament verfügt, funktioniert die Nationalversammlung in der Art einer leichtgängigen Gesetzgebungsmaschine (Frears 1990, Hereth 1992).

Verfassungsbestimmungen sind das eine. Die Realität des politischen Betriebs ist eine andere. Die selbstverständlich gewordene Berechenbarkeit des Parlaments wird von Abgeordneten garantiert, die anstandslos eine Fraktionsdisziplin üben, wie sie auch in den Nachbarländern üblich ist. Sie ist ein Generalmerkmal des Regierungssystems und gleichzeitig ein nicht zu unterschätzender Faktor der Stabilität des politischen Systems insgesamt (Singer 2009: 322ff.).

Koalitionen   Dies ist vor dem Hintergrund der Tatsache zu würdigen, dass die beiden großen Parteien, Gaullisten und Sozialisten, bisweilen zur Kooperation mit kleineren Parteien gezwungen sind. Die Gaullisten kooperierten regelmäßig mit der UDF des früheren Präsidenten Giscard d'Estaing, die Sozialisten mit dem MRG und später auch mit den Grünen (Tabelle 15). Die Ressorts wurden, wie in Koalitionsregierungen üblich, in Absprache zwischen den Regierungsparteien besetzt.

Wichtiger als die technische Tatsache einer Koalitionsregierung war hier der Umstand, dass jeweils Partner koalierten, die sich demselben politischen Lager zuordneten. Will sagen: Weder für die liberalkonservativen Partner der Gaullisten noch für die Grünen bzw. das MRG gab es andere Optionen, als sich an einer Regierung des eigenen weltanschaulichen Lagers zu beteiligen oder aber in der Opposition zu verbleiben oder loyal eine Minderheitsregierung des eigenen Lagers zu unterstützen.

Diese Lagerstruktur ähnelt bei allen Unterschieden der bis in die jüngste Gegenwart beherrschenden Tatsache des britischen Parlamentarismus: Ein Lager gewinnt, das andere verliert. Die Koalitionsfähigkeit endet an den Lagergräben. Und diese Gräben haben nicht ausschließlich, aber auch mit der Art des Regierungssystems zu tun. Letztlich verlangt das Regieren die vollständige Kontrolle der Institutionen, und das heißt hier: vor allem der Präsidentschaft. Die Präsidentschaft ist unteilbar. Eine Partei hat sie oder hat sie nicht. Auf das Verhältnis von Parlament, Regierung und Präsident wird weiter unten einzugehen sein.

Der Senat ist im Gesetzgebungsverfahren vollständig mit der Nationalversammlung gleichberechtigt. Ein Gesetzesbeschluss kommt nur dann zustande, wenn beide Kammern einen übereinstimmenden Text verabschieden. Differenzen im Votum beider Kammern sind schon wegen ihrer unterschiedlichen Zusammensetzung wahrscheinlich. Kommt die Nationalversammlung durch das Volksvotum zustande, basiert der Senat auf der Wahl durch einen unrepräsentativen Teilausschnitt der französischen Bevölkerung. Bei Nichteinigung beider Kammern auf einen Entwurf tritt ein Vermittlungsausschuss auf den Plan. Gelingt es nicht, einen doppelt mehrheitsfähigen Kompromiss zu stiften, wandert der Entwurf unter Umständen mit wechselseitigen Änderungswünschen zwischen beiden Kammern hin und her. Für den rationalisierten Parlamentarismus ist das kein Problem. Wenn die Regierung es will, kann sie bestimmen, dass das Votum der Nationalversammlung den Ausschlag gibt (Kempf 1992).

Primat der Nationalversammlung

Die parlamentarische Opposition mutet im rationalisierten Parlamentarismus kaum weniger eingeschnürt an als die Mehrheit (Helms 2002, 96 ff.). Bei näherem Hinsehen operiert sie aber unter Bedingungen, die nicht wesentlich schlechter sind als die der Opposition im britischen Unterhaus. Betrachtet man zudem die französische Opposition im Kontext der Gesellschaft, bewegt sie sich in einem für Kritik an Staat und Regierung überaus empfänglichen Milieu. Die französische Öffentlichkeit zeichnet sich von jeher durch fehlenden Respekt vor der Obrigkeit und durch Bereitschaft zum politischen Protest aus (Leggewie 1993). Das rasche Alternieren der Parlamentsmehrheiten zeigt seit 1981, dass die Opposition ungeachtet des Wahlsystems und des rationalisierten Parlamentarismus gute Chancen auf den Mehrheitsgewinn hat.

4.3.2 Präsident und Regierung

Verfassung von 1958 i.d.F. von 2008: „Art. 8: Der Präsident der Republik ernennt den Premierminister. Er entlässt ihn aus dem Amt, wenn ihm dieser den Rücktritt der Regierung anbietet. Auf Vorschlag des Premierministers ernennt und entlässt er die weiteren Mitglieder der Regierung.

Art. 9: Der Präsident der Republik führt den Vorsitz im Ministerrat. (...)

Art. 11: Der Präsident der Republik kann auf Vorschlag der Regierung während der Sitzungsperioden des Parlaments oder auf gemeinsamen Vorschlag beider Kammern (...) jeden Gesetzesentwurf zum Volksentscheid bringen, der die Organisation der öffentlichen Gewalt, die Wirtschafts- und Sozialpolitik und die öffentlichen Dienste betrifft, oder auf die Ratifizierung eines Vertrages abzielt, der, ohne gegen die Verfassung zu verstoßen, Folgen für das Funktionieren der Institutionen hätte. (...)

Art. 12: Der Präsident der Republik kann nach Beratung mit dem Premierminister und den Präsidenten der Kammern die Auflösung der Nationalversammlung verfügen. (...)

Art. 15: Der Präsident ist Oberbefehlshaber der Streitkräfte. Er führt den Vorsitz in den obersten Räten und Ausschüssen für die Landesverteidigung.

Art. 16: Wenn die Institutionen der Republik, die Unabhängigkeit der Nation, die Integrität ihres Staatsgebietes oder die Erfüllung ihrer internationalen Verpflichtungen schwer und unmittelbar bedroht sind und wenn das regelmäßige Funktionieren der verfassungsmäßigen öffentlichen Gewalt unterbrochen ist, ergreift der Präsident der Republik, nach förmlicher Beratung mit dem Premierminister, den Präsidenten der Kammern und dem Verfassungsrat die durch diese Umstände erforderlichen Maßnahmen. (...)"

Wahl des Präsidenten

Seit 1962 wird der Präsident in direkter Volkswahl gewählt. Noch der ursprüngliche Verfassungstext von 1958 sah vor, dass der Präsident von derselben Wahlkörperschaft gewählt werden muss, die auch den Senat wählt. Dieser Einschränkung stimmte de Gaulle damals widerwillig zu. Wie sich zeigte, suchte er bei nächster Gelegenheit Remedur. 1962 beraumte er unter verfassungsrechtlich umstrittenen Voraussetzungen eine Volksabstimmung an. Sie schlug vor, den Präsidenten künftig direkt vom Volk wählen zu lassen. Das Votum ging positiv aus. De Gaulles Wiederwahl 1965 fand bereits nach diesem neuen Regularium statt.

Für die Wahl des Präsidenten gilt im Grunde genommen das gleiche Prinzip wie für die Wahl der Nationalversammlung. Gewinnt im ersten Wahlgang ein Kandidat die absolute Mehrheit, ist er gewählt. Verfehlt er die absolute Stimmenmehrheit, fällt die Entscheidung in einer Stichwahl zwischen den beiden Bewerbern mit dem größten Stimmenaufkommen. Die Amtszeit betrug bis 2002 sieben Jahre. In einem Referendum billigte das Volk im Jahr 2000 eine Verfassungsänderung, mit der die Amtszeit des Präsidenten auf fünf Jahre verkürzt wurde. Kein Bewerber hat bisher die Wahl im ersten Durchgang geschafft (siehe Tabelle 14).

Tabelle 14: Präsidentschaftswahlen 1965-2010 (Stimmen in v.H.)

		1. Wahlgang	2. Wahlgang
1965	De Gaulle	44,6	55,2
	Mitterand (Sozialist)	31,8	44,8
	Lecanuet (Christdemokrat)	15,6	
1969	Pompidou (Gaullist)	44,5	58,2
	Poher (Lib)	23,3	41,8
	Duclos (Kommunist)	21,3	
1974	Mitterand (Sozialist)	43,2	49,2
	Giscard d'Estaing (Unab. Rep.)	32,6	50,8
	Chaban-Delmas (Gaullist)	15,1	
1981	Mitterand (Sozialist)	25,9	51,8
	Giscard d'Estaing (UDF)	28,5	48,2
	Chirac (RPR)	18,0	
	Sonstige		
1988	Mitterand (Sozialist)	34,1	54,0
	Chirac (RPR)	19,9	46,0
	Barre (unabhängig)	16,5	
	Le Pen (FN)	14,4	
1995	Jospin (Sozialist)	23,3	47,4
	Chirac (RPR)	20,8	52,6
	Balladur (RPR)	18,5	
	Le Pen (FN)	11,4	
2002	Chirac (RPR)	19,9	82,2
	Le Pen (FN)	16,9	17,8
	Jospin (Sozialist)	16,2	
2007	Nicolas Sarkozy (UMP)	31.2	53,1
	Royal (Sozialistin)	25,9	46,9
	Bayrou (Parteienallianz=	18,6	
	Le Pen (FN)	10,4	

Die Domaine réservée ist ein Element der Verfassungspraxis. Hier handelt es *Domaine réservée* sich um einen Mitspracheanspruch des Präsidenten in den sensiblen Bereichen der Außen- und Sicherheits- sowie der Europapolitik. Er gründet sich auf den Status des Staatsoberhauptes als Oberkommandierender der Streitkräfte. Gleichzeitig weist die Verfassung die Verantwortung für die Gesamtpolitik dem Regierungschef zu. Die Handhabung der Verfassung ist eine Verfassungskonvention, kein Verfassungspostulat. Der Verfassungstext erlaubt auch eine andere Lesart. Weil sich durch die überparteiliche Anerkennung der präsidialen Domaine réservée zwei Gestaltungsrechte überschneiden, gibt es hier besonders großen Abstimmungsbedarf zwischen Regierung und Präsident. Dies ist der Grund, weshalb Frankreich bei wichtigen internationalen Konferenzen in Gestalt des Präsidenten und des Regierungschefs vertreten ist.

Verfassung von 1958 i.d.F. von 2008: „Art. 20: Der Präsident der Republik wacht über die Einhaltung der Verfassung. Er sichert durch seinen Schiedsspruch das ordnungsgemäße Funktionieren der öffentlichen Gewalt sowie die Kontinuität des Staates. Er ist der Garant der nationalen Unabhängigkeit, der Integrität des Staatsgebietes, der Einhaltung der Gemeinschaftsabkommen und der Verträge. (...)

„Art. 20: Die Regierung bestimmt und leitet die Politik der Nation. Sie verfügt über die Verwaltung und die Streitkräfte. Sie ist gegenüber dem Parlament unter den in

Art. 49 und 50 festgesetzten Bedingungen und nach dem dort festgelegten Verfahren verantwortlich.

Art. 21: Der Premierminister leitet die Tätigkeit der Regierung. Er ist für die Landesverteidigung verantwortlich. Er sorgt für die Ausführung der Gesetze. Er kann einzelne seiner Befugnisse den Ministern übertragen (...)"

Präsident und Regierung
Nach dem Zusammentreten einer neu gewählten Nationalversammlung und nach der Entlassung einer Regierung schlägt der Präsident einen neuen Regierungschef vor. Der Regierungschef kann dann eine Vertrauensabstimmung im Parlament beantragen. Der Präsident schlägt den Premierminister vor, die Ministervorschläge unterbreitet der Premierminister. De facto wird der Premierminister, wenn er es mit einem Präsidenten aus dem eigenen politischen Lager zu tun hat, den Personalvorstellungen des Präsidenten folgen. Seit 1986 hat es sich als Folge der Konvention über die Domaine réservée eingebürgert, dass der Präsident auch dann, wenn der Premierminister nicht aus seinem politischen Lager kommt, an der Ernennung des Verteidigungs- und des Außenministers mitwirkt.

Schaubild 9

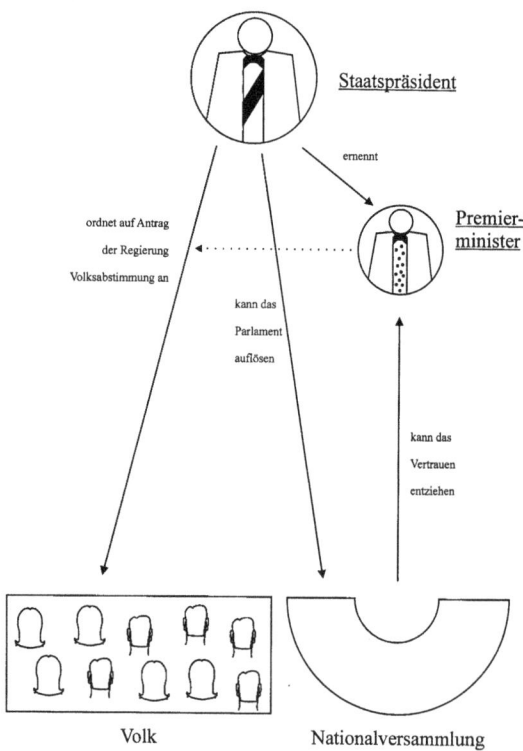

Staatspräsident

ernennt

Premier-minister

ordnet auf Antrag der Regierung Volksabstimmung an

kann das Parlament auflösen

kann das Vertrauen entziehen

Volk   Nationalversammlung

Der Präsident darf die Regierung nicht entlassen, es sei denn, der Premierminister bietet den Rücktritt der Regierung an. Der Präsident hat aber das Recht zur Parlamentsauflösung. Dazu bedarf es keines Antrags der Regierung. Die einzige Einschränkung ist das Verbot, die Nationalversammlung mehr als einmal im Jahr aufzulösen. Der Präsident befindet sich damit in einer verfassungsrechtlich starken Position. Die Minister müssen aus den Reihen der Nationalversammlung kommen, ihr Mandat müssen sie nach dem Eintritt in die Regierung aufgeben.

Auch hier handelt es sich um ein Stück Anti-Verfassung mit Blick auf die Vorgängerrepubliken, in denen die Parlamentarier ohne großes Risiko in die Regierung wechselten. Wenn sie bei der nächsten Kabinettskrise aus der Regierung ausschieden, blieben sie doch immerhin noch im Parlament – eventuell mit der guten Chance, bei einer der nächsten Regierungsbildungen wieder dabei zu sein.

Die Verfassungspraxis der V. Republik kennt zwei Grundkonstellationen im Verhältnis von Präsident und Regierung. Bis 1981 kamen der Staatspräsident und die Regierung bzw. der Premierminister aus dem gaullistischen Lager (zum Folgenden Hartmann/Kempf 2011). General de Gaulle herrschte wie ein konstitutioneller Monarch. Er gehörte keiner Partei an und trat auch keiner bei, und er verbat sich, in seinem Namen eine Partei zu gründen. Er wollte nach seinem Idealbild des Staatsoberhauptes ein unabhängiger Staatslenker sein – eine Pouvoir neutre im Sinne Constants. Die laufenden Regierungsgeschäfte besorgten seine Premierminister, sämtlich Persönlichkeiten, die ihn auf seinem politischen Weg begleitet hatten. Eine erste Komplikation trat ein, als de Gaulles Nachfolger Georges Pompidou 1974 im Amt starb.

Politische Geographie von Paris: Paris als Geschäfts-, Kultur- und Touristenmetropole absorbiert das Erscheinungsbild der Regierungsmetropole. Noch einigermaßen dicht beieinander liegen auf der nördlichen Seineseite der Elysée-Palast, Amtssitz des Präsidenten, und das Hôtel Matignon, Sitz des Premierministers. Beide sind jeweils umsäumt von Bauten, die nichts mit der Regierung zu tun haben. Weit weg, auf der anderen Seineseite und in größerer Entfernung voneinander liegen die Parlamentsbauten. Das Palais Bourbon, wegen seiner Architektur auch „maison sans fenêtres" (Haus ohne Fenster) genannt, beherbergt die Nationalversammlung und das Palais de Luxembourg den Senat. Im weiteren Umfeld verstreut liegen die Ministerien. Sehr konzentriert wohnen jedoch die Minister, Parlamentarier und höheren Beamten der Ministerialverwaltung – sie ballen sich in zwei Pariser Stadtbezirken mit den besten und teuersten Wohnlagen.

Der bei de Gaulle seinerzeit wohlgelittene Finanzminister Valéry Giscard d'Estaing bewarb sich 1974 um die Präsidentschaft. Die gaullistische Partei nominierte mit Jacques Chirac einen eigenen Kandidaten. Neben seiner eigenen Partei, den Unabhängigen Republikanern, unterstützten Giscard im zweiten Wahlgang auch die Gaullisten. Sie wollten die Wahl des sozialistischen Bewerbers François Mitterand verhindern. So gelangte Giscard d'Estaing ins Präsidentenamt. Seine Partei war in der Nationalversammlung jedoch schwächer als die Gaullisten. Deshalb berief er den Gaullistenführer Chirac zum Premierminister. Beide waren starke, überaus ehrgeizige Charaktere, die nicht miteinander auskamen. Verärgert gab Chirac bereits 1976 die Premierministerschaft auf. Fortan regierte Giscard mit einem Ministerpräsidenten aus der eigenen Partei. Mit reicher Regierungserfahrung ausgestattet, stellte er auch diesen Regierungschef in den Schatten. Chirac kandidierte 1981 als Präsidentschaftskandidat für die Gaullisten, zog sich jedoch im zweiten Wahlgang abermals zu Gunsten Giscards zurück. Diese Wahl brachte den sozialistischen Kandidaten Mitterand ins Amt.

Kohabitation
Auch nach der Wahl Mitterands blieb der Staatspräsident die beherrschende Figur im Regierungsgeschehen. Er mischte sich nicht in Details der Regierungsarbeit ein und eiferte insofern dem Stil de Gaulles nach. Aber er zog in allen ihm wichtigen Politikbereichen die Fäden. Einen Bruch gab es erst, als die Sozialisten im Jahre 1986 ihre Mehrheit in der Nationalversammlung verloren. Die Wahlniederlage war umso überzeugender, als den Sozialisten nicht einmal das eigens beschlossene Verhältniswahlsystem die erhofften Vorteile erbracht hatte. Mitterand musste sich wohl oder übel mit den neuen Mehrheitsverhältnissen arrangieren. Als unbestrittener Führer der gaullistischen Partei wurde Chirac zum Regierungschef berufen. Für diese Konstellation bürgerte sich die Bezeichnung der Kohabition ein. Die Koexistenz zwischen einem Präsidenten aus dem einen und einer Regierung aus dem anderen Lager stellte abermals die Flexibilität der Verfassung unter Beweis (Ardant 1999).

In dieser ersten Kohabitation respektierte Mitterand das Wählervotum und ließ die Regierung vorbehaltlich seiner Mitsprache in der Domaine reservée gewähren. Hier zeigte sich nun, dass der Premierminister auch in einer Kohabitation eine starke Rolle im Regierungssystem gewinnen kann (Messerschmidt 2003). Als Mitterand 1988 als Präsident im Amt bestätigt wurde, veranlasste er sogleich die Neuwahl der Nationalversammlung. Die Wahl brachte eine sozialistische Parlamentsmehrheit hervor. Das Verhältnis Präsident-Premierminister pendelte in die gewohnten Bahnen des gemeinsamen politischen Lagers zurück (Ardant 1991, Elgie/Machin 1991).

Ein zweites Mal kam es nach der Parlamentswahl von 1993 zu einer Kohabitation. Abermals musste sich Mitterand mit einer Regierung der Rechten arrangieren. Chirac trug in den Präsidentschaftswahlen von 1995 den Sieg davon. Erneut war jetzt das gemeinsame politische Lager in den Regierungsorganen hergestellt (Eilfort 1997). Nach einer unbedacht vorgezogenen Parlamentsauflösung kam es 1997 zu einem dritten Fall der Kohabitation, als jetzt unerwartet wieder die Sozialisten die Parlamentsmehrheit gewannen. Chirac arrangierte sich mit der Situation in gleicher Weise, wie es zuvor Mitterand getan hatte. Er löste nach seiner Bestätigung im Präsidentenamt im Jahr 2002 die Nationalversammlung auf. Die Kohabitation fand nun, wie mit diesem Schritt bezweckt, mit einer Mehrheit des rechten Lagers abermals ihr Ende.

Ministerrat und Regierung
Die Regierung fasst ihre Beschlüsse im Ministerrat. Dieser berät über Dekrete, Verordnungen und Gesetzentwürfe. Den Ministerrat leitet der Präsident. Der Premierminister muss die Tagesordnung vorlegen. Gehören Präsident und Premierminister demselben Lager an, so gibt der Präsident seine politischen Vorstellungen unmittelbar ein.

In einer Kohabitation ist die Lage delikater (Hayward 1993). Dem Staatspräsidenten bleibt wenig anderes übrig, als sich zurückzuhalten und den Moderator zu spielen. Die Diskussion in der Regierung verlagert sich in der Kohabitation ins Vorfeld der Ministerratssitzungen. Ständige oder ad hoc gebildete interministerielle Ausschüsse sind wichtige Führungsinstrumente des Premierministers (Kempf 2007, 92ff., Kimmel 1999, 317 f.). Besondere Bedeutung hat das Interministériel für Europaangelegenheiten, das die französische Politik im Rat der Europäischen Union koordiniert.

Schaubild 10

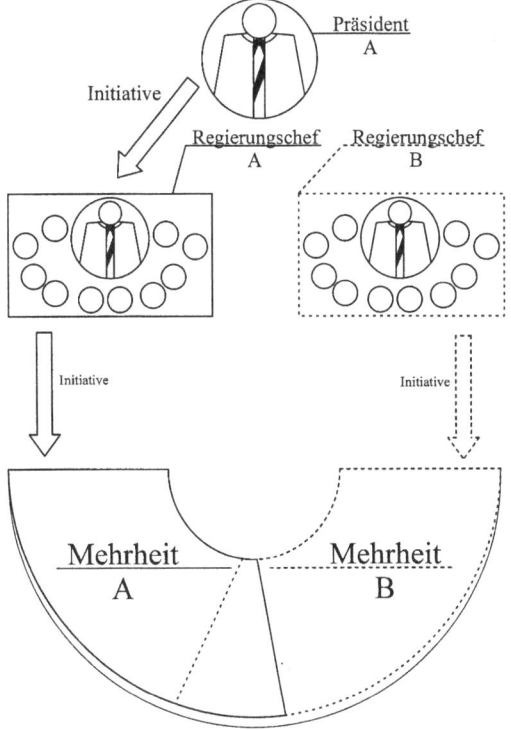

Unabhängig von den Mehrheitskonstellationen kann der Präsident auf einen recht großen Mitarbeiterapparat zurückgreifen. Wie der Premierminister und die Fachminister hat auch der Präsident in französischer Tradition sein eigenes Kabinett, d.h. einen Stab handverlesener Mitarbeiter, die sich in der Ministerialbürokratie auskennen. Sie verschaffen dem Präsidenten ein Bild von den Vorgängen, Stimmungen und Personalien im Regierungsapparat, das nicht durch die offiziellen Vorträge des Regierungschefs gefiltert ist. Überwiegend handelt es sich um Leihbeamte aus den Ministerien, die dorthin zurückkehren, teilweise aber auch den Einstieg in eine politische Karriere suchen.

Das Verhältnis Präsident/Regierung lässt sich für die V. Republik kurz dahin charakterisieren, dass die Regierungspraxis zwischen den beiden Endpunkten einer Achse schwankt (siehe Schaubild 10). In einer homogenen Lagerkonstellation, wenn Präsident und Regierung aus demselben politischen Lager kommen, gibt es eine praktische Arbeitsteilung. Auch der Regierungschef steht zur Dispo sition des Präsidenten. Die letzte Entscheidung in grundlegenden außen- und innenpolitischen Fragen liegt beim Präsidenten. In einer Kohabitation zieht sich der Präsident auf seine Prärogative zurück. Er überlässt die Innenpolitik und die Details der Außen- und Sicherheitspolitik der parlamentarisch verantwortlichen Regierung. Noch eine weitere Beobachtung lässt die bisherige Praxis zu: Wenn sich in einer Kohabitation die Chance bietet, diese mit Auflösung der Nationalversammlung zu beenden, zögert der Präsident nicht.

Reformen zur Vermeidung der Kohabitation

Aus diesem Zusammenhang sind die jüngsten Verfassungsänderungen und Vereinbarungen über den Zeitpunkt der Präsidenten- und der Parlamentswahl zu verstehen. Die Verkürzung der Amtszeit des Präsidenten von sieben auf fünf Jahre verfolgte die Absicht, die Legislaturperiode der Nationalversammlung und die Amtsperiode des Präsidenten gleichzuschalten. Dahinter steht die Überlegung, dass sich die Wähler im kurzen Abstand zwischen Präsidenten- und Parlamentswahl für die Kandidaten derselben Partei und desselben Lagers entscheiden. Selbst wenn der Präsident durch Krankheit oder Tod vorzeitig aus dem Amt scheiden sollte, kann der gewählte Nachfolger den Gleichtakt mit der Parlamentsmehrheit wiederherstellen, indem er einfach das Parlament auflöst. Die Gesamtkonstruktion des Regierungssystems bekommt mit dieser Neuerung einen noch stärkeren präsidialen Drall.

Präsident Chirac und sein sozialistischer Rivale im Amt des Regierungschefs, Lionel Jospin, kamen des Weiteren überein, den Wahlkalender umzustellen. In Umkehrung der alten Abfolge soll künftig zunächst der Präsident und dann das Parlament gewählt werden. Diese Abfolge hatte sich bereits 1981 und 1988 bewährt. Präsident Mitterand löste nach seiner ersten und zweiten Wahl das von einer gaullistischen Mehrheit beherrschte Parlament auf. Sein Nachfolger Chirac verzichtete nach der Wahl auf diesen Schritt, weil das Parlament zu diesem Zeitpunkt (1995) bereits eine gaullistische Mehrheit hatte. Als er sich gegen Ende der Legislaturperiode zur Auflösung entschloss, handelte er sich prompt eine Kohabitation ein.

Symbolische Aufwertung des Präsidenten

Weitere Verfassungsänderungen zielen in dieselbe Richtung wie die Angleichung der Amts- und Legislaturperioden. Seit 2008 darf der Präsident nur einmal in Folge wiedergewählt werden. Zwar ist es bisher lediglich zwei Präsidenten gelungen, auch nur ein einziges Mal im Amt bestätigt zu werden. Der Sinn dieser Änderung ist symbolisch: Das Präsidentenamt wird noch deutlicher vom parlamentarischen Prinzip abgehoben, demzufolge ein Regierungschef solange im Amt bleiben darf, wie es dem Parlament behagt.

Zeitgleich trat eine letzte Neuerung in Kraft: Der Präsident erhält das Recht, vor beiden Kammern des Parlaments, die in gemeinsamer Sitzung als Kongress zusammentreten, Erklärungen abzugeben, über die das Parlament anschließend in Abwesenheit des Präsidenten debattiert. Hier hat die State of the Union Message des US-amerikanischen Präsidenten Pate gestanden. Im Grunde genommen läuft dieses präsidiale Privileg im französischen Regierungssystem leer. Schließlich gibt es das Parlament als Ort der Kommunikation zwischen Parlament und Regierung. Hier geht es wieder um Symbolik: Der Präsident erhält die Gelegenheit, einen von der Verfassung sanktionierten Auftritt zu inszenieren, der ganz so arrangiert ist wie das mediale Großereignis einer Präsidentenrede im amerikanischen Kongress.

Systemisch erscheinen diese letzten Neuerungen überflüssig. Sie besagen aber viel über die Verfassungskultur. Beide Verfassungsänderungen konnten nur deshalb in Kraft treten, weil auch Teile der Opposition dafür waren. Kein politisches Lager will darauf verzichten, ein Präsidentenamt zu erobern, das die übrigen Institutionen überstrahlt.

Tabelle 15: Die Premierminister der V. Republik 1959-2010

	Amtsdauer	Koalitionen
Michael Debré (UNR)*	1959-1962	Gaullisten/Konservative/andere
George Pompidou (UNR)	1962-1967	Gaullisten/Giscardianer
Maurice Couve de Murville (UDR)*	1968-1969	Gaullisten/Giscardianer
Jaques Chaban-Delmas (UDR)	1969-1972	Gaullisten/Giscardianer/ rechter Zentrumsflügel
Pierre Messmer (UDR)	1972-1974	Gaullisten/Giscardianer/ rechter Zentrumsflügel
Jacques Chirac (UDR)	1974-1976	UDR/PR/gesamtes Zentrum
Raymond Barre (parteilos)	1976-1981	RPR/UDF
Pierre Mauroy (PS)	1981-1984	PS/MRG/PCF
Laurent Fabius (PS)	1984-1986	PS/MRG
Jacques Chirac (RPR)*	1986-1988	RPR/UDF
Michel Rocard (PS)	1988-1991	PS/MRG** (Minderheitsregierung)
Edith Cresson (PS)	1991-1992	PS/MRG (Minderheitsregierung)
Pierre Bérégovoy (PS)	1992-1993	PS/MRG (Minderheitsregierung)
Edouard Balladur (RPR)	1993-1995	RPR/UDF
Alain Juppé (RPR)	1995-1997	RPR/UDF
Lionel Jospin (PS)	1997-2002	PS/Verts***
Jean-Pierre Raffarin (DL)	2002-2005	UMP (Zusammenschluss RPR/UDF)
Dominique de Villepin UMP*	2005-2007	UMP
François Fillon	seit 2007	UMP

* Die UNR, UDR, RPR und heute die UMP bezeichnen unter wechselnden Namen die gaullistische Partei..
** Das MRG (Mouvement des Radicaux de Gauche) war als Kleinpartei mit einigen Mandaten in der Nationalversammlung vertreten.
*** Les Verts, die französischen Grünen, waren mit einigen Mandaten in der Nationalversammlung vertreten.

Befinden sich Präsident und Regierung in demselben Lager, ein Zustand, der auch als „fait majoritaire" bezeichnet wird, stellt sich auch hier ein Rollenproblem ein. Der Präsident muss unter Umständen eine starke Persönlichkeit zum Regierungschef ernennen, weil er aus inner- oder koalitionspolitischen Gründen an ihr nicht vorbeikommt. So geschehen mit der Ernennung des Gaullisten Chirac durch den liberalen Präsidenten Giscard (1974) und des Sozialisten Michel Rocard (1988) durch den sozialistischen Präsidenten Mitterand. In beiden Fällen war das Verhältnis gespannt und drehte in unverhohlene Rivalität. Beide Regierungschefs gaben im Zerwürfnis mit dem Präsidenten ihr Amt auf (Chirac 1976, Rocard 1991).

Der Regelfall ist die Berufung eines Regierungschefs aus der zweiten Reihe. Er kann rasch auch wieder entlassen werden, ohne große Turbulenzen zu

Konflikte zwischen Präsident und Regierungschef aus demselben Lager

verursachen, weil ihm nennenswerte Hausmacht in der Regierungspartei fehlt. Nimmt die Unzufriedenheit mit der Regierungspolitik überhand, bieten sich einem Präsidenten derselben Partei der Wechsel des Regierungschefs und die Regierungsumbildung an, um Handlungsfähigkeit zu demonstrieren. Der Präsident nimmt sich selbst aus der Schusslinie, indem er mit dem Revirement auf die Verantwortlichen in der Regierung deutet. Seit 1962 hat es kein erfolgreiches Misstrauensvotum gegen eine Regierung mehr gegeben. Die Regierungschefs schieden entweder aus, weil ihnen die Wählerentscheidung die parlamentarische Mehrheit nahm, oder weil sie vom Präsidenten entlassen wurden, um einer neuen Regierung aus der vorhandenen Mehrheit Platz zu machen (Grossman 2009: 270ff.).

4.3.3 Volksabstimmungen

Die V. Republik hat erstmals seit der II. Republik das Plebiszit wieder in das Regierungssystem eingebracht. Für de Gaulle war das Plebiszit neben der Volkswahl des Präsidenten die zweite Säule der Verfassung. Wenn es notwendig erschien, sollte sich der Präsident mit einer Frage direkt an das Volk wenden können, um sie ohne die Einmischung des Parlaments und der Parteien entscheiden zu lassen. Ein Referendum kann vom Präsidenten auf Antrag der Regierung angeordnet werden. Ein Präsident, der im selben Lager steht wie die Regierung, kann sozusagen ein Referendum bestellen. In der Anfangsperiode der V. Republik wurde relativ häufig vom Plebiszit Gebrauch gemacht (Direktwahl des Präsidenten, Unabhängigkeit Algeriens, Abschaffung des Senats). Ironischerweise scheiterte de Gaulles späte politische Karriere 1969 just am Referendum über den Vorschlag, den Senat abzuschaffen. Es wurde ein Jahr nach der schwersten Krise der V. Republik, den Mai-Unruhen des Jahres 1968, veranstaltet. Studenten und streikende Arbeiter hatten, begleitet von Straßenkrawallen, der Regierung vorübergehend jede Autorität genommen. Bei diesem Referendum ging es eigentlich darum, ob die Franzosen de Gaulle noch als Staatspräsidenten wollten, zumal der Präsident selbst angedeutet hatte, er würde eine negative Abstimmung als Anlass zum Rücktritt nehmen.

Referenden, die von späteren Präsidenten angeordnet wurden, hatten keine größere Bedeutung. Sie dienten eher der Vergewisserung des Staatschefs, ob er sich noch der Gunst einer Mehrheit der Franzosen erfreute, so etwa Pompidou mit einem Referendum über Frankreichs Beteiligung an der europäischen Einigung (1972). Das Referendum ist für den Präsidenten einigermaßen gefährlich geworden. Dies zeigte sich zuletzt 1992, als Mitterand die Franzosen befragte, ob sie mit dem Maastrichter Vertrag über die Europäische Union einverstanden seien. Die müde Mehrheit, die dabei herauskam, verstärkte die Zweifel am Rückhalt im Volk. Als Chirac im Jahr 2004 das Volk ohne Not fragen ließ, ob der Verfassungsentwurf für die Europäische Union ratifiziert werden sollte, stimmten die Franzosen mit Nein. Für die Ersatzlösung des Reformvertrags von Lissabon wurde dann wieder die parlamentarische Ratifizierung gewählt. Letztlich bedient das Instrument des Referendums allein der Präsident, und dieser ist stets daran interessiert, damit einen politischen Vorteil zu gewinnen.

4.3.4 Regierung und Ministerialbürokratie

In früheren Republiken waren die Ressortminister Parteifunktionäre oder versierte Parlamentarier, von Verwaltung verstanden sie wenig. Die Verwaltung, der ruhende Pol im Regierungsprozess, genoss Reputation ob ihrer Professionalität und Parteienferne. Das Parlament und die Verwaltung waren getrennte Welten. Dies sollte sich mit dem Übergang zur V. Republik ändern. Frankreich verfügte von jeher über elitäre Einrichtungen, in denen die Verwaltungsspitzen des Landes ausgebildet werden. Das Ausbildungsprofil der älteren Verwaltungsakademien (École Poytechnique, École Normale Supérieure) stellt traditionell auf die technischen und Bildungssparten der Staatsverwaltung ab. Auf Initiative Michel Debrés, des Vaters der Verfassung der V. Republik, wurde 1946 die École Nationale d'Administration (ENA) gegründet. Debré war wie de Gaulle selbst auf die staatliche Modernisierung Frankreichs fixiert. Nach seiner Vorstellung klaffte im Elitenausbildungssystem eine Lücke. Es gab noch keine Institution, die Frankreichs Verwaltung auf die Funktion des Motors der wirtschaftlichen und gesellschaftlichen Innovation trainieren konnte. Das Experiment ENA erwies sich als durchschlagender Erfolg (Ardant 1997). Heute stellen Absolventen der ENA Parlamentarier, Minister, hohe Verwaltungsbeamte sowie Leiter öffentlicher und privater Großunternehmen und Versicherungsgruppen. In die Politik sollten sie erst mit der V. Republik eindringen. Heute finden sich die sog. Enarchen nicht nur in den engeren Zielbereichen der öffentlichen Verwaltung, sondern auch in den Parteien, insbesondere des rechten Lagers. Selbst die Sozialisten blicken auf zahlreiche Enarchen in ihren Reihen (Suleiman 1978).

Die Rolle der ENA bei der Rekrutierung hoher Beamter

Die politische Bürokratie Frankreichs kennt wenige politische Beamte. Nur die Generaldirektoren als eine Art Staatssekretäre an der Spitze der Ministerien bekleiden politische Positionen. Weitere Ausnahmen sind die Präfekten und Botschafter. Frankreichs höchste Beamte wachsen nicht in der Loyalität zu einem bestimmten Ministerium auf. Die wichtigsten gehören einem Verwaltungskorps, d.h. einer öffentlich-rechtlichen Körperschaft an. Diese Korps nehmen ausschließlich Absolventen einer bestimmten Verwaltungsschule auf. Im Korps entscheidet sich ihre weitere Karriere. So hat die Finanzinspektion als renommierteste aufnehmende Institution für ENA-Absolventen den Zugriff auf das Wirtschafts- und Finanzministerium. Darüber hinaus hat sie sich im Laufe der Jahre weitere Pfründen erstritten, in die anschließend ENA-Absolventen einrückten. In ähnlicher Weise haben das Korps der Bergbauingenieure und das Korps der Brücken- und Straßeningenieure bestimmte Ministerien für sich in Beschlag genommen.

Verwaltungskorps

Bleiben wir kurz bei diesen Beispielen: Die ursprünglichen Aufgaben des Bergbaukorps haben sich erledigt. Bergbau findet seit vielen Jahren nicht mehr statt. Aber das Korps hat sich beizeiten darauf eingestellt und bildet seine Beamten an der Bergbauakademie im betriebswirtschaftlichen Management des öffent-

lichen Sektors aus. Ähnlich hat sich das bereits auf das 18. Jahrhundert zurück-
gehende Brücken- und Straßenkorps angepasst. Beide operieren vornehmlich in
den technisch geprägten Ministerialbereichen. Das Präfektenkorps beherrscht das
weitverzweigte Innenministerium. Die Verwaltungskorps betreiben ausschließlich Personalpolitik. Weil dem so ist, haben sie große Nähe zur Politik (Suleiman
1974, Kessler 1986, Bock 1999).

Ministerkabinette   Die geringe Anzahl der politischen Beamten bringt die Minister in ein Dilemma. Zwar gibt es gute Gründe, die Beförderung in sensiblen Apparaten nicht
dem Parteibuch zu überlassen. Aber es gibt auf der anderen Seite ein legitimes
Bedürfnis der politischen Behördenleitung, Mitarbeiter zu gewinnen, die ihr
besonderes persönliches Vertrauen genießen. Das Problem ist nicht neu. Bereits
die Vorgängerrepubliken arbeiteten in den Ministerien mit Cabinets ministériels:
den Ministerkabinetten. Es handelt sich um politische Stäbe. Ihre Mitglieder
werden vom Ressortchef nach Gutdünken ausgewählt. Sie haben keine Wei-
sungsbefugnisse gegenüber den Beamten des Ressorts, holen aber Auskünfte im
Ressort ein, geben dem Minister Einschätzungen und knüpfen Kontakte zu anderen Ministerien (siehe Schaubild 11). Der Premierminister besitzt einen sehr
großen Stab, der ihm die Richtliniengebung und Koordination in den Ressorts
ermöglicht. Das Gleiche gilt für den Präsidenten (Gaffney 1991, Thuiller 1982).

Rekrutierung von   Schon in der Anfangsphase der V. Republik amtierte ein Ministertypus, den
Politikern aus der es in den Vorgängerrepubliken überhaupt nicht gab. Es handelte sich um Politi-
Beamtenelite   ker, die nicht im Parlament aufgestiegen waren. Anfänglich standen sie noch in
einer persönlichen Beziehung zum General de Gaulle. Ihm war der herkömmli-
che Parlamentarier ein Graus. Diese auf Kompetenz erpichte Ministerriege griff
auf das Aufgebot der inzwischen zahlreich vorhandenen ENA-Absolventen zurück, um ihre Ministerkabinette zu bilden. Der eine oder andere Minister hatte
auch schon selbst die ENA durchlaufen. Verwaltungsexperten wurden jetzt als
Minister oder als Stabsmitarbeiter mit der engeren Politik vertraut. Viele hohe
Beamte entschlossen sich dank ihrer Erfahrung in den Kabinetten, selbst eine
politische Karriere anzustreben. Im Lager der Regierungsparteien häuften sich
die Parlamentskandidaturen ehemaliger ENA-Absolventen. Viele erhofften sich
den Sprung in Ministerämter. Etliche sollten ihn früher oder später schaffen.
Wem das Gedrängel im rechten Lager zu arg wurde, der versuchte es als Enarch
auch bei den Sozialisten. In gut 40 Jahren gewann der parlamentarisch-politische
Betrieb der V. Republik die Färbung eines Elitengeschäfts, das zu einem guten
Teil von Verwaltungstechnokraten bestimmt ist (Birnbaum 1980, Bourdieu
1989, Kreuzer/Stephan 1999).

Schaubild 11

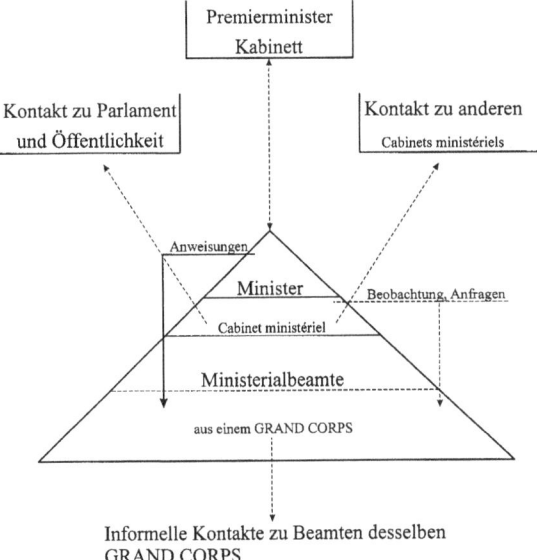

Die Stärke dieser Technokraten in der Ministerialbürokratie ist die sichere Lage-
einschätzung, die passende Wahl der finanziellen und administrativen Mittel und
Wege sowie das Erstellen vernünftiger Szenarien für die richtige Entscheidung.
Die Realisierung solcher Schritte dürfte in der Verwaltung selbst keine Probleme verursachen. Die Schwierigkeit liegt darin, dass sich die Beamtenelite in
hohem Maße aus den höheren Kreisen und dazu noch in beträchtlichem Ausmaß
aus den eigenen Reihen rekrutiert. Dies führt dazu, dass die gesellschaftlichen
Adressaten der Politik vernachlässigt werden, weil der Abstand zwischen den
Milieus einfach zu groß ist (Kempf 2007, 109). Frankreichs Politik stellt sich auf
der abgebenden Seite als Anordnungskultur dar (Keeler 1993). Eine Lösung wird
ausgetüftelt, aber die Betroffenen werden häufig nicht gefragt. Hier liegt der
Schwachpunkt der Ministerialbürokratie. Das Informieren und Informiertwerden
trägt nach aller Erfahrung mehr zum Gelingen politischer Vorhaben bei als bürokratische Musterlösungen. Weil die Betroffenen in Frankreich oft nicht recht
gefragt oder ernst genommen werden, auch wenn es um vitale Interessen geht,
verweigern sich die Adressaten gelegentlich lautstark und mit dramatischen
Gesten den Anordnungen des Gesetzgebers und der Verwaltung (Bode 1997):

Sie gehen auf die Straße, und wenn es arg kommt, stürmen sie schon einmal
öffentliche Gebäude und legen den Verkehr lahm. Die Gesellschaft sympathisiert
nicht selten oder zeigt doch wenigstens Verständnis. Die Erfahrung des aktiven
Protests ist den meisten gesellschaftlichen Gruppen nicht fremd. Die französische Regierungskultur ist noch stark obrigkeitlich eingestellt, die gesellschaftliche Kultur aber ausgeprägt obrigkeitskritisch. Bei sehr massiven Protesten der

(Randnotiz:) Elitäres Bewusstsein der Verwaltungselite, protestfreudige Gesellschaft

Betroffenen erfolgt in der Regel die Rücknahme oder Teilrücknahme der kritisierten Maßnahme. Darin lässt sich erkennen, dass im Verhältnis von Regierungssystem und Gesellschaft beträchtliche Reibungsverluste auftreten.

4.4 Gerichtsbarkeit

Der Verfassungsrat als Verfassungsgericht Die richterliche Kontrolle des Gesetzgebers ist in Frankreich noch recht neu. Der Verfassungsrat war 1958 als Helfershelfer konzipiert worden, um ein trotz aller Einschränkungen womöglich immer noch aufsässiges Parlament in die Schranken zu weisen. Die sog. Organgesetze, d.h. Gesetze, die sich auf die staatlichen Institutionen selbst, wie Parlament, Regierung und Justiz beziehen, müssen vor dem Inkrafttreten vom Verfassungsrat geprüft werden. Die übrigen Gesetze unterliegen der fakultativen Prüfung durch den Verfassungsrat. Das Recht zur Anrufung haben in diesen Fällen der Präsident, der Premierminister, die Präsidenten der Parlamentskammern und seit einer Verfassungsänderung von 1976 auch eine Mindestanzahl von 60 Abgeordneten oder Senatoren. Je ein Drittel der neun Mitglieder des Staatsrats werden vom Staatspräsidenten, vom Nationalversammlungspräsidenten und vom Senatspräsidenten berufen. In den Anfangsjahren der V. Republik enttäuschten die Verfassungsrichter die Erwartungen der Verfassungsschöpfer nicht, Grenzüberschreitungen des Parlaments zu verhindern. Das sollte sich erst 1971 ändern.

> Verfassung Frankreichs von 1959 i.d.F. von 2008: Art. 61: „Die Organgesetze müssen vor ihrer Verkündung und die Geschäftsordnungen der parlamentarischen Kammern vor ihrer Anwendung dem Verfassungsrat vorgelegt werden, der über ihre Verfassungsmäßigkeit befindet. Zu dem gleichen Zweck können die Gesetze vor ihrer Verkündung dem Verfassungsrat vom Präsidenten der Republik, vom Premierminister, vom Präsidenten von einer der beiden Kammern oder von 60 Abgeordneten oder 60 Senatoren zugeleitet werden. (...)
>
> Art. 62: Eine für verfassungswidrig erklärte Bestimmung kann nicht verkündet oder angewandt werden. Gegen die Entscheidungen des Verfassungsrats gibt es kein Rechtsmittel. Sie binden die öffentlichen Gewalten und alle Verwaltungs- und Gerichtsinstanzen".

Infolge der Pariser Mai-Unruhen von 1968 hatte die gaullistische Regierung ein Vereinsgesetz verabschiedet, mit dem die Demonstrationsfreiheit empfindlich eingeschränkt wurde. Aufgrund einer Klage des Senatspräsidenten maß der Verfassungsrat dieses Gesetz an der Menschenrechtsdeklaration von 1789. Deren Persönlichkeitsrechtsgarantien besitzen Verfassungsrang. Der Verfassungsrat stellte fest, dass grundlegende Bürgerfreiheiten unzulässig eingeschränkt worden waren. Diese Entscheidung wurde bahnbrechend für weitere Anrufungen des Verfassungsrates, der später zahlreiche Gesetze mit dem Verweis auf Grundrechtsverstöße annullierte (Ehrmann 1981).

Die verfassungsgerichtliche Rolle des Verfassungsrates beeinflusst inzwischen den Stil der politischen und parlamentarischen Debatte. Dazu hat maßgeb-

lich die Verfassungsänderung des Jahres 1976 beigetragen, die das Anrufungs-
recht praktisch auf die parlamentarische Opposition ausdehnt. Seither wird der
Verfassungsrat regelmäßig als Instrument der Opposition im Konkurrenzkampf
mit den regierenden Parteien bemüht. Als eine vetofreudige Institution liefert der
Verfassungsrat den Klägern Argumente, um den Missbrauch der Regierungsmehrheit anzuprangern (Brouard 2009). Der Verfassungsrat ist alles in allem
aber noch ein sehr unvollständiges Verfassungsgericht (Stone 1987). Immerhin
darf seit 2009 ein Gericht den Verfassungsrat anrufen, um sich der Verfas-
sungsmäßigkeit eines Gesetzes zu vergewissern. Ein Verfassungsbeschwerde-
recht für die Bürger gibt es noch nicht.

Der Staatsrat bildet die Spitze einer weitverzweigten Verwaltungsgerichts-   Der Staatsrat
barkeit. Die Aufgabe des einen Zweiges ist es, die Verwaltungspraxis mit verbindlichen Auslegungen einheitlich und gesetzeskonform zu gestalten. Ein anderer Zweig des Staatsrates funktioniert ähnlich wie die deutschen Verwaltungsge-
richte. Er kann von Bürgern angerufen werden, die fehlerhafte bzw. gesetzeswid-
rige Verwaltungsentscheidungen geltend machen. Gesetzentwürfe müssen vor
der parlamentarischen Beratung im Staatsrat ferner auf ihre Stimmigkeit im
Rahmen der übrigen Gesetze begutachtet werden. Das Ergebnis darf freilich
ignoriert werden.

4.5 Territoriale Staatsorganisation

Frankreich war noch bis vor wenigen Jahrzehnten ein exemplarischer Zentral-   Zentralistische
staat. Zwischen die ca. 38.000 Gemeinden und die Ministerien der Pariser Zent-   Tradition
ralverwaltung waren nur noch die Departements geschaltet. Die Regierungen der
V. Republik betrieben eine zielstrebige wirtschaftliche Modernisierung. Durch
Bevölkerungsverschiebungen entvölkerten sich die landwirtschaftlichen Provinzen. Umgekehrt erlebten die Metropolen einen ungeheuren Bevölkerungszu-
wachs. Mit massiven staatlichen Investitionen wurden weitere Entwicklungspole
in der Provinz erschlossen. Die alten Departementsgrenzen taugten für die Regi-
onalplanung und die strukturpolitische Steuerung in keiner Weise. Deshalb wurde bereits in den 1970er Jahren die Regionalisierung des Landes betrieben. Zunächst blieb sie bei der Schaffung von Planungseinheiten stehen.

Seit 1982 praktiziert Frankreich einen Selbstverwaltungsregionalismus, der   Regionalisierung
den französischen Staat merklich verändert hat (siehe zum folgenden: Kempf
1997). Durch eine Verfassungsänderung wurde 2003 die dezentrale Staatsorganisation festgeschrieben. Die 22 Regionen besitzen Eigenständigkeit in den Bereichen der regionalen Wirtschaftsplanung und des Baus und der Unterhaltung von
Schulen und kulturellen Einrichtungen. Die Regionen wählen eigene Parlamente
und diese wiederum Regierungen unter der Leitung eines Regionalpräsidenten.
Die nach wie vor existenten Départements sind ebenfalls in kommunale Selbst-
verwaltungseinrichtungen umgewandelt worden. Sie besorgen inzwischen eigen-
ständig einen Teil der Aufgaben, die ihnen vorher als Unterverwaltungen des
Zentralstaates zugewiesen waren.

Der Schwachpunkt des Regionalisierungsprozesses ist die schmale Steuerbasis der Départments und Regionen. Die großen und ertragreichen Steuerquellen sprudeln hauptsächlich in die Kassen des Pariser Finanzministeriums, das einen Teil davon an die Regionen und übrigen Selbstverwaltungseinheiten zurücktransferiert. Die Regionalisierung hat das politische Leben Frankreichs verändert. Die enge Fixierung der Bürgermeister und Gemeinderäte auf Paris gehört der Vergangenheit an. Die Gemeinden haben mehr Spielraum gewonnen. Sie müssen sich mit Regional- und Departmentsverwaltungen auseinandersetzen, die bessere örtliche Problemkenntnis besitzen als die Pariser Zentralbehörden. Etliche Abgeordnete in der Nationalversammlung nutzten die veränderte Situation, um für regionale Ämter mit ihrer Verfügung über Finanzen und Personal zu kandidieren. Regionale Positionen bieten mancherlei Vorteile für Popularität im Wahlkreis. Die Politik unterhalb der zentralstaatlichen Ebene ist freier, aber auch komplizierter geworden. Den politischen Eliten haben die Regionen neue Betätigungsfelder eröffnet. Es gibt mehr Möglichkeiten, unterhalb der nationalen Ebene politische Karrieren vorzubereiten. Für die Parteien sind die Regionen ein wichtiges Ereignisfeld geworden. Die Regionalwahlen finden große politische Beachtung und werden als Stimmungsbarometer für die Popularität der in Paris regierenden Mehrheit gedeutet.

4.6 Parteien

Das gegenwärtige Parteiensystem, hat sich nach Gründung der V. Republik herausgebildet (zum folgenden ausführlich Kempf 2007, 169ff., Höhne 2006). Als einzige Partei, die heute noch Kontinuität mit den Parteien der Vorgängerrepubliken aufweist, ragt die Kommunistische Partei heraus. Die aktuelle Parteienkonstellation gibt es sogar erst seit Anfang der 1970er Jahre. Die Parteiensysteme der früheren Republiken waren von kleinen und mittleren Parteien charakterisiert, die sich in der Mitte des Parteienspektrums positionierten. Diese Parteien waren für die Republik und für die Marktwirtschaft, aber gegen den Staat, wo er dem Bürger fordernd gegenübertrat.

Parteien in der III. und IV. Republik
Die traditionellen Parteien der Mitte waren hauptsächlich im ländlichen und kleinstädtischen Milieu verankert. Es prägte Frankreich damals viel stärker als heute. Organisatorischer Mittelpunkt dieser Honoratiorenparteien war der Parlamentsabgeordnete. Er vertrat im Regelfall seit Jahrzehnten einen Wahlkreis und verstand es, die Klientelforderungen aus seiner Wählerschaft zu bedienen. Die Programmatik dieser Parteien nahm sich oftmals radikal aus. Dahinter verbarg sich tatsächlich meist eine bewahrende Grundhaltung. Der ausgeprägte Laizismus in der politischen Tradition des Landes verhindert bis heute, dass sich das Katholische in der Politik wirksam organisiert. Dennoch gab und gibt es Landstriche, in denen ein christlicher Konservatismus zu Hause ist.

Gaullisten (UMP)
Die erste dramatische Veränderung im Parteiensystem als Folge des Republikwechsels war die Befreiung des politischen Konservatismus vom Stigma der Republikfeindlichkeit. De Gaulle hatte sich verbeten, in seinem Namen eine Partei zu gründen. De facto war auch die V. Republik ohne Parteien nicht ar-

beitsfähig. Zur Unterstützung des Präsidenten schlossen sich die gaullistischen Abgeordneten unter wechselnden Bezeichnungen zu einer Union zusammen, die im Jahr 1967 den Schritt zur Parteiwerdung tat (UNR: Union für die Neue Republik). Die Popularität de Gaulles wurde zur Grundlage einer Partei, die zwar an ihrer Treue zu den Republikgrundsätzen keine Zweifel ließ, aber erkennbar auch an die katholisch-konservative Bevölkerung appellierte. Der damalige Gaullistenführer Chirac nahm 1975 den Aufbau einer effizienten Parteiorganisation in Angriff. Die gaullistische Partei, inzwischen UDR (Demokratische Union für die Republik), dann umbenannt in RPR (Sammlungsbewegung für die Republik), wandelte sich zu einer starken Organisation. Sie baute einen festen Mitgliederstamm, eine Parteizentrale und Parteigliederungen in allen Winkeln des Landes auf. Das RPR durfte neben der Kommunistischen Partei Frankreichs als die bestorganisierte politische Kraft angesehen werden (Knapp 1994). Wenige Monate nach der Wiederwahl Chiracs zum Präsident schloss sich das RPR im Jahr 2002 mit kleinen liberalkonservativen und liberalen Parteien zur UMP (Union pour un mouvement populaire) zusammen.

Wichtigster Fusionspartner war die UDF (Demokratische Union Frankreichs). Ähnlich wie die gaullistische Partei hat sie ihren Namen seit Gründung der Republik mehrfach gewechselt. Sie war einmal die Plattform des früheren Staatspräsidenten Giscard d'Estaing, verlor jedoch an Bedeutung, als dieser sich aus der Politik zurückzog.

Persönliche Ambition spielt in der UMP eine erhebliche Rolle. Um die absehbare Nachfolge des Präsidenten Chirac zerstritten sich bereits im Vorfeld der Präsidentenwahl von 2007 Regierungschef Dominique de Villepin und Innenminister Nicolas Sarkozy auf das Heftigste. Anlass war ein ins Persönliche gehender Streit um angebliche Verwicklungen Sarkozys in eine Schwarzgeldaffäre. Villepin trug in dieser Auseinandersetzung soviel Schaden davon, dass sich seine Hoffnung auf die Präsidentschaftskandidatur zerschlug. Anfang 2010 schied er aus der UMP aus und gründete eine eigene Partei.

Die Sozialistische Partei (PS: Parti Socialiste) war die Schöpfung des **Sozialisten** nachmaligen Staatspräsidenten François Mitterand. Die Vorgängerpartei SFIO war an Sklerose gescheitert. Sie überlebte ihre enge Bindung an die IV. Republik nicht lange. Die Gründung der Sozialistischen Partei (1969/71) rekurrierte zwar auf sozialistische Ideen und sozialreformerische Programmatik. Sie wurde aber vor allem als ein Instrument geschaffen, um die konservative Mehrheit in der V. Republik zu brechen. Zu diesem Zweck war sie von Anfang an darauf angelegt, eine sozialistische Präsidentschaftskandidatur zu unterstützen. Im Lager der politischen Linken waren die Sozialisten anfänglich der kleinere Partner. Während die Kommunisten traditionell um die 20 Prozent der Wählerstimmen bei den Parlamentswahlen gewonnen hatten, mussten sich die Sozialisten erst hocharbeiten. Doch bereits 1978 schafften sie nahezu den Gleichstand mit den Kommunisten. Gut zehn Jahre nach der Parteigründung eroberte Mitterand die Präsidentschaft (1981).

Die Sozialistische Partei vereinigt verschiedene Strömungen, die sich als innerparteiliche Gruppierungen organisieren und bei Programmdebatten und Personalentscheidungen wie „Parteien in der Partei" operieren. Dies liegt vornehmlich daran, dass die Partei bei ihrer Gründung aus verschiedenen sozialistischen Zirkeln und Gesinnungsgruppen entstand. Die Unterschiede blieben erhalten. Sie reichen von Befürwortern sozialistischer Wirtschaftsprinzipien bis hin zu pragmatischen Anhängern eines sozial gemilderten Kapitalismus, die um des Parteilogos willen sozialistische Vokabeln in ihre Rede einflechten. Der gemeinsame Nenner der im Übrigen organisatorisch eher schwachen Sozialistischen Partei war die Gestalt des Gründers und nachmaligen Staatspräsidenten Mitterand. Dieser war stets populärer als seine Partei. Dies machte sich bereits 1986 bemerkbar, als die Wähler eine sozialistische Regierung abwählten. Der Popularitätsbonus Mitterands, der 1995 nicht erneut kandidierte, ließ sich auf den sozialistischen Nachfolgekandidaten Lionel Jospin nicht übertragen. Diese Wahl gewann Chirac. Dessen ungeachtet vermochten die Sozialisten schon die nächste Parlamentswahl (1997) für sich zu entscheiden. Als Parteialternative zu den Gaullisten scheint die Sozialistische Partei unabhängig von ihren Führerpersönlichkeiten etabliert.

Kommunisten
Die Kommunistische Partei (PCF) ist im Rückblick die große Verliererin der Parteienentwicklung. Früher einmal konstant bei einem Wählerzuspruch von 20 Prozent, sackte ihr Stimmenanteil 1997 auf zehn Prozent, seit 2002 liegt er bei Parlamentswahlen leicht unter fünf Prozent. Ursächlich dafür waren die Veränderung der politischen Großwetterlage (Ende des Kalten Krieges, Zusammenbruch des Sowjetsystems) und der soziale Wandel, bei dem klassische Arbeitsplätze in der Industrie verloren gingen. Das Industriearbeitermilieu war lange die Hauptstütze der Kommunistischen Partei. Im Parlament traten die Kommunisten 1981 als Unterstützer einer knappen sozialistischen Regierungsmehrheit auf.

Front National
Seit gut zehn Jahren operiert am rechten Rand der RPR im Front National (FN) eine rechtspopulistische Partei. Es handelt sich hier um eine politische Kraft, die bislang noch ganz im Bann ihres Gründers Jean-Marie Le Pen steht. Er beutete bereits in den 1980er Jahren Themen aus, die von der Pariser Politik vernachlässigt worden waren. Er erkannte, dass in der Industriearbeiterschaft und im unteren Mittelstand Bedrohungsängste wirkten. Arbeitslosigkeit und Arbeitsplatzkonkurrenz mit Einwanderern um schlecht bezahlte Jobs sowie das Vordringen der islamischen Kultur in die ärmeren Stadtviertel erzeugten Ressentiments, die sich ein politisches Ventil suchten. Weder die gaullistische Rechte noch die Linke wissen auf diese Probleme, die sich besonders krass in den Metropolen zeigen, eine befriedigende Antwort. Die Zukunft des FN lässt sich schwer absehen. Le Pen feierte 2002 seinen größten Triumph, als es ihm in einer Präsidentschaftswahl gelang, mit der zweitgrößten Stimmenmehrheit den Premierminister und gleichzeitig den sozialistischen Mitbewerber Jospin aus dem Rennen für den entscheidenden zweiten Wahlgang zu werfen.

Politische Familien
und politische Lager
Bei der Beschreibung des Parteiensystems vor 1958 operierte die politische Publizistik Frankreichs gern mit dem Begriff der politischen Familien. Entsprechende Bedeutung hat heute die Lagerstruktur des Parteiensystems. War das Bild der politischen Familie in der III., der IV. und auch noch der frühen V. Republik eine Hilfe, um Struktur in die Vielfalt der Parteien zu bringen, so ist das Bild der Lager seit Langem trennschärfer. Waren mit den politischen Familien die Spaltungen der französischen Politik in eine Rechte sowie in eine rechte und eine

linke Mitte und in eine gemäßigte und eine extreme Linke gemeint, so bezeichnet die Rede von der Linken und von der Rechten ein in seiner Grundstruktur bipolares Parteiensystem, das in seinen Wirkungen dem Zweiparteiensystem in Großbritannien gleichkommt. Eines unterscheidet das Lagerphänomen dennoch vom klassischen Zweiparteiensystem britischen Zuschnitts: Zur Lagerkonkurrenz tritt die Binnenkonkurrenz in den Lagern hinzu. Sie hat sich allerdings abgeschwächt. Die Kommunisten nähern sich der politisch-parlamentarischen Bedeutungslosigkeit. Seit Gründung der UMP ist die Spaltung des rechten Lagers weitgehend beseitigt. Koalitionen spielten in der V. Republik nie nennenswerte eine Rolle (siehe Tabelle 15). Selbst wenn sich zwecks Mehrheitsbeschaffung Parteien des linken oder rechten Lagers zusammentaten, also eine Art Koalition bildeten, beherrschte den Regierungsprozess stets die Seniorpartei, die den Regierungschef stellte. Auf förmliche Koalitionsgremien wurde verzichtet (Jun 2002).

Die französischen Parteien sind in hohem Maße personenfixiert (Knapp 1992, Knapp/Le Galès 1991). Dies entspricht der Tradition, aber auch das Regierungssystem der V. Republik hat dazu beigetragen. Der größte Preis, den das Regierungssystem aussetzt, ist die Präsidentschaft. Jene Partei, die das Präsidentenamt erobert, hat viele Möglichkeiten, auch die übrigen Institutionen ins Schlepptau zu nehmen. Namentlich in den großen und stark organisierten Parteien lässt sich beobachten, dass prominente Parteiführer intensiv darauf hinarbeiten, sich als Präsidentschaftskandidaten zu empfehlen. Der erfolglose Startversuch für die Präsidentschaft untergräbt nicht schon den Stand des Parteiführers in der eigenen Organisation. Mitterand fügte sich an der Spitze der neu gegründeten Sozialistischen Partei 1974 keinen Schaden zu, als er im Kräftemessen mit dem liberalen Präsidentschaftskandidaten Giscard d'Estaing unterlag. Er verbuchte einen bemerkenswerten Achtungserfolg. Schon der nächste Versuch (1981) war erfolgreich. Genauso erging es Chirac, der 1988 seine Niederlage gegen Mitterand gut zu verkraften verstand.

> Die größeren Parteien wollen die Präsidentschaft erobern

4.7 Wirkungsgeschichte

Die vor 20 Jahren begonnene Demokratisierung in Osteuropa hat sich auf der Suche nach Vorbildern für ein Regierungssystem unter anderem am Regierungssystem der V. Republik ein Beispiel genommen. Besonders deutlich ist dies in Russland, in den Nachfolgestaaten der Sowjetunion und in Südosteuropa zu erkennen (von Beyme 1994, 254ff.). Betrachten wir kurz die Gründe, warum der französische Semi-Präsidentialismus solches Interesse gefunden hat. Es gibt zwei Parallelen in der Ausgangssituation. In beiden Fällen gab es eine Tabula rasa. In Frankreich hatten die Parteien der IV. Republik schlichtweg aufgegeben. Sie wurden unter den Trümmern des Systems begraben, das sie im Stich ließen. In der Stunde Null der V. Republik beherrschte General de Gaulle die politische Bühne. Seine Gefolgschaft war sich in der Ablehnung der Vorgängerrepublik mit ihm einig.

> Vorbildwirkung in Mittel- und Osteuropa

Blicken wir nach Osteuropa. Dort stürzten totalitäre Systeme ab. Politisch unerfahrene demokratische Eliten überlegten, in welchen Institutionen sie eine

Demokratie aufbauen konnten. Die bekannten Demokratieformen in Europa setzen politische Parteien voraus, die das Regierungsgeschäft und den Rollenwechsel zwischen Regierung und Opposition beherrschen. In Frankreich gab es solche Parteien zumindest für das Regieren nicht. War das Startkapital bei Gründung der V. Republik hauptsächlich die persönliche Autorität des Generals, so hatten im Grunde genommen auch die osteuropäischen Gesellschaften am Ende der Diktatur nichts anderes als ein Aufgebot von Personen, die sich unter neuen, demokratischen Voraussetzungen auf Politik einlassen wollten.

Das Modell der V. Republik passt besser als das reine parlamentarische System auf Regierungssysteme, die keine konsolidierten Parteien besitzen. Die Konstruktion des Staatspräsidenten als letzte Autorität und Spielmacher im Regierungsbildungsprozess war ein tragendes Element bei der Gründung der V. Republik. Blenden wir nun wieder zurück nach Osteuropa.

Die Entscheidung für das semi-präsidentielle Regierungssystem bot auch in Mittel- und Osteuropa die besseren Möglichkeiten für die personelle Konzentration politischer Führungsaufgaben. Die Alternative des parlamentarischen Regierungssystems hätte die Regierung von einer Parlamentsmehrheit oder von der Einigungsfähigkeit einer Parteienkoalition abhängig gemacht. Ein machtvoller Präsident nach dem Vorbild des französischen Staatsoberhaupts amtiert immerhin für eine vorgegebene Amtsperiode. Auch die Änderung der parlamentarischen Mehrheiten wirft ihn nicht aus dem Amt.

Betrachten wir vor diesem Hintergrund auch noch die mögliche Alternative eines präsidentiellen Systems US-amerikanischer Art. Sie wurde gar nicht groß erörtert. Ihre Nachteile für den Inhaber des Regierungsamtes liegen auf der Hand. Der amerikanische Präsident lässt sich zwar nicht leicht aus dem Amt stoßen. Aber er bleibt auf Gedeih und Verderb mindestens für die Dauer der Legislaturperiode zur Kooperation mit dem Kongress verurteilt. Der amerikanische Präsident ist als Regierungsführer eben keine starke Figur, sondern eine schwache.

Russland: ein präsidentiell-parlamentarisches System

Nehmen wir kurz einige Anleihen beim französischen Verfassungsmodell in Osteuropa in Augenschein. Blicken wir zunächst auf Russland. Der russische Präsident wird wie sein französischer Kollege direkt gewählt, aber lediglich für eine Amtszeit von vier Jahren. Diese wurde 2008 auf sechs Jahre verlängert. Der Präsident ernennt die Regierung, und diese bedarf des Vertrauens der Duma. Der Präsident hat das Recht, die Duma aufzulösen. Die Duma kann umgekehrt den Ministerpräsidenten per Misstrauensvotum aus dem Amt entfernen. Wenn der Präsident nicht einverstanden ist, bleibt die Regierung im Amt. Dies ist die erste Abweichung vom französischen Modell. Bestätigt die Duma ihr Misstrauensvotum noch zweimal, so lässt sich die Regierung zwar nicht länger halten, aber der Präsident darf dann mit dem Mittel der Parlamentsauflösung zurückschlagen. Unbeanstandet durch das russische Verfassungsgericht beanspruchte der russische Präsident Boris Jelzin nach Inkrafttreten der Verfassung (1993) das Recht, die Chefs der sog. Machtministerien (Inneres, Verteidigung, äußere Angelegenheiten, Geheimdienst, Katastrophenschutz) zu ernennen. Wir treffen also in Russland einiges an, was an die V. Republik erinnert, insbesondere einen vom Volk gewählten Präsidenten an der Spitze der regierenden Partei, der die Möglichkeit besitzt, die Regierung zu entlassen und das Parlament aufzulösen, sein

Veto gegen Gesetze einzulegen und eine Mitsprache an Regierungsangelegenheiten zu erzwingen. Freilich sind diese Befugnisse in Russland so großzügig bemessen, dass ein amtierender Präsident seinen Willen leicht auch gegen die massiven Widerstände des Parlaments durchsetzen kann (Mommsen 2009: 424ff.).

Gegen diese Superpräsidentschaft nimmt sich der Präsident der V. Republik geradezu bescheiden aus. Dies umso mehr, da der Präsident in Frankreich im Kampf um sein Amt und parlamentarische Mandate keineswegs auf leichte Siege abonniert ist. Nach dem Ende seiner Amtszeit zog sich der ehemalige Präsident Putin im Jahr 2008 auf die Position des Regierungschefs zurück. Er ließ sich von der Präsidentenpartei auf den Schild des Parteiführers heben. Wer bei einer Kraftprobe den Kürzeren ziehen würde, ist offen. Der Präsident könnte den Regierungschef konstitutionell zwar leicht in die Knie zwingen. Doch Russland hat kein autoritäres Regime. Eine – nicht immer faire – Parteikonkurrenz findet durchaus statt. Der derzeitige Präside Medwedew muss sich zurzeit mit einem starken Regierungschef arrangieren, der die stärkste und einzige wohlorganisierte Partei Russlands kontrolliert.

Die Fachliteratur hat sich der neuen Varianten des semi-präsidentiellen Systems intensiv angenommen (Elgie 1998). Shugart und Carry bezeichnen ein Regierungssystem, wie es hier mit Russland beschrieben wurde, als präsidentiell-parlamentarisch (1992, 24f.). Sie wollen damit verdeutlichen, dass die parlamentarischen Strukturen hinter die präsidialen zurücktreten. Auch Finnland hatte bis zur Jahrtausendwende ein präsidentiell-parlamentarisches System. Der Präsident durfte nach Gusto das Parlament auflösen, die Regierung entlassen, sein Veto gegen Parlamentsbeschlüsse einlegen, und er führte darüber hinaus noch den Vorsitz bei den Regierungsberatungen. Diese Verfassungskonstruktion erwies sich für das Land als nützlich. Im Kalten Krieg lag es als neutrales Land an der Nahtstelle zwischen Ost und West. Der mächtige Präsident wurde toleriert, weil er dank guter Beziehungen zur Moskauer Führung sein Land aus der Rivalität der Weltmächte herauszuhalten verstand. Als der Kalte Krieg zu Ende ging, der jahrzehntelang amtierende Präsident gebrechlich wurde und vorzeitig aus dem Amt schied, wurde das Regierungssystem umgebaut. Mit einer umfassenden Verfassungsrevision wurde im Jahr 2000 ein parlamentarisches Regierungssystem installiert. Der Präsident ist seither nur mehr repräsentatives Staatsoberhaupt. Die parlamentarisch verantwortliche Regierung steht im Mittelpunkt des politischen Geschehens (Raunio 2004, Paloheimo 2003). Große Risiken für die politische Stabilität barg diese Operation nicht. Finnland hat ein stabiles Parteiensystem, alle größeren Parteien sind in der Regierungsarbeit erfahren.

Finnland: Abschied vom semi-präsidentiellen System

Betrachten wir am Beispiel Polens noch kurz einen weiteren Typus, das parlamentarisch-präsidentielle System. Hier dominieren die parlamentarischen Strukturen, obgleich der Präsident das Format eines rein repräsentativen Staatsoberhaupts überschreitet. Dieser ebenfalls vom Volk gewählte Präsident hat nach der geltenden Verfassung von 1997 das Recht zur Gesetzesinitiative. Er darf ein Veto gegen Gesetzesbeschlüsse einlegen, das nur mit Dreifünftelmehrheit zurückgewiesen werden kann. Ferner wirkt der Präsident an der Außenpolitik mit. Nach der älteren Kleinen Verfassung konnte das Veto nur mit Zweidrittelmehr-

Polen: ein parlamentarisch-präsidentielles System

heit zurückgewiesen werden. Die Entlassung der Regierung und die Auflösung des Parlaments waren ihm bereits unter dieser Verfassung verwehrt.

Schon nach der älteren Verfassung fiel der polnische Präsident deutlich hinter das Format eines französischen Präsidenten zurück. Nach der aktuellen Verfassung ist er recht nahe die Statur eines repräsentativen Präsidenten herangerückt. Allein das Veto unterscheidet ihn noch. Selbst die eigene Partei im Parlament könnte er mit den verbliebenen Mitteln nicht mehr nennenswert begünstigen. Dieser Effekt ist gewollt. Unter der älteren Verfassung gab es erhebliche Reibungen zwischen Präsident Lech Walesa, der seine knappen Mitregierungsbefugnisse bis an die Grenzen strapazierte, und der parlamentarisch legitimierten Regierung (Ziemer/Matthes 2009, 214ff.).

Präsidentenpartei   Fragen wir nun, ausgehend vom französischen Beispiel, ob wir es hier tatsächlich mit semi-präsidentiellen Systemen zu tun haben. Zur Erinnerung: Die maßgeblichen Hebel eines zum Regieren befähigten Präsidenten sind die Parlamentsauflösung und die Entlassung der Regierung. Darüber hinaus braucht dieser Präsident eine Präsidentenpartei als parlamentarischen Agenten seines Gestaltungswillens. Diese Voraussetzungen sind in Russland gegeben. Ähnlich war sie bis vor einem Jahrzehnt auch in Finnland gegeben.

Bezeichnungen wie präsidentiell-parlamentarisch und parlamentarisch-präsidentiell sind nicht hilfreich. Ein Regierungssystem ersterer Art, wie oben am russischen Beispiel skizziert, macht den Präsidenten zur beherrschenden Figur, mag es daneben auch noch einen parlamentarisch legitimierten Regierungschef geben. Ein störrisches Parlament kann ohne Weiteres in die Knie gezwungen werden. Ein Regierungssystem der parlamenarisch-präsidentiellen Art, wie oben am polnischen Beispiel skizziert, ist in seiner Grundstruktur parlamentarisch. Wie in diesem Buch am Beispiel Frankreichs dargelegt, gehorcht das semi-präsidentielle Regierungssystem der Logik parlamentarischen Regierens. An ihr kann sich auch kein starker Präsident vorbeimogeln.

Das parlamentarische, das präsidentielle und das semi-präsidentielle System produzieren stets klare Machtlagen. Im Systemtypus, der mit parlamentarisch-präsidentiell umschrieben wird und kurz am Beispiel Polens betrachtet wurde, ist dies aber nur unter der Voraussetzung der Fall, dass sich das Staatsoberhaupt mit der bescheidenen Rolle begnügt, die den parlamentarischen Präsidenten charakterisiert. Sucht der Präsident, wenn er etwa durch Sonderrechte in Versuchung geführt wird, eine gestaltende Rolle, lässt er sich unvermeidlich auf einen Konflikt mit den parlamentarischen Strukturen ein. Bei alledem sind die Rechte des Parlaments so groß bemessen, dass es vom Präsidenten nicht in die Knie gezwungen werden kann. Immerhin bleiben dem Präsidenten noch einige Rechte, insbesondere das Veto, um Sand in das Regierungsgetriebe zu schaufeln.

Die Verwaschenheit dieser Variante des semi-präsidentiellen Systems geht im Wesentlichen darauf zurück, dass der Präsident nicht klipp und klar als bloßer Repräsentant definiert ist. Die Residualrechte des Präsidenten liefern beiden Kontrahenten im Kampf um die Lesart der Verfassung ein legitimierendes Argument: Hier die Volkswahl, dort die Mehrheit der Volksvertreter. Wie man Regierungssysteme dieser Art auch nennen mag: Sie produzieren mehr Ärger und Konflikte, als dem guten Regieren und dem Konsens über die Institutionen zuträglich ist. In Finnland und Polen hat man die Konsequenz daraus gezogen: hier mehr, dort weniger. Sie takelten ihre Präsidenten soweit ab, dass hier nichts und dort nur wenig übrig blieb, was eine Konkurrenz mit der parlamentarisch legitimierten Regierung anheizen könnte.

5 Ergebnisse des Vergleichs

Der Ausgangspunkt dieses Regierungssystemvergleichs war die Typisierung der Regierungssysteme in Richtung Gewaltentrennung und Gewaltenverschränkung. Zur Erinnerung: Das parlamentarische Regierungssystem beruht unabhängig von den Definitionsunterschieden in der Literatur auf der Abhängigkeit der Regierung von der Zustimmung einer Parlamentsmehrheit. Die Regierung bleibt im präsidentiellen Regierungssystem auch dann im Amt, wenn sie mit ihrer Politik im Parlament keine Mehrheit findet. Das parlamentarische Regierungssystem fußt auf der Einheit von Regierung und Parlamentsmehrheit, der sog. Regierungsmehrheit. Das präsidentielle Regierungssystem kennt keine Regierungsmehrheit, weil die Regierung vom Parlament nicht abgelöst werden kann.

Die unterschiedlichen Lösungen der Gewaltenteilungsproblematik treten exemplarisch am Phänomen der parlamentarischen Opposition zutage. Die Kombination von Regierungsmacht und Parlamentsmehrheit fördert im parlamentarischen Regierungssystem ein ausgeprägtes Konkurrenzverhalten seitens der parlamentarischen Minderheit. Die Opposition muss sich in der Öffentlichkeit als künftige Alternative zur Regierung profilieren, um die nächsten Wahlen mit der Aussicht auf Erfolg bestreiten zu können. Parlamentarische Opposition dieser Art ist ohne Parteien unmöglich. Anders formuliert: Das parlamentarische Regierungssystem setzt effiziente Parteien voraus.

Das präsidentielle Regierungssystem kennt dieses Phänomen der politischen Opposition nicht. Das Gegengewicht zur Regierung bildet dort das Parlament insgesamt. Es könnte dort disziplinierte Parteien geben. Sie sind aber nicht notwendig, um die Regierungsmacht auszubalancieren. Das Parlament kann die präsidentielle Regierung zwar nicht ablösen, aber es kann die Regierungsvorschläge durch Mehrheitsverweigerung zum Scheitern bringen. Der Präsident verkörpert die Regierung, ob er nun mit der Unterstützung des Parlaments agiert oder ohne sie.

Das semi-präsidentielle Regierungssystem, wie es oben am Beispiel Frankreichs erörtert wurde, entfaltet sich in der Basiskonstellation des parlamentarischen Regierungssystems. Der Präsident braucht verlässliche Mehrheiten für eine ihm ergebene Regierung, wenn er als politischer Führer auftreten will. Fehlt es daran, so bleibt ihm nichts anderes übrig, als sich auf die Rolle eines Staatsoberhauptes zurückzuziehen, das wie im rein parlamentarischen Regierungssystem das effektive Regieren allein der parlamentarisch verantwortlichen Regierung überlässt. Nur wenn der Präsident von Regierung und Parlamentsmehrheit als Führungsfigur anerkannt wird, schrumpft die Bedeutung der Regierung auf ein Ausmaß, das aus dem parlamentarischen Regierungssystem in Reinkultur nicht geläufig ist. Das Efficient secret auch des semi-präsidentiellen Regierungssystems ist die Regierungsmehrheit, d.h. die Verbindung von Regierung und Parlamentsmehrheit.

Beim Vergleich Großbritannien-USA-Frankreich wurden hier ausschließlich Systeme betrachtet, die weder das im übrigen Kontinentaleuropa verbreitete Verhältniswahlsystem noch den Zwang zu Koalitionen noch das Phänomen des nicht durch Wahlen verursachten Wechsels der Regierungsparteien kennen. Insoweit fasst dieses Buch „untypische" Regierungssysteme ins Auge. Diese Systeme sind bedeutsam, weil sie dem Idealtyp des parlamentarischen, präsidentiellen und semi-präsidentiellen Regierungssystems realtypisch jeweils sehr nahe kommen. Um es anders auszudrücken: Die Typisierung der Regierungssysteme ist in starkem Maße von der Anschauung dieser Regierungssysteme hergeleitet. Doch Regierungssysteme befinden sich in stetigem Wandel. Dies lässt sich besonders gut an Großbritannien erkennen, wo das überkommene Zweiparteiensystem womöglich auf Dauer einem Mehrparteienparlamentarismus Platz macht, der Koalitionsregierungen erzwingt. Gerade weil hier modellhafte Beispiele betrachtet wurden, wird aber deutlich, dass die Differenz zwischen dem parlamentarischen und semi-präsidentiellen System geringer ist als jene zwischen dem parlamentarischen und dem präsidentiellen System. Der Unterschied zwischen Ersteren liegt hauptsächlich in der Rolle eines repräsentierenden oder mitgestaltenden Präsidenten begründet.

Das präsidentielle Regierungssystem in Reinkultur bietet neben den USA nicht allzu viele Beispiele. Allein in Lateinamerika hat es in modifizierter Gestalt Fuß fassen können. Die vorhandenen Demokratien in West- und Osteuropa, in Nordamerika und in Ostasien entsprechen überwiegend dem Typus parlamentarischer oder semi-präsidentieller Regierungssysteme. Deshalb drängt sich die Frage auf, was die politikwissenschaftliche Auseinandersetzung mit dem präsidentiellen Regierungssystem der USA lehrt. Die USA bilden mit ihrem Regierungssystem eine Ausnahme, die kaum Anknüpfungspunkte für das Verständnis anderer präsidentieller Regierungssysteme anbietet. Selbst die lateinamerikanischen Beispiele bringen in dieser Hinsicht nicht viel. Dort fehlt es einfach an mächtigen Parlamenten in der Art des amerikanischen Kongresses, der in hohem Maße die Eigenart der amerikanischen Politik bestimmt. Eine Lehre aus dem Studium des präsidentiellen Regierungssystems der USA ist deshalb die Feststellung, dass es unter den demokratischen Regierungssystemen einfach Unikate gibt, die als solche erkannt werden müssen.

Noch eine weitere Lehre lässt sich aus dem amerikanischen Beispiel gewinnen. Es ist durch eine historische Kontinuität charakterisiert, die den breiten gesellschaftlichen Konsens über das Regierungssystem ausdrückt. Das gleiche gilt übrigens auch für Großbritannien. Dessen Regierungssystem verzeichnet im Laufe der Jahrhunderte zwar gewaltige Veränderungen. Diese verteilten sich aber in kleinen Schritten über so lange Zeiträume, dass die politischen Institutionen in der Wahrnehmung der Gesellschaft nie ihre Identität einbüßten. Frankreich hingegen hat eine zwar eindrucksvolle kulturelle Identität, seine politischen Institutionen waren jedoch bis in die jüngere Vergangenheit notorisch umstritten. Wie die französische Nachkriegsgeschichte zeigt, war die Gesellschaft irgendwann nicht mehr bereit, ein mit zahlreichen Mängeln behaftetes Regierungssystem mit Parlamentsdominanz länger zu akzeptieren. In gut zwei Generationen hat die neugegründete V. Republik alle üblichen politisch-parlamentarischen

Bewährungsproben überstanden, und Verfassung und Verfassungspraxis sind in den politischen Konsens der französischen Gesellschaft eingeflossen.

Das französische Beispiel zeigt, dass selbst in einem überschaubaren Zeit-raum wichtige Verfassungskonventionen heranreifen. In vielen europäischen Ländern liegen die Dinge ähnlich. Das gilt auch für die Bundesrepublik Deutsch-land, deren politische Praxis in den Anfängen stark vom Bemühen charakterisiert war, die Fehler der ersten deutschen Republik zu vermeiden. Das Regierungssys-tem der V. französischen Republik war in ähnlicher Weise darauf angelegt, sich vom Negativbild der III. und der IV. Vorgängerrepubliken abzugrenzen. Es ist mittlerweile zu einem eigenen Typus herangereift, der durch Feinkorrekturen nur noch in sich gerundet wird, wie das Bemühen um die Vermeidung der Kohabita-tion zeigt.

Mustern wir nun abschließend kurz die Kriterien der durch, die zu Beginn dieses Buches vorgestellt wurden:

a) Gewaltenteilung als Basiskriterium
Das wichtigste Prüfmoment bei der Betrachtung der Regierungssysteme ist die Frage nach dem parlamentarischen Vertrauensbedürfnis bzw. der parlamentari-schen Mehrheitsabhängigkeit der Regierung. Wo dieses besteht, ob nun in der Gestalt eines rein parlamentarischen oder in der modifizierten Form eines semi-präsidentiellen Regierungssystems, dort sind grundsätzlich andere Strukturen anzutreffen als im präsidentiellen Regierungssystem, in dem die Regierung keine Ablösung vor Ablauf der parlamentarischen Legislaturperiode zu gewärtigen hat. Wie oben noch einmal referiert, ist der wichtigste Punkt die Entscheidung für die Gewaltenverschränkung oder für die Gewaltentrennung mit allen Folgen für die Rolle der politischen Parteien. Diese sind im parlamentarischen Regierungssys-tem schlechthin unverzichtbar, im präsidentiellen spielen sie hingegen keine wichtige Rolle.

b) Parteien als Basiskriterium
Die Parteienstrukturen sind stark vom Regierungssystem bestimmt. Hier stellen wir fest, dass das parlamentarische und das semi-präsidentielle Regierungssys-tem gleichermaßen auf disziplinierte und handlungsfähige Parteien angewiesen sind. Hier zeigt sich noch einmal die parlamentarische Grundstruktur auch des semi-präsidentiellen Systems. Das präsidentielle Regierungssystem kommt ohne Parteien dieser Art aus.

c) Wahlen als wichtigstes Nebenkriterium
Das Wahlsystem bestimmt in hohem Maße die Struktur des Parteiensystems. Das Mehrheitswahlsystem begünstigt die Kandidaten der größten Parteien und dar-über hinaus die beiden Parteien mit den meisten Wählerstimmen. In den parla-mentarischen Systemen trägt die Mehrheitswahl darüber hinaus, wie hier an den Beispielen Frankreichs und Großbritanniens gezeigt, zu klaren parlamentarischen Mehrheitsverhältnissen bei, die Koalitionsregierungen erübrigen. Doch gerade an Großbritannien wird deutlich, dass selbst die Regeln des Wahlsystems das Auf-

kommen starker dritter Parteien und damit auch von Koalitionsregierungen auf Dauer nicht verhindern.

Im präsidentiellen Regierungssystem, wie es hier in Gestalt der USA vorgestellt wurde, ist das Mehrheitswahlsystem Conditio sine qua non. Will sagen: Stellt man sich ein präsidentielles Regierungssystem vor, in dem das Parlament nach der Verhältniswahl gewählt würde, kämen unvermeidlich Parteilisten ins Spiel, für die sich der Wähler entscheiden müsste. Die Listenwahl wiederum macht nur Sinn, wenn starke Parteigremien, anerkannte Parteiführer und ein organisatorischer Unterbau vorhanden sind. Parteien dieser Art kontrollieren den parlamentarischen Raum. Sie konditionieren das Abstimmungsverhalten der Abgeordneten. Sie disziplinieren, wo Einzelspieler die Partei als Gesamtunternehmung in Schwierigkeiten bringen, und wenn es gar nicht anders geht, greifen sie ins Spiel ein.

Kennen Frankreich und Großbritannien auch keine Listenwahl, existieren doch auch dort dank des Zusammenspiels von Parlamentsfraktionen und Parteiaktiven in den Wahlkreisen ähnliche Bedingungen. Maßgeblich ist nicht die Mechanik des Wahlsystems, sondern vielmehr die Partei als Orientierungsrahmen für das Verhalten der Parlamentarier. In dieser Hinsicht sind die Unterschiede zwischen Frankreich, Großbritannien und den parlamentarischen Systemen des europäischen Kontinents gering.

d) Territoriale Staatsorganisation als Nebenkriterium
Die bundes- oder einheitsstaatliche Staatsorganisation berührt das parlamentarische und präsidentielle Regierungssystem nicht. Es gibt parlamentarische Bundesstaaten wie die Bundesrepublik Deutschland, Kanada oder Australien, und es gibt in vielen Teilen der Welt präsidentiell verfasste Einheitsstaaten. In Frankreich und Großbritannien ist die Staatstätigkeit in den letzten 30 Jahren in erheblichem Maße auf autonome Regionen herunterdelegiert worden. Auch dies hat am Charakter des Regierungssystems auf zentralstaatlicher Ebene nichts geändert. Ganz ohne Belang ist dieser Aspekt aber auch für das Regierungssystem nicht. In Nordirland, Schottland und Wales gab es bereits praktische Erfahrung mit einem repräsentativeren Wahlsystem und Koalitionsregierungen, bevor beide Phänomene auf die Agenda der Londoner Politik gerieten.

e) Gerichte als Nebenkriterium
Auch Fragen der Gerichtsbarkeit und Verfassungsgerichtsbarkeit berühren die Eigenart des Regierungssystemtypus nicht. Das britische Regierungssystem toleriert kein Verfassungsgericht. Das semi-präsidentielle System Frankreichs kennt eine inzwischen hochaktive Verfassungsgerichtsbarkeit. In den USA ist die Verfassungsjudikatur fest etabliert, ja sogar eine tragende Säule des Regierungssystems. Doch mit den Beziehungen zwischen Kongress und Präsident und der für das parlamentarische System typischen Unterscheidung von Regierungsmehrheit und Opposition hat dies alles nichts zu tun.

Mit Blick auf die im ersten Kapitel formulierten Leitfragen soll nun ein Fazit gezogen werden:

a. Welche politischen Institutionen strukturieren den Willensbildungs- und Entscheidungsprozess? Konzentriert sich die politische Entscheidungsgewalt beim Parlament oder bei der Regierung, oder ist sie annähernd gleichmäßig auf beide verteilt? Inwieweit wirken die Parteien gestaltend an Regierungs- und Gesetzesentscheidungen mit?

In Großbritannien lässt sich leicht ein politisches Führungszentrum erkennen. Im Kabinett und in der Person des Premierministers überschneiden sich die Spitzen der Regierungspartei, der Mehrheitsfraktion des Unterhauses und der Ministerialverwaltung. Die in der Verfassungstheorie fixierte förmliche Abhängigkeit des Premierministers und des Kabinetts vom Vertrauen der Unterhausmehrheit bedeutet tatsächlich die Abhängigkeit beider vom Vertrauen der Wähler. Zur Herausbildung eines politischen Führungszentrums ist es im Regierungssystem der USA nie gekommen. Zwar ist die Macht des Präsidenten kontinuierlich gewachsen. Es kann aber keine Rede davon sein, dass der Präsident alle wichtigen Entscheidungen im Regierungssystem kontrolliere. Dem Präsidenten steht im Kongress ein Gegenspieler gegenüber, der effektive Gegenmacht besitzt. Die Schlüsselstellung des Kongresses unterscheidet das amerikanische Regierungssystem grundlegend von den Verhältnissen in Großbritannien. Die Parteien haben im amerikanischen Regierungssystem keine große Bedeutung. Auch das Oberste Bundesgericht der USA ist ein bedeutender Faktor des Regierungssystems. Entscheidet es eine umstrittene politische Frage als Rechtsfrage, so greift es faktisch in den Regierungsprozess ein. Es verwirft oder bestätigt kontroverse Gesetze und Regierungshandlungen.

Demgegenüber hat Frankreich wieder ein Regierungssystem mit überschaubaren, klar bestimmten Führungsrollen. Je nach den Mehrheitsverhältnissen in der Nationalversammlung fällt die politische Führung der Regierung zu oder dem Staatspräsidenten. Im Unterschied zum britischen Regierungssystem können sich die politischen Führungsrollen in Frankreich zwischen den beiden Polen der doppelten Exekutive verschieben. Der Grund ist die semi-präsidentielle Konstruktion des Regierungssystems. Diese eröffnet dem Präsidenten Eingriffsmöglichkeiten in den politischen Prozess, die im reinen parlamentarischen System nicht vorkommen. Dies gilt insbesondere für die Möglichkeit des Präsidenten, nach Ermessen das Parlament aufzulösen. Nur dann, wenn der Präsident mit der Regierungsmehrheit übereinstimmt, d.h. wenn er von den Rollenträgern der parlamentarischen Strukturen als politischer Führer anerkannt wird, schlägt das Pendel zugunsten einer machtvollen Führungsrolle des Präsidenten aus. Stehen aber der Präsident im einen und Regierung und Parlamentsmehrheit im anderen politischen Lager, schrumpft die politische Statur des Präsidenten auf die eines repräsentativen Staatsoberhauptes. Die Bedeutung der Parteien ist nicht geringer als im britischen Parlamentarismus oder in anderen parlamentarischen Regierungssystemen. Beide großen Lager in der französischen Politik stimmen darin überein, eine Gestaltungskonkurrenz zwischen Präsident und Regierung zu vermeiden.

b. Welcher Koordinierungsaufwand und welche Kompromisszwänge wohnen dem Regierungssystem inne? Kann die Regierung ihren Willen im Parlament durchsetzen, oder müssen sich im Regelfall beide, Parlament und Regierung, miteinander arrangieren?

Im Verhältnis von Kabinett, Unterhaus und Parteien ergibt sich in Großbritannien ein scheinbar gering anmutender Koordinierungsbedarf. Das Kabinett unter der Leitung des Premierministers plant, überwacht und leitet die Gesetzgebungsplanung des Unterhauses unmittelbar. Dieser regierungslastige Koordinierungsaufwand darf jedoch nicht als fehlender Kompromisszwang missverstanden werden. Die Vernachlässigung wichtiger Meinungsgruppen im Regierungslager wird im Extremfall mit dem Rücktritt prominenter Kabinettsmitglieder oder mit offen vorgetragener innerparteilicher Kritik am Kurs des Kabinetts quittiert. Ein verborgener, aber um nichts weniger kräftiger Kompromisszwang spielt im britischen Regierungssystem auch dann eine wichtige Rolle, wenn eine Partei allein regiert.

Das amerikanische Regierungssystem zeichnet sich demgegenüber durch einen weithin sichtbaren Koordinierungsaufwand und durch offen wahrnehmbare Kompromisszwänge aus. Der Präsident sowie die Senatoren und die Abgeordneten des Kongresses sind in erster Linie ihrer Wählerschaft verpflichtet. Alles andere tritt dahinter zurück. Wenn sich Präsident und Kongress nicht einigen, kommt keine Entscheidung zustande. Weil jedoch etliche Entscheidungen keinen Aufschub dulden, sind letztlich beide darauf angewiesen, sich zu einigen.

Der Kongress, der in Sachentscheidungen so gut wie keine Fraktionsdisziplin kennt, muss von der Richtigkeit politischer Vorstellungen des Präsidenten erst überzeugt werden. Die Mehrheitsbeschaffung im Kongress bleibt nicht der Zufälligkeit persönlicher Sympathien und flüchtiger Einschätzungen überlassen. Sie vollzieht sich in organisierten Formen. Der Kongress besitzt reale Entscheidungsautonomie und scheut keineswegs davor zurück, sich auf heftige und langwierige Konflikte mit dem Präsidenten einzulassen. Die Parteien sind als Klammer zwischen Präsident und Kongress zu vernachlässigen.

Der Kongress ist aufgrund seiner fragmentierten Struktur (Ausschüsse, Unterausschüsse, parteiübergreifende Abstimmungsallianzen) außerstande, eine koordinierende Rolle im Regierungsprozess zu übernehmen. Diese fällt notgedrungen dem Präsidenten zu. Doch die Möglichkeiten des Präsidenten sind auf Verständigung und Überzeugungsarbeit beschränkt. Verhandlungen zwischen dem Präsidenten und den Kongressführern sowie persönliche Abmachungen und Kompensationsgeschäfte mit Abgeordneten und Abgeordnetengruppen bestimmen die Abläufe im Regierungssystem.

Frankreich liegt sehr dicht bei den britischen Verhältnissen. Das Zentrum des Regierungssystems sind die Regierung und ggf. noch der Staatspräsident. Die Mehrheit ist ähnlich wie in Großbritannien darauf disponiert, die Regierung zu unterstützen. Faktisch hat die Regierung zusammen mit dem Staatspräsidenten den Regierungsprozess fest im Griff. Kompromisszwänge gehen hauptsächlich von der Notwendigkeit aus, widerstrebende oder abweichende Kräfte der Regierungsmehrheit, mögen es Koalitionspartner oder innerparteiliche Gruppen sein, in den eigenen Reihen zu halten.

Das Regieren erscheint in Frankreich und Großbritannien einfacher als in den USA. Tatsächlich ist es aber bei genauem Hinsehen nicht weniger aufwändig und anspruchsvoll. Es konzentriert die Regierungsaufgaben nur stärker bei einer einzigen Institution. Die Parlamentsmehrheit, die Regierung und der Premierminister stützen sich auf denselben Wählerauftrag. In Frankreich kommt noch das mächtige Mandat der Präsidentschaftswahl hinzu. Die semi-präsidentiellen Strukturen des französischen Regierungssystems machen die Dinge schon um einiges komplizierter als im parlamentarischen System Großbritanniens. Die Regierungsmehrheit muss stets mit der Möglichkeit rechnen, dass der Präsident das Parlament auflöst, wenn er sich davon eine gefügigere Regierung verspricht. Das Amt und die Verfassungspraxis der französischen Präsidentschaft sind darauf angelegt, dass der Präsident die sich bietenden Möglichkeiten ausschöpft, um dem Premierminister die politische Richtliniengebung zu entwinden. Im amerikanischen Regierungssystem gibt es keine Wählermehrheit, die für Präsident und Kongress gleichermaßen relevant wäre. Senat und Repräsentantenhaus arbeiten nicht im politischen Gleichtakt. In der zweiten Hälfte des 20. Jahrhunderts war das Divided government mit dem Präsidenten der einen und Kongressmehrheiten der anderen Partei die Regel.

c.   Benachteiligt das Regierungssystem politische Kräfte mit nennenswertem gesellschaftlichem Rückhalt?

Das britische Regierungssystem kann ohne Gefährdung seiner Handlungsfähigkeit Interessen vernachlässigen, die Einfluss auf Regierungsentscheidungen suchen. Das gleiche gilt für das französische Regierungssystem. Der Grund liegt darin, dass die Regierung in beiden – ihrer Grundstruktur nach ähnlichen – Systemen Impulsgeberin der parlamentarischen Politik ist. Die Parlamente beschäftigen sich hauptsächlich mit Anstößen, Vorlagen und Initiativen der Regierung, die dabei auf den Apparat der Ministerialverwaltung zurückgreift. Diese ist deshalb bevorzugter Adressat der Verbände und der Lobbyisten. In beiden Ländern beherrscht die Regierung die vom Parlament zu sanktionierende Politik in noch weit größerem Ausmaß, als dies aus den europäischen Nachbarländern bekannt ist. Die britischen Constitutional conventions und die französische Verfassung mit ihren zahlreichen Regularien für die Parlamentsarbeit sind beide darauf angelegt, dass die Regierung im parlamentarischen Beschließungsverfahren ihren Willen durchsetzt.

Die Schlüsselstellung des Kongresses im amerikanischen Regierungssystem eröffnet Lobbyisten und Verbänden vielfältigen Zugang zu den Entscheidungsträgern. Gewiss spielt auch die amerikanische Regierung im Gesetzgebungsprozess eine gewichtige Rolle. Wo aber der Weg über das Weiße Haus und die Bundesbehörden keinen Erfolg verspricht, bleibt immer noch der Kongress. Durch intensives und geschicktes Lobbying erreichen auch kleinere Interessen-

gruppen, dass die Kongressmitglieder ihre Anliegen aufgreifen. Der Grund: Die
maßgebliche Größe im politischen Leben der Kongressmitglieder ist der Wahlkreis.

Neue und kleine
Parteien

Die Chancen neuer und kleiner Parteien, im Regierungssystem Einfluss zu
gewinnen, sind in allen drei Regierungssystemen gering. Kleinere Parteien können hin und wieder die Themen der öffentlichen Diskussion bestimmen. Die
Begünstigung der etablierten Großparteien durch das Mehrheitswahlsystem ist in
allen drei Parteiensystemen nicht zu übersehen.

Die organisatorisch schwachen und weltanschaulich kaum profilierten großen amerikanischen Parteien beherbergen ein sehr lebendiges Spektrum verschiedener Richtungen und Gruppierungen, die vor allem bei der Nominierung
der Präsidentschaftskandidaten um Einfluss ringen. Erweisen sich die beiden
großen Parteien einmal als unfähig, eine populäre Stimmung zu integrieren,
kommt es zur Gründung dritter Parteien oder zur ernstzunehmenden Herausfor-
derung unabhängiger Präsidentschaftskandidaten. Sie überstehen selten einen
Präsidentschaftswahlkampf, zeigen aber doch eine Gefahr für das eingefahrene
Zweiparteiensystem an. Deshalb sind die beiden großen Parteien stets bemüht,
das verlorene Wählerreservoir durch entsprechende Kurskorrekturen zurückzu-
gewinnen. Sie waren bislang erfolgreich damit.

Literatur

Aberbach, Joel D. 1990: Keeping A Watchful Eye: The Politics of Congressional Oversight, Washington, D.C.

Aberbach, Joel D., Putnam, Robert D., und Rockman, Bert A. 1981: Bureaucrats and Politicians in Western Democracies, Cambridge und London.

Abramson, Paul R. 1995: Third-Party and Independent Candidates in American Politics: Wallace, Anderson, Perot, in: Political Science Quarterly, 110. Jg., S. 349-368.

Abromeit, Heidrun 1992: Der verkappte Bundesstaat, Opladen.

Adams, Willi Paul 1973: Republikanische Verfassung und bürgerliche Freiheit, Darmstadt.

Alderman, R.K., und Carter, Neil 1991: A Very Tory Coup: The Ousting of Mrs. Thatcher, in: Parliamentary Affairs, 44. Jg., S. 125-139.

Aldrich, John H. 1995: Why Parties? The Origin and Transformation of Party Politics in America, Chicago.

Almond, Gabriel A.., und Powell, John Bingham 2004: Comparative Politics: A Theoretical Framework, 4. Aufl., New York.

Almond, Gabriel A., und Powell, John Bingham 1966: Comparative Politics: A Developmental Approach, Boston.

American Political Science Association 1950: Toward a More Responsible Party System, in: American Political Science Review, 44. Jg., Supplement.

Appleton, Andrew 1995: Parties under Pressure: Challenges to Established French Parties, in: West European Politics, 18. Jg., S. 52-77.

Ardant, Philippe (Hrsg.) 1999: La cohabitation, Pouvoirs, Nr. 91, Paris.

Ardant, Philippe (Hrsg.) 1997: L'ENA, Pouvoirs, Nr. 80, Paris.

Ardant, Philippe 1991: Le premier ministre en France, Paris.

Bagehot, Walter 1971: Die englische Verfassung, hrsg. von Klaus Streifthau, Neuwied und Berlin.

Bagehot, Walter 1969: The English Constitution, mit einer Einf. von R.H.S. Crossman, London.

Bahro, Horst, und Veser, Ernst 1996: Das semi-präsidentielle System: Bastard oder Regierungssystem sui generis?, in: Zeitschrift für Parlamentsfragen, 27. Jg., S. 471-485.

Barberis, Peter (Hrsg.) 1996: The Whitehall Reader: The United Kingdom's Administrative Machinery in Action, Buckingham.

Baum, Lawrence 2000: The Supreme Court, 7. Aufl., Washington, D.C.

Beard, Charles A. 1974 (Erstaufl. 1913): Eine ökonomische Interpretation der amerikanischen Verfassung, Frankfurt/M.

Beattie, Alan, Dunleavy, Patrick, und Rhodes, Rod (Hrsg.) 1994: Prime Minister, Cabinet and Core Executive, Basingstoke.

Beck, P.A., und Hershey, Marjorie Randon 2001: Party Politics in America, 9. Aufl., New York.

Becker, Bernd 2002: Politik in Großbritannien, Paderborn.

Berg-Schlosser, Dirk, und Müller-Rommel, Ferdinand (Hrsg.) 2003: Vergleichende Politikwissenschaft, 4. Aufl., Wiesbaden.

Beyme, Klaus von 1999: Die parlamentarische Demokratie. Entstehung und Funktions-
    weise 1789-1999, 3. Aufl., Opladen und Wiesbaden.
Beyme, Klaus von 1994: Systemwechsel in Osteuropa, München.
Beyme, Klaus von 1988: Der Vergleich in der Politikwissenschaft, München.
Beyme, Klaus von 1986: Vorbild USA? Der Einfluß der amerikanischen Demokratie in
    der Welt, München.
Birnbaum, Pierre 1980: Les sommets de L'Etat, 2. Aufl., Paris.
Bock, Hans Manfred 1999: Republikanischer Elitismus und technokratische Herrschaft,
    in: Marie Luise Christadler und Hendrik Uterwedde (Hrsg.), Länderbericht Frank-
    reich, Opladen, S. 383-403.
Bode, Ingeborg 1962: Ursprung und Begriff der parlamentarischen Opposition, Stuttgart.
Bode, Ingo 1997: Französische Verhältnisse: Interessenvermittlung in Frankreich. Signale
    für Deutschland, in: Zeitschrift für Politikwissenschaft, 7. Jg., S. 3-20.
Bond, Jon R., und Fleisher, Richard 2000: Polarized Politics: The President and Congress
    in a Partisan Era, Washington, D.C.
Borchert, Jens, und Copeland, Gary 1999: USA: Eine Klasse von Entrepreneuren, in: Jens
    Borchert (Hrsg.), Politik als Beruf. Die politische Klasse in westlichen Demokratien,
    Opladen, S. 456-481.
Bourdieu, Pierre 1989: La noblesse de l'État. Grandes écoles et ésprit de corps, Paris.
Brede, Falko, und Schultze, Rainer-Olaf 2008: Das politische System Kanadas, in: Stefan
    Rinke und Klaus Stüwe (Hrsg.), Die politischen Système Amerikas, Wiesbaden, S.
    314-340.
Brouard, Sylvain 2009: The Politics of Constitutional Veto in France : Constitutional
    Council, Legislative Majority and Electoral Competition, in : West European Poli-
    tics, 32., Jg., S. 384-403.
Camby, Jean-Pierre, und Servant, Pierre 1992: Le travail parlementaire sous la Vème
    République, Paris.
Campbell, Wilson und Wilson, Graham K. 1995: The End of Whitehall: Death of a Para-
    digm?, Oxford.
Charlot, Jean 1994: La politique en France, Paris.
Chubb, John E., und Peterson, Paul E. (Hrsg.) 1989: Can the Government Govern?,
    Washington, D.C.
Cole, Alistair 1993: The Presidential Party and the Fifth Republic, in: West European
    Politics, 16. Jg., S. 49-66.
Constant, Benjamin 1970: Werke in vier Bänden, hrsg. von A. Blaeschke und Lothar Gall,
    Berlin.
Cotter, Cornelius P., Gibson, James L., Bibby, John F., und Huckshorn, Robert J. 1989:
    Party Organization in American Politics, Pittsburgh.
Cox, Gary W., und Kernell, Samuel (Hrsg.) 1994: The Politics of Divided Government,
    Cambridge.
Cronin, Thomas E., und Michael A. Genovese 2004: The Paradoxes of the American
    Presidency, 2. Aufl., Oxford und New York.
Crossman, R.H.S. 1969: Introduction, in: Walter Bagehot, The English Constitution,
    London.
Dargie, Charlotte, und Locke, Rachel 1999: The British Senior Civil Service, in: Edward
    C. Page und Vincent Wright (Hrsg.), Bureaucratic Elite in Western European States,
    Oxford, S. 147-203.
Davidson, Roger H. 1994: The Post-Reform Congress, New York.
Davidson, Roger H. 1988: Congress and the Presidency: Invitation to Struggle, Newbury
    Park.
Davidson, Roger H., und Oleszek, Walter J. 2000: Congress and Its Members, Washing-
    ton, D.C.

Dicey, A.V. 2002 (engl. Erstausg. 1885): Einführung in das Studium des Verfassungs-
    rechts, Baden-Baden.

Dippel, Horst 1986: Die politischen Ideen der Französischen Revolution, in: Iring Fet-
    scher und Herfried Münkler, (Hrsg.), Pipers Handbuch der politischen Ideen. Bd. 4:
    Neuzeit: Von der Französischen Revolution bis zum europäischen Nationalismus,
    München, S. 21-69.

Dippel, Horst 1985: Die amerikanische Revolution, Frankfurt/M.

Dorsen, Norman 2006: The Selection of U.S. Supreme Court Judges, in: International
    Journal of Constitutional Law, 4. Jg., S. 652-663.

Döring, Herbert (Hrsg.) 1995: Parliaments and Majority Rule in Western Europe, Frank-
    furt/M. und New York.

Döring, Herbert 1993: Das klassische Modell in Großbritannien. Ein Sonderfall, in: Wal-
    ter Euchner (Hrsg.), Politische Opposition in Deutschland und im internationalen
    Vergleich, Göttingen, S. 21-38.

Dowding, Kenneth 1995: The Civil Service, London.

Duverger, Maurice 1986: Le régimes sémi-présidentiels, Paris.

Duverger, Maurice 1985: Le système politique en France, Paris.

Duverger, Maurice 1980: A New Political System Model: Semi-Presidential Government,
    in: European Journal of Political Research, 8. Jg., S. 165-187.

Easton, David 1979: A Systems Analysis of Political Life, Chicago.

Ehrmann, Henry W. 1981: Die Entwicklung der Verfassungsgerichtsbarkeit im Frank-
    reich der V. Republik, in: Der Staat, 20. Jg., S. 380-390.

Ehrmann, Henry 1977: Das politische System Frankreichs, 2. Aufl., München.

Eilfort, Michael 1997: Der Monarch ist tot, der Adel erschüttert. Parlamentarismus im
    Frankreich des „Bürgerpräsidenten" Chirac, in: Zeitschrift für Parlamentsfragen, 28.
    Jg., S. 60-87.

Elgie, Robert 1998: The Politics of Semi-Presidentialism, in: Robert Elgie (Hrsg.), Semi-
    Presidentialism in Europe, Oxford.

Elgie, Robert, und Machin, Howard: France 1991. The Limits to Prime Ministership
    Government in a Semi-Presidential System, in: West European Politics, 14. Jg., S.
    62-78.

Elvert, Jürgen 2009: Das politische System Irlands, in Wolfgang Ismayr (Hrsg.), Die
    politischen Systeme Westeuropas, 4. Aufl., Wiesbaden, S. 307-347.

Fenno, Richard F. 2003: Home Style: Members in Their Districts, New York.

Fenno, Richard F. 1996: Senators on the Campaign Trail, Norman.

Fenno, Richard F. 1991: Learning to Legislate, Washington, D.C.

Fetscher, Iring 1975: Rousseaus politische Philosophie. Zur Geschichte des demokrati-
    schen Freiheitsbegriffs, Frankfurt/M.

Fiorina, Morris P. 1989: Congress – Keystone of the Washington Establishment, 2. Aufl.,
    New Haven und London.

Fiorina, Morris P., und Rohde, David W. (Hrsg.) 1994: Home Style and Washington
    Work, New York.

Foley, Michael 1993: The Rise of the British Presidency, Manchester und New York.

Foley, Michael, und John E. Owen 1996: Congress and the Presidency, New York

Fraenkel, Ernst 1964: Parlamentarisches Regierungssystem, in: Ernst Fraenkel und Karl-
    Dietrich Bracher (Hrsg.), Staat und Politik, Das Fischer-Lexikon, Bd. 2, Frank-
    furt/M., S. 240.

Fraenkel, Ernst 1976: Das amerikanische Regierungssystem, 3. Aufl., Opladen

Frears, John 1990: The French Parliament: Loyal Workhorse, Poor Watchdog, in: West
    European Politics, 13. Jg., S. 32-51.

Gaffney, John 1991: The Political Think-Tanks in the United Kingdom and the Ministeri-
    al Cabinets in France, in: West European Politics, 14. Jg., S. 1-17.

Gall, Lothar 1963: Benjamin Constant: Seine politische Ideenwelt und der deutsche Vor-
    märz, Wiesbaden.
Garrett, John 1992: Westminster: Does Parliament Work?, London.
Greenstein, Fred I. 2001: The Presidential Difference: Leadership Style from FDR to
    Clinton, Princeton und Oxford.
Grosser, Alfred, und Goguel, Francois 1980: Politik in Frankreich, Paderborn.
Grossman, Emiliano 2009: The President's Choice: Government and Cabinet Turnover
    under the Fifth Republic, in: West European Politics, 32. Jg., S. 268-286.
Gerstenberger, Heide 1973: Zur politischen Ökonomie der bürgerlichen Gesellschaft. Die
    historischen Bedingungen ihrer Konstitution in den USA, Frankfurt/M.
Hamilton, John, Madison, James, und Jay, John 1995 (Erstaufl. 1788): Die Federalist-
    Artikel, übers. von Angela und Willi Paul Adams, Paderborn.
Hammond, Susan Webb 1991: Congressional Caucuses and Party Leaders in the House of
    Representatives, in: Political Science Quarterly, 106. Jg., S. 277-294.
Hartmann, Jürgen 2007: Persönlichkeit und Politik, Wiesbaden
Hartmann, Jürgen 1995: Vergleichende Politikwissenschaft. Ein Lehrbuch, Frankfurt/M.
    und New York.
Hartmann, Jürgen, und Kempf, Udo 2011: Staatsoberhäupter in westlichen Demokratien,
    2. Aufl., Wiesbaden (i.E.)..
Hartmann, Peter Claus 1985: Französische Verfassungsgeschichte der Neuzeit (1450-
    1980), Darmstadt.
Hayward, Jack (Hrsg.) 1993: De Gaulle to Mitterand. Presidential Power in France, New
    York.
Heclo, Hugh 1977: A Government of Strangers: Executive Politics in Washington, Wash-
    ington, D.C.
Heclo, Hugh, und Wildavsky, Aaron 1974: The Private Government of Public Money:
    Community and Policy Inside British Politics, Berkeley und Los Angeles.
Heffernan, Richard 2006: The Prime Minister and the News Media: Political Communica-
    tion as a Leadership Resource, in: Parliamentary Affairs, 59. Jg., S. 582-598.
Heffernan, Richard 2005: Why the Prime Minister Cannot Be a President: Comparing
    Institutional Imperatives in Britain and America, in: Parliamentary Affairs, 58. Jg.,
    S. 53-70.
Helms, Ludger 2006: Das Parteiensystem Großbritanniens, in: Oskar Niedermayer,
    Richard Stöss und Melanie Haas (Hrsg.), Die Parteiensysteme Westeuropas, Wies-
    baden, S. 213-233.
Helms, Ludger 2002: Politische Opposition, Opladen..
Helms; Ludger 1999: Präsident und Kongress in der legislativen Arena. Wandlungsten-
    denzen amerikanischer Gewaltenteilung am Ende des 20. Jahrhunderts, in: Zeit-
    schrift für Parlamentsfragen, 30. Jg., S. 841-864.
Helms, Ludger 1997a: Parteien und Fraktionen. Ein internationaler Vergleich, Opladen.
Helms, Ludger 1997b: Parteiorganisationen und parlamentarische Parteien in der ameri-
    kanischen Präsidialdemokratie, in: Ludger Helms (Hrsg.), Parteien und Fraktionen.
    Ein internationaler Vergleich, Opladen, S. 307-329
Helms, Ludger 1997c: Das Parteiensystem Großbritanniens nach dem Ende der konserva-
    tiven Hegemonie, in: Zeitschrift für Politikwissenschaft, 7. Jg. (1997), S. 1337-1360
Helms, Ludger 1997d: Wettbewerb und Kooperation. Zum Verhältnis von Regierungs-
    mehrheit und Opposition im parlamentarischen Gesetzgebungsverfahren in der Bun-
    desrepublik Deutschland, Großbritannien und Österreich, Opladen.
Hereth, Michael 1995: Montesquieu zur Einführung, Hamburg.
Hereth, Michael 1992: Zur Kontrolle der öffentlichen Finanzen in Großbritannien, Frank-
    reich und Deutschland, in: Jürgen Hartmann und Uwe Thaysen (Hrsg.), Pluralismus

und Parlamentarismus in Theorie und Praxis. Winfried Steffani zum 65. Geburtstag, Opladen, S. 175-188.

Herrnson, Paul S. 1995: Congressional Elections: Campaigning at Home and in Washington, Washington, D.C.

Heußner, Hermann K. 1992: Entstehung direktdemokratischer Verfahren in den USA – ein Rückblick auf die geschichtlichen Impulse plebiszitärer Verfassungsgebungen, in: Zeitschrift für Parlamentsfragen, 23. Jg., S. 131-145.

Höhne, Roland 2006: Frankreich, in: Oskar Niedermayer, Richard Stöss und Melanie Haas (Hrsg.), Die Parteiensysteme Westeuropas, Wiesbaden, S. 161-187

Holtmann, Everhard 2000: Politik-Lexikon, 3. Aufl., München.

Ismayr, Wolfgang (Hrsg.) 2010: Die politischen Systeme Osteuropas, 3. Aufl., Wiesbaden.

Ismayr, Wolfgang (Hrsg.) 2009: Die politischen Systeme Westeuropas, 4. Aufl., Wiesbaden.

Ismayr, Wolfgang (Hrsg.) 2008: Gesetzgebung in Westeuropa, Wiesbaden.

Jahn, Detlef 2006: Einführung in die Vergleichende Politikwissenschaft, Wiesbaden.

Jäger, Wolfgang, und Welz, Wolfgang (Hrsg.) 1995: Regierungssystem der USA. Lehr- und Arbeitsbuch, München – Wien.

James, Simon 1992: British Cabinet Government, London und New York.

Jellinek, Georg 1914: Allgemeine Staatslehre, 3. Aufl., Berlin.

Jenkins, Kate 2004: Parliament, Government and Civil Service, in: Parliamentary Affairs, 57. Jg., S. 800-813.

Johnson, Nevil 1998: The Judicial Dimension in British Politics, in: West European Politics, 21. Jg., S. 148-166.

Jones, Charles O. 2005 : The Presidency in a Separated System, 2. Aufl., Washington, D.C.

Jones, Charles O. 1995: Separate but Equal Branches: Congress and the Presidency, Chatham.

Jowell, Jeffrey, und Dawn, Oliver (Hrsg.) 1994: The Changing Constitution, 2. Aufl., Oxford.

Jun, Uwe 2002: Koalitionen in der V. Republik, in: Sabine Kropp, Suzanne S. Schüttemeyer und Roland Sturm (Hrsg.), Koalitionen in West- und Osteuropa, Opladen, S. 770-789.

Jun, Uwe 1999: Großbritannien: Der unaufhaltsame Aufstieg des Karrierepolitikers, in: Jens Borchert (Hrsg.), Politik als Beruf. Die politische Klasse in westlichen Demokratien, Opladen, S. 186-212

Kastning, Lars 1991: Vereinigtes Königreich, in: Winfried Steffani (Hrsg.), Regierungsmehrheit und Opposition in den Staaten der EG, Opladen, S. 375-414.

Kavanagh, Dennis, und Morris, Peter 1994: Consensus Politics: From Attlee to Major, 2. Aufl., Oxford und Cambridge.

Kavanagh, Dennis, und Richards, David 2003: Prime Ministers, Ministers and Civil Servants in Britain, in: Comparative Sociology, 2. Jg., S. 175-196.

Keeler, John T. 1993: Executive Power and Policy-Making Patterns in France: Gauging the Impact of Fifth Republic Institutions, in: West European Politics, 16. Jg., S. 518-544.

Kelso, Alexandra 2006: Reforming the House of Lords: Navigating Representation, Democracy and Legitimacy at Westminster, in: Parliamentary Affairs, 59. Jg., S. 563-581.

Kempf, Udo 2007: Von de Gaulle bis Chirac: Das politische System Frankreichs, 4. Aufl., Opladen.

Kempf, Udo 1992: Frankreichs Senat – Wenig Potestas, viel Auctoritas, in: Jürgen Hartmann und Uwe Thaysen (Hrsg.), Pluralismus und Parlamentarismus in Theorie und
Praxis. Winfried Steffani zum 65. Geburtstag, Opladen, S. 189-214.

Kessler, Marie-Christine 1986: Les grands corps de l'Etat, Paris.

Kimmel, Adolf 2008: Gesetzgebung im politischen System Frankreichs, in: Wolfgang
Ismayr (Hrsg.), Gesetzgebung in Westeuropa, Wiesbaden, S. 229-270.

Kimmel, Adolf 1999: Der Verfassungstext und die lebenden Verfassungen, in: Marieluise
Christadler und Henrik Unterwedde (Hrsg.), Länderbericht Frankreich. Geschichte-
Politik-Wirtschaft-Gesellschaft, Bonn, S. 306-325.

King, Anthony 1998: Running Scared: Why America's Politicians Campaign too Much
and Govern too Little, New York.

King, Anthony 1991: The British Prime Ministership in the Age of the Career Politician,
in: West European Politics, 14. Jg., S. 25-47.

Kincaid, John 2001: Federalism in the United States of America: A Continual Tension
between Persons and Places, in: Arthur Benz und Gerhard Lehmbruch (Hrsg.),
Föderalismus. Analysen in entwicklungsgeschichtlicher und vergleichender Perspektive, Politische Vierteljahresschrift, Sonderheft 32, S. 134-156.

Klages, Wolfgang 1998: Staat auf Sparkurs. Die erfolgreiche Sanierung des US-Haus-
halts, Frankfurt /M. und New York.

Klemmt, Reiner 1983: Die Verantwortlichkeit der Minister in Großbritannien, Tübingen.

Klumpjahn, Helmut 1998: Die amerikanischen Parteien: Von ihren Anfängen bis zur
Gegenwart, Opladen.

Kluxen, Kurt 1983: Geschichte und Problematik des Parlamentarismus, Frankfurt/M.

Kluxen, Kurt 1976: Geschichte Englands, 3. Aufl., Stuttgart.

Kluxen, Kurt (Hrsg.) 1971: Parlamentarismus, 3. Aufl., Köln und Berlin

Knapp, Andrew 1994: Gaullism since de Gaulle, Alderhot.

Knapp, Andrew 1992: The Cumul des Mandats, Local Power and Political Parties in
France, in: West European Politics, 14. Jg., S. 18-40.

Knapp, Andrew, und Le Galès, Patrick 1991: Top-Down to Bottom-Up? Center-Periphery
Relations and Power Structure in France's Gaullist Party, in: West European Politics, 14. Jg., S. 271-294.

Krakau, Knud 1992: Lateinamerika zwischen Diktatur und Demokratie, in: Detlef Junker,
Dieter Nohlen und Hartmut Sangmeister (Hrsg.), Lateinamerika am Ende des 20.
Jahrhunderts, München.

Kreuzer, Marcus, und Stephan, Ina 1999: Frankreich: Zwischen Wahlkreishonoratioren
und nationalen Technokratien, in: Jens Borchert (Hrsg.), Politik als Beruf. Die politische Klasse in westlichen Demokratien, Opladen, S. 161-185.

Kriele, H. 2003: Einführung in die Staatslehre, 6. Aufl., Wiesbaden.

Kropp, Sabine, Schüttemeyer, Suzanne S. und Sturm, Roland (Hrsg.) 2002: Koalitionen in
West- und Osteuropa, Opladen.

Landshut, Siegfried 1971: Formen und Funktion der parlamentarischen Opposition, in:
Kurt Kluxen (Hrsg.), Parlamentarismus, 3. Aufl., Köln und Berlin, S. 401-424.

Lange, U. 1980: Teilung und Trennung der Gewalten bei Montesquieu, in: Der Staat, 19.
Jg., S. 214-234.

Lauth, Hans-Joachim 2010: Vergleichende Regierungslehre. Eine Einführung, 3. Aufl.,
Wiesbaden.

Leggewie, Claus 1993: Alles andere als (parlamentarische) Opposition. Über die Grenzen
der Opposition im politischen System Frankreichs, in: Walter Euchner (Hrsg.), Politische Opposition in Deutschland und im internationalen Vergleich, Göttingen, S.
127-136

Linder, Wolf 2009: Das politische System der Schweiz, in: Wolfgang Ismayr (Hrsg.), Die
politischen Systeme Westeuropas, Opladen, 2. Aufl., S. 567-605.

Linder, Wolf 1999: Schweizer Demokratie, Bern, Stuttgart und Wien.

Locke, John 1989 (Erstaufl. 1690): Zwei Abhandlungen über die Regierung, hrsg. von Walter Euchner, Frankfurt/M.

Loewenstein, Karl 1967: Staatsrecht und Staatspraxis von Großbritannien, Tübingen.

Loewenstein, Karl 1964: Der britische Parlamentarismus. Entstehung und Gestalt, Reinbek.

Loewenstein, Karl 1959: Staatsrecht und Staatspraxis in den USA, Tübingen.

Lösche, Peter 1993: Opposition und oppositionelles Verhalten in den Vereinigten Staaten, in: Walter Euchner (Hrsg.), Politische Opposition in Deutschland und im internationalen Vergleich, Göttingen, S. 115-128.

Lösche, Peter 1989: Amerika in Perspektive. Politik und Gesellschaft der Vereinigten Staaten, Darmstadt.

Loth, Wilfried 1987: Geschichte Frankreichs im 20. Jahrhundert, Stuttgart.

Mayhew, David R., und E. Douglas Arnold 2004: Congress: The Electoral Connection, 2. Aufl., New Haven und London.

Mayhew, Donald R. 1991: Divided We Govern: Party Control, Lawmaking, and Investigation, 1946-1990, New Haven und London.

Messerschmidt, Romy 2003: Vom mächtigen Superpräsidenten zum machtlosen Repräsentanten? Zum Wandel des Präsidentenamtes der V. Republik und den Diskussionen um die Verfassungsreform in Frankreich, in: Zeitschrift für Parlamentsfragen, 34. Jg., 389-413

Mols, Manfred 1985: Demokratie in Lateinamerika, Stuttgart.

Mommsen, Margareta 2009: Das politische System Russlands, in: Wolfgang Ismayr (Hrsg.), Die politischen Systeme Osteuropas, 3. Aufl., Wiesbaden, S. 419-478.

Montesquieu, Charles de 1992 (Erstaufl. 1748): Vom Geist der Gesetze, eingel. und übers. von E. Forsthoff, Tübingen.

Münch, Richard 1995: Systemtheorie und Politik, in: Dieter Nohlen und Rainer-Olaf Schultze (Hrsg.), Lexikon der Politik, Bd. 1: Politische Theorien, München, S. 625-635.

Naßmacher, Karl-Heinz 1989: Bundesweite Grundlagen kanadischer Politik, in: Hiltrud Naßmacher und Herbert Uppendahl (Hrssg.), Kanada. Wirtschaft, Gesellschaft, Politik in den Provinzen, Opladen, S. 1-19.

Neustadt, Richard E. 1960: Presidential Power. The Politics of Leadership, New York.

Nohlen, Dieter 2004: Wahlrecht und Parteiensystem, 4. Aufl., Opladen

Norton, Philip 1987: Special Issue on Parliaments in Western Europe, in: West European Politics, 13. Jg., S. 1-153

Norton, Philip (Hrsg.) 1990a: Parliaments in Western Europe, London.

Norton, Philip 1990b: Parliament in the United Kingdom: Balancing Effectiveness and Consent, in: West European Politics, 13. Jg., S. 10-31.

Norton, Philip 2000: The United Kingdom: Exerting Influence from Within, in: Knut Heidar und Ruud Koole (Hrsg.), Parliamentary Party Groups in European Democracies: Political Parties Behind Closed Doors, New York, S. 39-56.

Nuscheler, Franz 1969: Walter Bagehot und die englische Verfassungstheorie, Meisenheim a.G.

O'Brian, David M. 2003: Storm Center: The Supreme Court in American Politics, 6. Aufl., New York und London.

O'Donnell, Guillermo 1994: Delegative Democracy, in: Journal of Democracy, 5. Jg., S. 55-69.

Oldopp, Birgit 2005: Das politische System der USA, Wiesbaden.

Paloheimo, Heikki 2003: The Rising Power of the Prime Minister in Finland, in: Scandinavian Political Studies, 26. Jg., S. 219-244.

Patterson, Bradley H. 2001: The White House Staff: Inside the West Wing and Beyond, Washington, D.C.

Prätorius, Rainer 1997: Die USA. Politischer Prozeß und soziale Probleme, Opladen

Raunio, Tapio 2004: The Changing Finnish Democracy: Stronger Parliamentary Account-ability, Coalescing Political Parties and Weaker External Constraints, in: Scandina-vian Political Studies, 27. Jg., S. 133-152.

Richards, David 1997: The Civil Service under the Conservatives: Whitehall's Political Poodles?, Brighton.

Richardson, Jeremy (Hrsg.) 1982: Policy Styles in Western Europe, Boston und Sydney.

Rinke, Stefan, und Stüwe, Klaus 2008: Politische Systeme Amerikas. Ein Vergleich, in: Stefan Rinke und Klaus Stüwe (Hrsg.), Die politischen Systeme Amerikas, Wiesba-den, S. 9-58.

Riddell, Peter 2004: Prime Ministers and Parliaments, in: Parliamentary Affairs, 57. Jg., S. 814-829.

Riklin, A. 1989: Montesquieus freiheitliches Staatsmodell, in: Politische Vierteljahres-schrift, 30. Jg., S. 420-442

Rose, Richard 2001: The Prime Minister in a Shrinking World, Cambridge.

Rostock, M. 1974: Die Lehre von der Gewaltenteilung in der politischen Theorie von John Locke, Meisenheim.

Rouban, Luc 1999: The Civil Service in France, in: Edward C. Page und Vincent Wright (Hrsg.), Bureaucratic Elite in Western European States, Oxford, S. 65-89.

Rousseau, Jean-Jacques 1958 (Erstaufl. 1762): Vom Gesellschaftsvertrag oder Die Grund-sätze des Staatsrechts, übers. von Heinrich Weinstock, Stuttgart.

Saalfeld, Thomas 2008: Gesetzgebung im politischen System Großbritanniens, in: Wolf-gang Ismayr (Hrsg.), Gesetzgebung in Westeuropa, Wiesbaden, S. 159-199.

Saalfeld, Thomas 1997: Partei und Fraktion in Großbritannien, in: Ludger Helms (Hrsg.), Parteien und Fraktionen. Ein internationaler Vergleich, Opladen, S. 67-97.

Safran, William 1995: The French Polity, 4. Aufl., White Plains.

Scheuerman, William S. 2005: American Kingship? Monarchical Origins of Modern Presidentialism, in: Polity, 37. Jg., S. 24-53.

Schlesinger, Arthur J. 1973: The Imperial Presidency, Boston.

Schmidt, Manfred G. 2004: Wörterbuch zur Politik, 2. Aufl., Stuttgart.

Schreyer, Söhnke 1998: Neue Politiker und Parteiströmungen im US-Kongreß, Frank-furt/M. und New York.

Searing, Donald D. 1994: Westminster's World: Understanding Political Roles, Cam-bridge, Mass.

Searing, Donald D. 1995: Backbench and Leadership Roles in the House of Commons, in: Parliamentary Affairs, 48. Jg., S. 419-438.

Setzer, Hans 1973: Wahlsystem und Parteienentwicklung in England. Wege zur Demo-kratisierung der Institutionen, Frankfurt/M.

Shell, Donald, und Hodder-Williams, Richard (Hrsg.) 1995: Churchill to Major: The British Prime Ministership since 1945, London.

Shugart, Matthew Soberg, und Carry, John M. 1992: Presidents and Assemblies: Consti-tutional Design and Electoral Dynamics, Cambridge.

Singer, Nicolas 2009: Party Discipline and Coalition Management in the French Parlia-ment, in: West European Politics, 32. Jg., S. 310-326.

Smith, Hendrick 1988: Der Machtkampf in Amerika. Reagans Erbe: Washingtons neue Elite, Reinbek.

Steffani, Winfried 1997: Gewaltenteilung und Parteien im Wandel, Opladen.

Steffani, Winfried 1995: Semi-Präsidentialismus: ein eigenständiger Systemtyp? Zur Unterscheidung von Legislative und Parlament, in: Zeitschrift für Parlamentsfragen, 26. Jg., S. 621-641.

Steffani,. Winfried (Hrsg.) 1991: Regierungsmehrheit und Opposition in den Staaten der EG, Opladen.

Steffani, Winfried 1979: Parlamentarische und präsidentielle Demokratie: Strukturelle Aspekte westlicher Demokratien, Opladen.

Stone, Alec 1992: The Birth of Judicial Politics in France: The Constitutional Council in Comparative Perspective, New York.

Stone, Alec 1987: In the Shadow of the „Constitutional Council": The Juridicisation of the Legislative Process in France, in: West European Politics, 12. Jg., S. 12-34.

Sturm, Roland 2009: Politik in Großbritannien, Wiesbaden.

Sturm, Roland 1998: New Labour – New Britain? Großbritannien nach dem Wahlsieg Tony Blairs, in: Hans Kastendiek, Karl Rohe und Angelika Volle (Hrsg.), Länderbericht Großbritannien. Geschichte – Politik – Wirtschaft – Gesellschaft, akt. und erw. Aufl., Bonn, S. 275-294.

Suleiman, Ezra N. 1978: Elites in French Society. The Politics of Survival, Princeton

Suleiman, Ezra N. 1974: Politics, Power, and Bureaucracy in France: The Administrative Elite, Princeton

Sutton, Robert P. 2002: Federalism, Westport.

Thaysen, Uwe, Davidson, Roger H., und Livingston, Robert G. (Hrsg.) 1988: US-Kongreß und Deutscher Bundestag. Bestandsaufnahmen im Vergleich, Opladen.

Thuiller, Guy 1982: Les cabinets ministériels, Paris.

Walker, David B. 2000: The Rebirth of Federalism. Slouching Toward Washington, 2. Aufl., New York und London.

Walker, Thomas G., und Epstein, Lee 1993: The Supreme Court of the United States: An Introduction, New York.

Wasser, Hartmut 1984: Die Vereinigten Staaten von Amerika. Porträt einer Weltmacht, 2. Aufl., Frankfurt/M.

Weber, Helmut 1998: Recht und Gerichtsbarkeit, in: Hans Kastendiek, Karl Rohe und Angelika Volle (Hrsg.), Länderbericht Großbritannien. Geschichte -Politik – Wirtschaft – Gesellschaft, akt. und erw. Aufl., Bonn, S. 178-193.

Wildavsky, Aaron 2001: The New Politics of the Budgetary Process, 4. Aufl., New York.

Williams, Philip M. 1964: Crisis and Compromise: Politics in the Fourth Republic, London.

Wilson, Graham K., und Barker, Anthony 1995: The End of the Whitehall Model?, in: West European Politics, 18. Jg., S. 130-149.

Wilson, Woodrow 2002 (Erstausg. 1885): Congressional Government, New Brunswick.

Wilzewski, Jürgen 1999: Triumph der Legislative. Zum Wandel der amerikanischen Sicherheitspolitik 1981-1991, Frankfurt/M. und New York.

Young, James P. 1985: Amerikanisches politisches Denken von der Revolution bis zum Bürgerkrieg, in: Iring Fetscher und Herfried Münkler (Hrsg.), Pipers Handbuch der politischen Ideen, Bd. 3: Von den Konfessionskriegen bis zur Aufklärung, München, S. 617-653.

Zadra, Dirk 1997: Der Wandel des französischen Parteiensystems. Die „présidentiables" in der V. Republik, Opladen.

Zelle, Carsten 1996: Parteien und Politiker in den USA. Personalisierung trotz „party revival", in: Zeitschrift für Parlamentsfragen, 27. Jg., S. 317-335.

Ziemer, Klaus, und Matthes, Claudia Yvette 2009: Das politische System Polens, in: Wolfgang Ismayr (Hrsg.), Die politischen Systeme Osteuropas, 3. Aufl., Wiesbaden, S. 209-273.

Elemente der Politik

Hrsg. von Bernhard Frevel / Klaus Schubert / Suzanne S. Schüttemeyer / Hans-Georg Ehrhart

Erhältlich im Buchhandel oder beim Verlag.
Änderungen vorbehalten. Stand: Juli 2010.

www.vs-verlag.de

VS VERLAG

Abraham-Lincoln-Straße 46
65189 Wiesbaden
Tel. 0611.7878 - 722
Fax 0611.7878 - 400

Neu im Programm
Politikwissenschaft